山东社会科学院　主办　　·2016年创刊·

经济动态与评论

主编　张清津

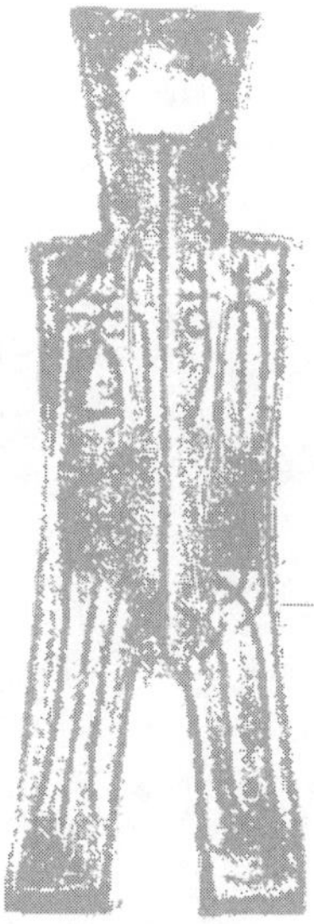

REVIEW OF ECONOMIC TRENDS

2017年第1期　总第3期

社会科学文献出版社
SOCIAL SCIENCES ACADEMIC PRESS (CHINA)

编　委　会

Editorial Committee

目　录

（2017年第1期 总第3期）

经济动态

理论前沿

农村经济

国际经济

产业经济

CONTENTS

(No.1 2017)

Economic Trends

Multidisciplinary Studies

Rural Development Studies

International Economy Research

Industrial Economy Research

经济动态

2016年山东省流动人口动态监测数据分析报告

杨素雯　崔树义*

摘　要：近年来，国家不断推进流动人口卫生计生基本公共服务均等化，越来越多的流动人口可以平等地享受流入地提供的卫生计生服务。2016年，根据国家卫生计生委的统一部署和要求，山东省对流动人口进行了动态监测调查。本文基于对2016年山东省流动人口动态监测数据的分析，阐述当前流动人口的结构、流动特征、健康状况以及公共卫生服务利用现状，揭示流动人口基本公共卫生服务存在的问题，如流动人口社会保障和医疗保障制度不完善、公共服务总体供给不足、流动人口健康服务利用率有待提升等。通过充分认识流动人口基本公共卫生服务面临的新形势、新要求和新任务，提出构建面向流动人口家庭、提升流动人口公共卫生服务水平的对策建议。

关键词：流动人口　动态监测　基本公共卫生服务

2016年5~6月，根据国家卫生计生委的统一部署和要求，山东省对流动人口进行了动态监测调查。调查对象为在现居住地居住一个月及以上且非本区（县、市）户口的15周岁及以上流动人口。调查范围覆盖山东

* 杨素雯（1986~），山东社会科学院人口学研究所博士，助理研究员。主要研究领域：人口保障。崔树义（1963~），山东社会科学院人口学研究所所长，研究员。主要研究领域：人口和社会保障。

省16个市、53个县（市、区）、127个街道（乡镇）和307个社区（村），实际调查流动人口6000多名，涉及流动人口及其居住在本地的家庭成员18576人，调查结果具有较强的代表性。此外，山东省动态监测数据还覆盖了28767名流出人口。本文以2016年山东省流动人口动态监测数据为基础，辅以近三年的山东省流动人口动态监测数据，通过深入地了解流动人口的结构、流动特征、健康素养以及公共卫生计生服务政策的落实等情况，把握山东省流动人口现状，分析山东省流动人口服务管理工作中存在的问题，从而为加强有针对性的流动人口服务管理，引导人口有序流动、合理分布提供科学建议。

一 山东省流动人口及其家庭基本情况

（一）基本人口特征

1. 以青壮年人群为主

2016年，山东省内流动人口平均年龄为27.3岁。从具体年龄分布看，0~14岁儿童占25.9%，15~59岁占73.1%，60岁及以上占1.0%。

2. 总体上男性多于女性

流动人口中，男性占51.4%，女性占48.6%（见图1）。流动人口性别比为105.8。其中，0~14岁儿童性别比最高，为122.0；15~59岁人群性别比为101.0；60岁及以上老年人的性别比最低，为73.0。

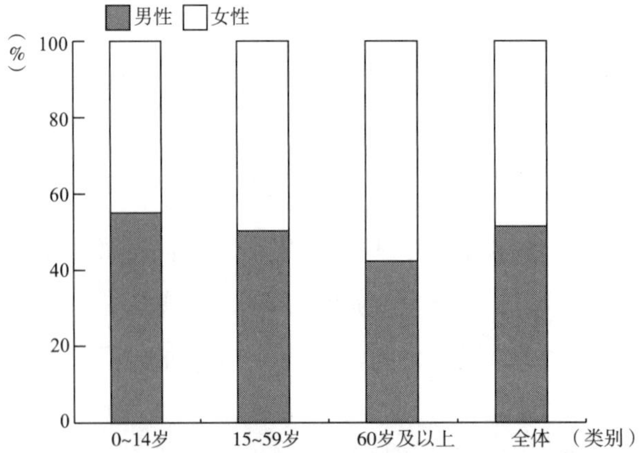

图1 2016年山东省流动人口的性别比例

3. 农村户籍占绝大多数

近九成的流动人口属于乡—城流动，农村户口占流动人口的比例为89.2%。按年龄组划分，0~14岁、15~59岁、60岁及以上流动人口中，农村户籍人口所占比例分别为89.1%、89.3%和84.3%。

4. 以汉族人为主

流动人口中，98.6%为汉族人口。少数民族人口中，以回族、满族、朝鲜族和蒙古族居多。

5. 受教育程度以初中为主

2016年，流动人口中以初中文化程度居多（见图2），占46.2%。其次为高中/中专文化程度，占27.3%。大学专科及以上高等教育者占17.7%。与2014年和2015年相比，初中及以下文化程度者占比有所下降，高中及以上文化程度者占比明显提升。

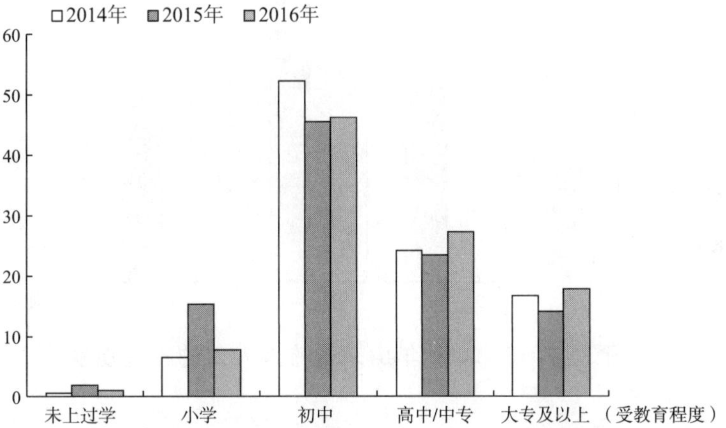

图2　2014~2016年山东省流动人口的受教育程度

（二）家庭基本情况

1. 婚姻状况以初婚为主

流动人口婚姻状况以初婚为主，占87.4%；其次为未婚，占8.5%；再婚的占2.7%；离婚、丧偶和同居者占1.3%。

2. 流入人口家庭规模有所扩大

流动人口在现居住地的家庭规模为2.79人。2016年，在现居住地的家庭户以 2~3 人为主。1 人户占 10.9%，2 人户占 21.3%，3 人户占 49.1%，4 人户占 16.2%，5 人及以上户占 2.5%。与 2015 年相比，流入人口家庭规模数增加了 0.07 人，其中 3 人及以上家庭规模占比增加了 1.6 个百分点（见图 3）。流动人口在流入地的家庭结构以核心家庭为主。已婚有偶流动人口中，92.7%配偶在现居住地，6.7%留在户籍地，0.6%在其他地方。子女随同流动的比例为 78.5%，留在户籍地的占 18.9%，2.6%在其他地方。

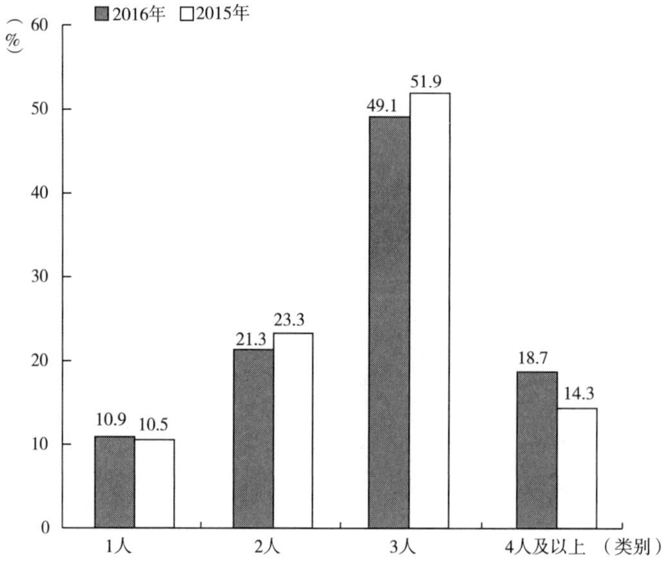

图 3　2015~2016 年山东省流入人口的家庭规模

3. 生育2个子女的比例提升

2016 年，山东省流动人口中生育子女数均值为 1.24 个，比 2015 年的均值（1.12 个）有所增加。其中，生育 1 个子女的比例最高，为 66.9%；其次为生育 2 个子女的比例为 24.8%；生育 3 个子女的比例为 2.0%；生育 4 个及以上子女的比例为 0.3%；无子女的比例为 5.9%。与 2015 年相比，有 1 个子女的比例降低了近 5 个百分点；有 2 个子女的比例提升了 6 个百分点（见图 4）。

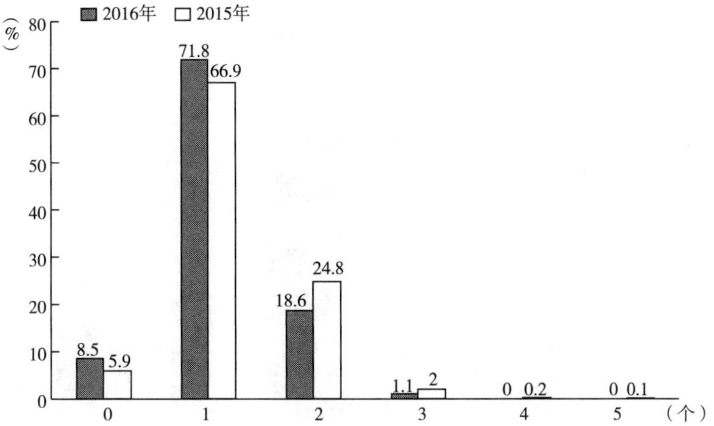

图 4　2015~2016 年山东省流动人口的子女数量比例

二　山东省流动人口的流动方式与居留意愿

（一）流向分布

1. 八成以上为省内流动

2016 年山东省流动人口动态监测显示，流动人口仍以省内流动为主，占比为 83. 1%。其中，54. 2% 为省内跨市流动，28. 9% 为市内跨县流动。通过历年监测数据比较（见图 5），2016 年跨省流动的比例明显高于往年，为 16. 9%；市内跨县流动的比例也高于往年；但省内跨市流动的比例较往年降低。

通过对多次流动的流入人口分析，首次流动为跨省流动的比例为 32. 3%，省内跨市流动占比为 53. 2%，市内跨县流动占比为 14. 4%，还有 0. 2% 为跨国流动。首次流动为跨省流动的比例比 2016 年跨省流动的比例高出近一倍（32. 3% vs. 16. 9%）。

2. 流动范围与省内经济区域特征吻合

从流动范围的地区分布看（见图 6），山东省东部和中部地区以省内跨市流动为主，占比分别为 55. 2% 和 70. 5%，西部地区则以市内跨县流动为主，占比为 60. 3%。同时，东部地区跨省流入人口的比重明显高于中部和西部地区。

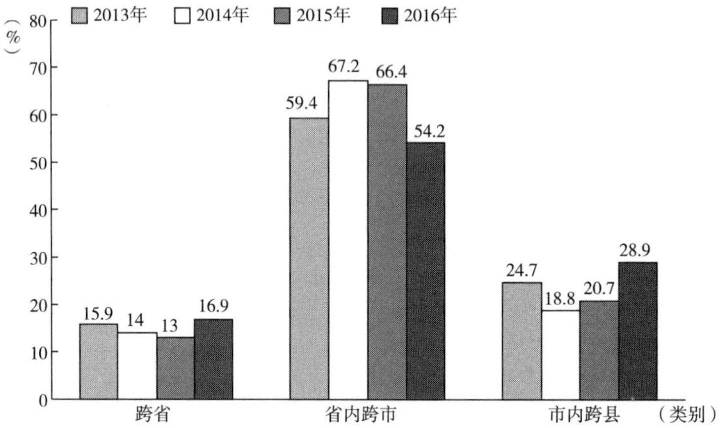

图5　2013~2016年山东省流动人口的流动范围

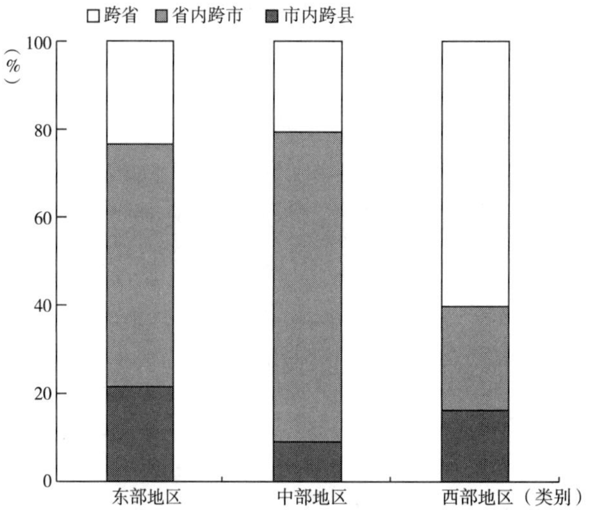

图6　2016年山东省东、中、西部地区流动人口的流动范围

从流动的城市分布看，跨省流动人口分布在青岛市最多（29.5%），其次是威海（14.6%）和烟台（13.9%）；省内跨市流动人口分布在青岛市最多（31.7%），其次为济南（28.6%）；市内跨县流动人口分布在烟台市最多（17.3%），其次为潍坊（11.6%）和德州（11.0%）。由此看出，东部地区和省会城市的经济水平和社会发展水平较高，吸引了较多的流动人口。

3. 跨省流动以邻近省份和东北地区为主

通过跨省流动人口的流入来源地分析，来源省份主要为黑龙江省（23.7%）、河南省（12.5%）和河北省（11.2%），合计占比47.4%。与2015年相比，黑龙江省的比例有了明显提升，高出7个百分点；河南省的比例则下降了3.9个百分点；河北省户籍流动人口已由第七位上升为第三位，比例提高5.8个百分点。此外，来源省份较多的还有吉林省（9.9%）、浙江省（7.6%）和安徽省（7.4%）。

通过跨省流动人口的流出地分析，山东省户籍人口首选流出地为天津市，占总流出人口的28.7%；其次是北京市，占比为17.3%。吸纳山东籍流出人口较多的省份还有江苏省（7.2%）、上海市（7.1%）、辽宁省（5.6%）、河北省（4.1%）、浙江省（3.5%）、吉林省（2.5%）和新疆维吾尔自治区（2.3%）。与2015年监测数据结果相比，天津市、北京市和江苏省一直居于流出地的前三位。这三个省份以较高的经济发展水平、较多的工作机会以及优越的地理位置，一直吸引着流动人口。

（二）流动原因

1. 流动原因以务工/经商为主

通过对山东省流动人口2015~2016年流动动因分析（表1），86.8%的流入人口选择经济动因（其中，选择务工占比58.2%，选择经商占比28.6%），86.5%的流出人口选择经济动因（其中，选择务工占比70.3%，选择经商占比16.2%），流入人口这一比例比2015年低了1个百分点；流出人口的这一比例与2015年持平。其次，因家属随迁而流入的人口占比为11.3%，流出的人口占比为10.5%。因婚姻嫁娶而流入的人口占比为1.1%，流出人口占比为1.8%，这一比例均明显高于2015年。因搬家、学习、投靠亲友、参军等其他原因而流动的比例都较低，流入人口共占比为0.9%，流出人口共占比为1.3%。山东省流动人口的流动原因以经济型动因为主，但通过历年数据分析，经济型动因的比例下降，而家属随迁、婚姻嫁娶、出生等非经济型动因的比例上升。这一方面体现了流动人口流动原因的多重性；另一方面也反映出流动迁移的家庭化和稳定性。

表 1　2015～2016 年山东省流动人口流动动因

单位：%

流动动因	流入人口		流出人口	
	2016 年	2015 年	2016 年	2015 年
务工/经商	86.8	87.8	86.5	86.5
家属随迁	11.3	11.2	10.5	11.1
婚姻嫁娶	1.1	0.4	1.8	0.2
拆迁搬家	0.2	0.1	0.1	0.1
投亲靠友	0.3	0.3	0.8	1.0
学习培训	0	0.2	0	0.6
参军	0	0	0	0
出生	0.2	0.0	0	0.1
其他	0.2	0.1	0.4	0.4
合计	100	100	100	100

2. 流动动因具有多样化特征

通过对多次流动的流入人口动因分析（见图 7），首次流动以务工/工作为动因的比例占 70.5%；其次，以学习培训为动因的比例为 11.7%，以经商为动因的比例为 11.4%，以家属随迁为动因的比例为 4.2%。而本次流动的首要原因也是务工/工作，占比 62.6%，比首次流动的比例降低了 7.9 个百分点；其次是以经商为动因，占比 26.5%，这一比例比首次流动提升了 15.1 个百分点；以家属随迁为动因的比例为 9.1%，比首次流动的比例提高了 4.9 个百分点。此外，首次流动动因中学习培训的占比较高，但在本次流动动因中无人选择学习培训。

3. 流动动因具有内部差异性

分性别看，男性流动人口因经济型动因而流动的比例明显高于女性，体现在：在因务工而流动的群体中，流入人口高出女性 13.5%，流出人口高出女性 10.9%；因经商而流动的群体中，流入人口高出女性 4.6%，流出人口高出女性 5.1%。女性流动人口因非经济型动因而流动的比例明显高于男性，体现在：以家属随迁为动因而流动的群体中，流入人口高出男性 17.0%，流出人口高出男性 12.3%；以婚姻嫁娶为动因而流动的群体中，流入人口高出男性 1.1%，流出人口高出男性 3.4%。其他动因的选

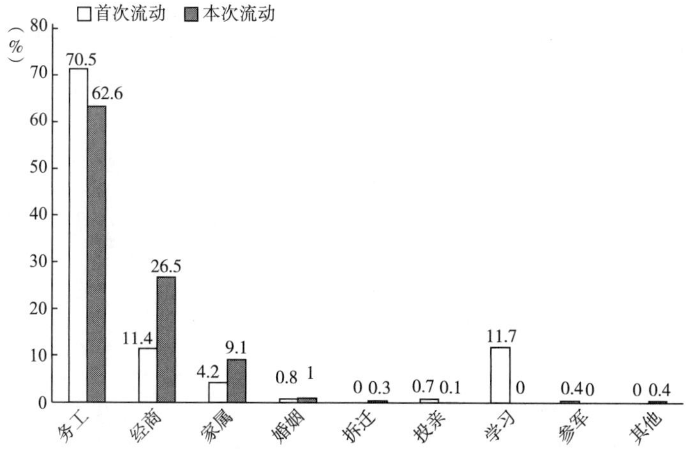

图 7　2016 年山东省流动人口首次流动和本次流动的动因

择上并无明显的性别差异。

分年龄看，15~59 岁的流动人口中，58.5%由于务工而流动，因经商流动的占 28.8%，随家庭流动的占 10.9%；60 岁及以上流动人口中，56.1%是随家庭流动，其中 53.1%因要照顾自家孩子而流入城市。

通过老一代和新生代流动人口的比较分析（表 2），无论是流入人口还是流出人口，老一代流动人口在因务工流动的比例明显低于新生代流动人口，其中流入人口低 12.1 个百分点，流出人口低 13.2 个百分点；老一代流动人口以经商为动因的比例要高于新生代流动人口，其中流入人口高出 14.7 个百分点，流出人口高出 6.6 个百分点。因随迁而流动的比例中，流入人口中的新生代要高出老一代 1.8 个百分点；流出人口中老一代要高出新生代 6.1 个百分点。因婚姻嫁娶、出生等非经济型动因中，新生代流动人口所占比例要高于老一代流动人口。

表 2　2016 年山东省流动人口的流动动因

单位：%

	流入人口				流出人口			
	性别		年龄		性别		年龄	
	男	女	老一代	新生代	男	女	老一代	新生代
务工/工作	64.9	51.4	50.8	62.9	75.3	64.4	62.9	76.1
经商	30.9	26.3	37.5	22.8	18.6	13.5	19.9	13.3

续表

	流入人口				流出人口			
	性别		年龄		性别		年龄	
	男	女	老一代	新生代	男	女	老一代	新生代
家属随迁	2.8	19.8	10.2	12.0	4.8	17.1	13.9	7.8
婚姻嫁娶	0.5	1.6	0.3	1.6	0.3	3.7	1.4	2.2
拆迁搬家	0.2	0.3	0.5	0.1	0.1	0.0	0.0	0.1
投亲靠友	0.2	0.4	0.5	0.2	0.8	0.8	1.3	0.4
出生	0.2	0.1	0.0	0.3	0.0	0.0	0.0	0.1
其他	0.3	0.1	0.1	0.2	0.2	0.4	0.5	0.1
合计	100	100	100	100	100	100	100	100

4. 首次流动与配偶一起流动的比例最高

流动人口在首次流动时（见图 8），选择与配偶一起流动的比例最高，为 89.0%，其中女性略高于男性（89.5% vs. 88.4%）；其次是选择独自流动，比例为 65.7%，其中男性选择的比例高出女性比例近 13 个百分点；再次，是选择与子女一起流动，比例为 47.2%，其中女性选择的比例高出男性 8 个百分点；此外，选择与父母/岳父母/公婆一起流动的比例为 5.3%，选择与兄弟姐妹一起流动的比例为 3.5%，其中男性选择的比例均高于女性。

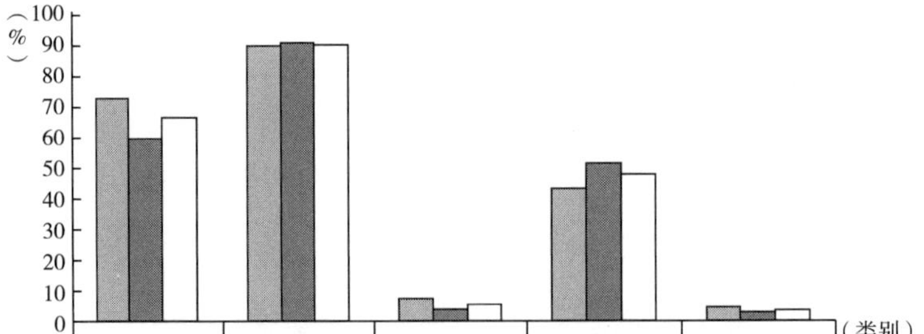

	独自流动	与配偶一起流动	与父母/岳父母/公婆一起流动	与子女一起流动	与兄弟姐妹一起流动
男性	71.7	88.4	7.3	42.7	4.3
女性	58.9	89.5	3.8	50.7	2.8
全体	65.7	89	5.3	47.2	3.5

图 8　2016 年山东省流动人口流动时与家人一起流动的比例

在问及“首次流动前，父母是否有过外出务工/经商的经历”时（见图9），有88.9%的流动人口的父母没有外出务工或经商的经历，特别是老一代流动人口在首次流出时，父母极少有外出或经商的经历。但对于新生代流动人口而言，他们在外出流动时受父母一定程度的影响，其中有14.8%的新生代流动人口的父母有过外出/经商的经历。

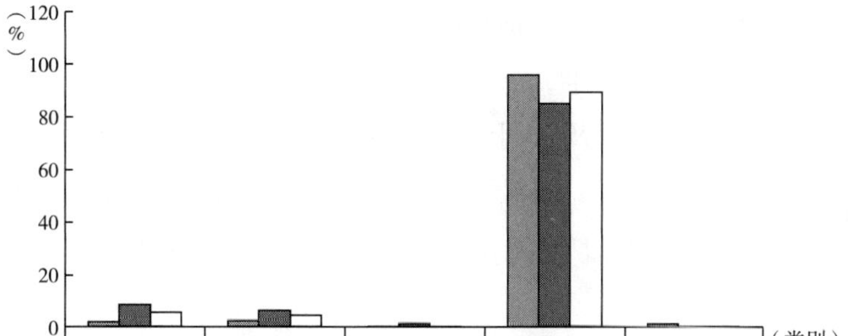

	父母均有	父亲有/母亲没有	母亲有/父亲没有	父母均没有	记不清
■老一代	1.6	1.9	0.2	95.4	0.8
■新生代	8.1	5.9	0.8	84.7	0.6
□全体	5.5	4.3	0.5	88.9	0.7

图9　2016年山东省流动人口首次流动前，父母是否有外出务工/经商经历

（三）流动时间

1. 本次流动的平均时长为4.5年

2016年流动人口监测数据显示，本次流动时间平均为4.5年，最小值不足1年，最大值为32年。比2015年的流动时间均值增加了1.5年。其中，男性本次流动时间均值为4.7年，女性均值为4.4年。通过东中西部比较分析，流动时间最长的是西部，为5.4年；其次为中部，为4.7年；最低为东部，为4.2年。这一结果表明流动时间受流动范围的影响，中东部地区流动人口多为跨省或省内跨市流动，流动性强；而西部地区多为市内跨县流动，流动距离短，在流入地的持续时间最长。

2. 首次流动的平均时长为4.2年

通过对多次流动的流动人口数据分析，首次流动时间平均为4.2年，最小值不足1年，最大值为26年。其中，男性和女性的流动时间均为4.2年。通过东中西部比较分析，流动时间最长的是中部，为4.4年；其次为东部，为4.3年；最低为西部，为4.2年。通过对首次流动范围的比较分析，流动时间最长的是跨境流动，为5年；其次是跨省流动，为4.5年；市内跨县流动为4.2年；最低的是省内跨市流动为4年。

3. 一半以上流动人口累计流动时间超过5年

2016年山东省流动人口流动的累计时长比例最高的为5~9年以下，占30.5%；其次为3~4年，占比20.6%；1~2年占比为19.2%；10~14年占比为12.7%；15年及以上的占比为5.8%；最低为不足一年的占比8.4%。与2014年和2015年数据结果比较（见图10），2016年流动人口的流动累计时长在9年以下的比例较高，9年以上的比例则相对较低。

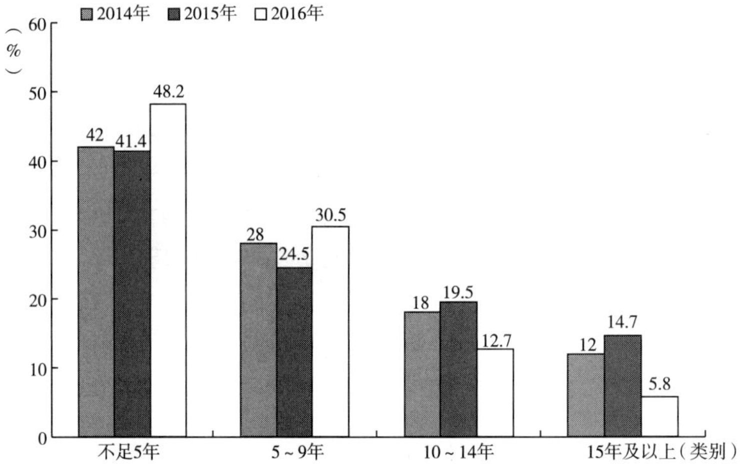

图10 山东省流动人口的流动累计时长

（四）居留和落户意愿

1. 八成以上流动人口打算在本地长期居住

2016年，有80.8%的流动人口打算在本地长期居住（5年以上），有15.8%的人表示没有想好，2.8%的人有返乡意愿，还有0.6%的人想继续流动（见图11）。与近三年流动人口监测数据结果比较，山东省流动人口打算长期居住的比例一直在提升，其中，2016年比2015年高出5.8个百分点，比 2014 年高出 10 个百分点。这一趋势表明，山东省流动人口的稳定性持续增强。流动人口的居留意愿受流入地的家庭规模数影响（见图 12），其中，流动人口打算长期居留比例最高的为 3 人户（86.4%），其次为 4 人户（83.9%）和 5 人户及以上（83.8%）。由此看出，随着流动人口家庭化趋势增强，以核心家庭流动的流动人口长期居留意愿最强。

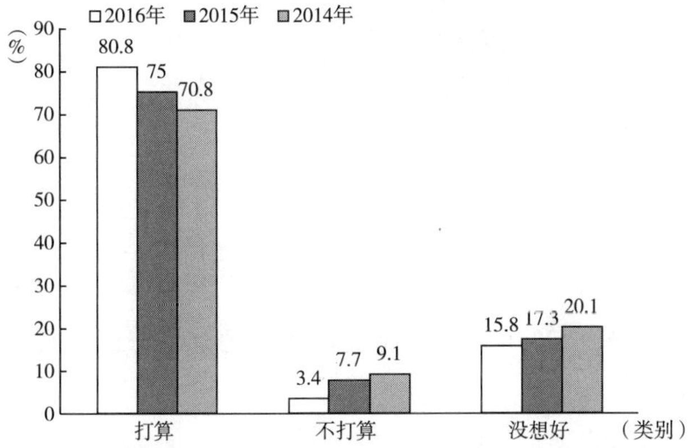

图 11　2014~2016 年山东省流动人口长期居住意愿的比例分布

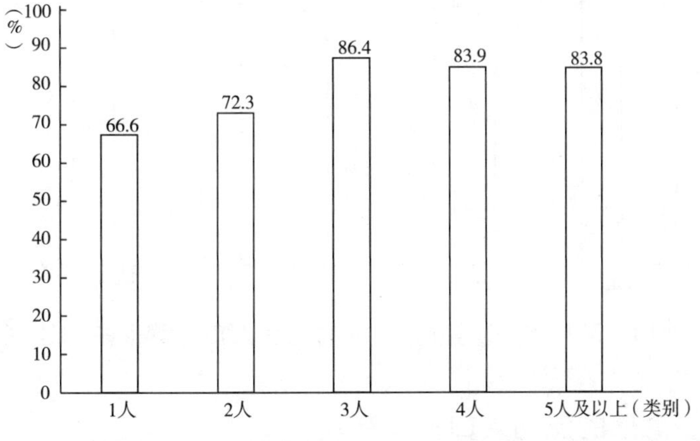

图 12　2016 年不同家庭规模的流动人口打算长期居住的比例

2. 近一半流动人口有落户意愿

打算长期在本地居住的流动人口中，选择愿意把户口迁入本地的比例最高，为 46.1%；其次为不愿意迁入，比例为 30.8%。还有 23.0%的流动人口表示没有想好（见图 13）。落户意愿受流动人口在流入地家庭规模的影响（见图 14），其中 3 人户家庭流动人口的落户意愿最高，为 44.6%，其次为独自 1 人流动的流动人口，比例为 42.6%。由此看出，以核心家庭流动的流动人口落户意愿最强。

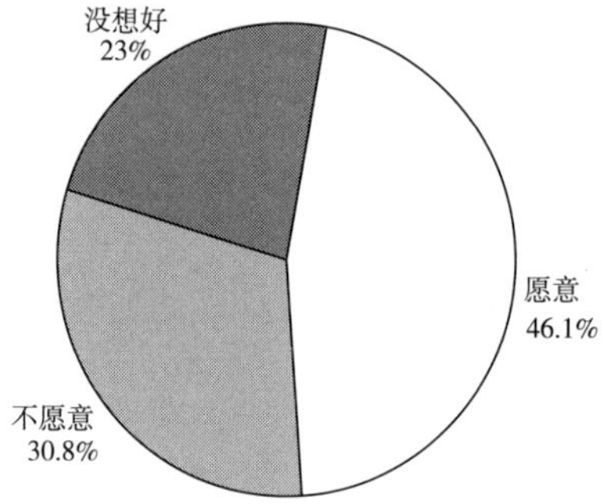

图 13　2016 年山东省流动人口的落户意愿分布

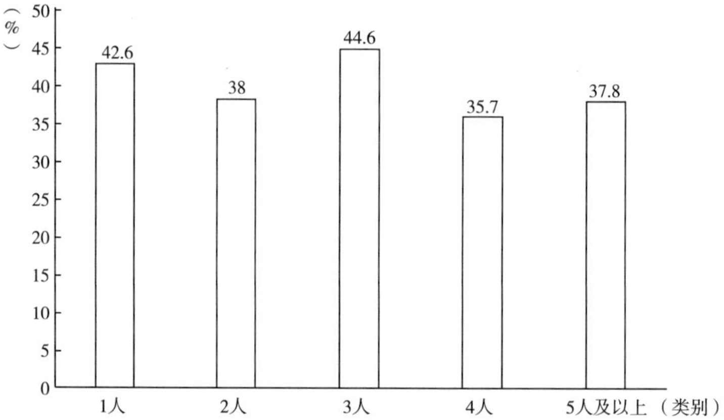

图 14　2016 年不同家庭规模的流动人口打算落户的比例

3. 有返乡意愿的流动人口占2.8%

数据结果显示：有返乡意愿的流动人口群体中，近三成流动人口表示想在 1 年之内返乡；有 25.6%的流动人口表示有返乡意愿，但返乡具体时间并不确定；还有 24.0%流动人口表示在 3~5 年内返乡，16.8%的流动人口表示在 1~2 年内返乡，4.1%表示在 6 年以后返乡。在回答

“如返乡，打算回到家乡的什么地方”时，有67.3%的流动人口选择回到原居住地（自家），有23.3%的流动人口选择回到区县政府所在地，选择回乡镇府所在地的比例为6.1%，还有3.1%的群体表示没想好（见图15）。

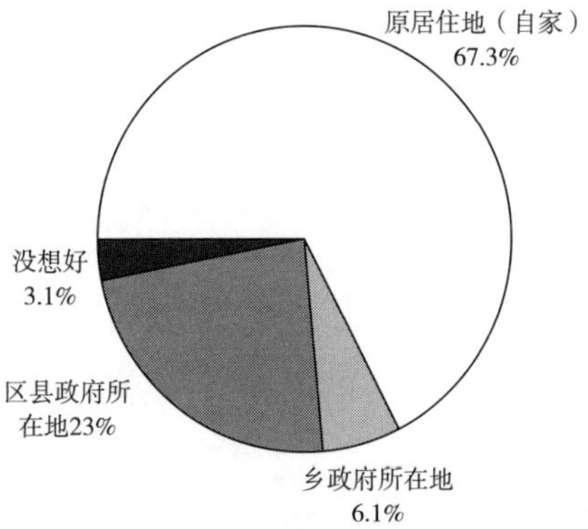

图15　2016年山东省有返乡意愿流动人口的未来打算

4. 表示继续流动的流动人口占0.6%

2016年山东省流动人口动态监测数据结果显示（见图16），在有继续流动意愿群体中，41.7%的流动人口并没有确定自己的未来打算。其次，选择最多的是继续流入其他省会城市，比例为17.6%；流入县级市的比例也较多，为14.5%。

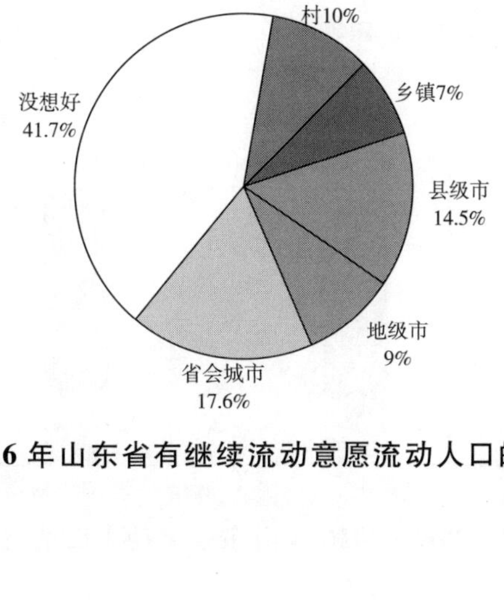

图16　2016年山东省有继续流动意愿流动人口的未来打算

三 山东省流动人口的就业与收支情况

（一）就业情况

1. 八成以上流动人口当前处于就业状态，性别差异明显

2016 年“五一”节前一周，87.0%的流动人口做过一小时以上有收入工作，失业率为 13.0%。比例与 2015 年基本一致。从性别看，男性就业率为 95.6%，而女性仅为 78.3%。尽管就业率的性别差异明显，但与 2015 年（男女差距为 20.8%）相比，2016 年的性别差距减少了 3.5%（见图 17）。从地区看，中部地区的就业率最高，为 88.1%；其次为东部，为 86.6%；西部最低，为 86.1%。

未工作的流动人口中，54.1%是因为料理家务或带孩子，12.6%是因为怀孕或哺乳，6.2%是因为临时性停工，没找到工作的比例为 3.8%，而因其他原因未就业的比例占 23.5%。性别比较分析表明（见图 18），男性流动人口未工作的原因前三位分别是临时性停工或季节性歇业（19.1%）、料理家务或带孩子（13.0%）、生病（12.2%）；女性流动人口未工作的原因前三位分别是料理家务或带孩子（62.4%）、怀孕或哺乳（15.1%）和临时性停工或季节性歇业（3.5%）。由此看出，男性未找到工作的原因相对分散，而女性未找到工作的原因则主要以家庭原因为主。

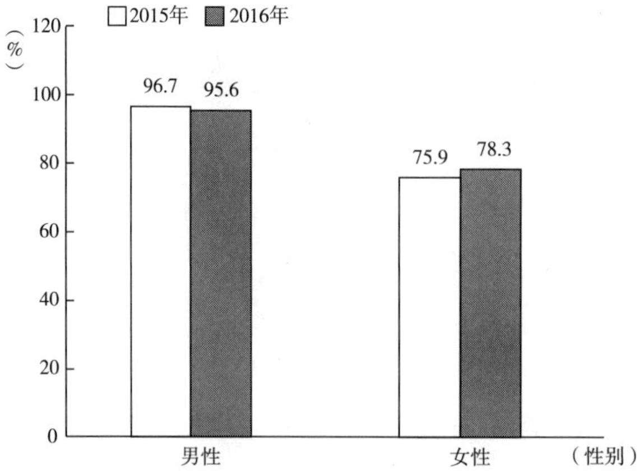

图 17　2015~2016 年山东省流动人口的就业率

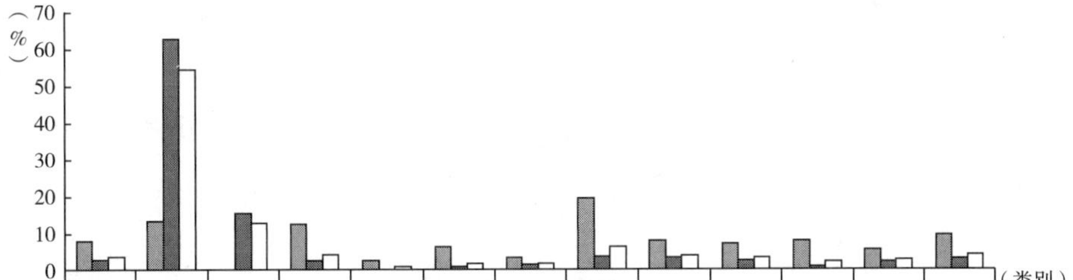

	学习培训	料理家务/带孩子	怀孕或哺乳	生病	已经找到工作等待上岗	因单位原因失去工作	因本人原因失去工作	临时性停工或季节性歇业	没找到工作	不想工作	退休	丧失劳动能力	其他
男性	7.6	13	0	12.2	2.3	6.1	3.1	19.1	7.6	6.9	7.6	5.3	9.2
女性	2.6	62.4	15.1	2.3	0.6	0.8	1.4	3.5	3.1	2.3	0.9	2	2.9
合计	3.5	54.1	12.6	4	0.9	1.7	1.7	6.2	3.8	3.1	2.1	2.6	4

图 18　2016 年山东省流动人口未就业的原因

2. 就业主要集中在商业服务和生产领域

从 2016 年流动人口的行业分布看（见图 19），批发零售、居民服务/修理/服务业、住宿餐饮等商业服务行业分别占 30.8%、14.7%和 12.0%。制造和建筑等生产制造行业各占 19.6%和 4.3%。两类行业合占比例高达 81.4%。

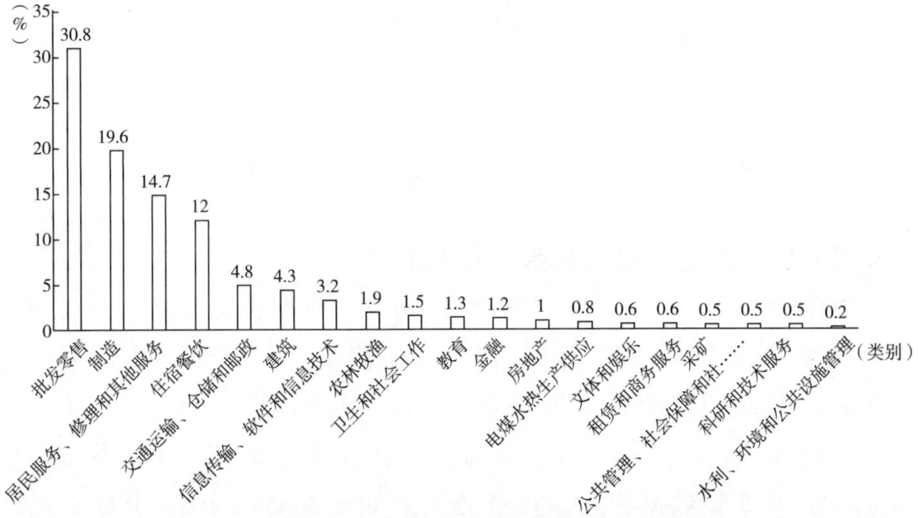

图 19　2016 年山东省流动人口就业行业分布情况

从 2016 年流动人口的职业分布看（见图 20），经商、其他商业服务业人员、餐饮和商贩，分别占 24. 1%、19. 2%、10. 8%和 4. 8%，合计达 58. 9%；生产、建筑、装修等分别占 14. 1%、2. 3%和 3. 1%，共计 19. 5%。两类职业加起来共占 78. 4%。此外，流动人口从事专业技术岗位的比例为 7. 6%，较往年比例持续提升，如 2015 年为 7. 3%，2014 年为 6. 1%，2013 年为 5. 2%。

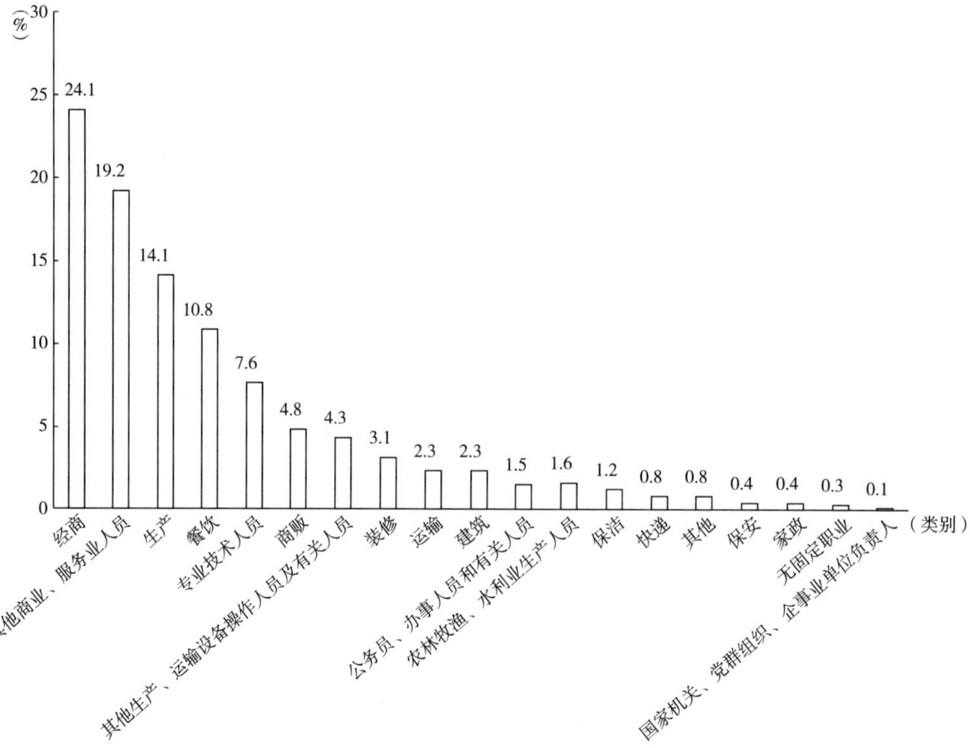

图 20　2016 年山东省流动人口的就业职业分布情况

3. 就业身份以雇员和自营劳动者为主

从单位性质看，个体工商户吸纳了 46. 3%的流动人口就业，这一比例比 2015 年提升了 8. 4 个百分点；其次为私营企业，吸纳了 27. 5%的流动人口就业，比 2015 年降低了近 3 个百分点（见图 21）。

从就业身份看，流动人口主要为雇员和自营劳动者，分别占 56. 7%和 37. 4%。与 2015 年数据相比，自营劳动者的比例高出 10. 8 个百分点，雇员的比例降低 6. 8 个百分点（见图 22）。

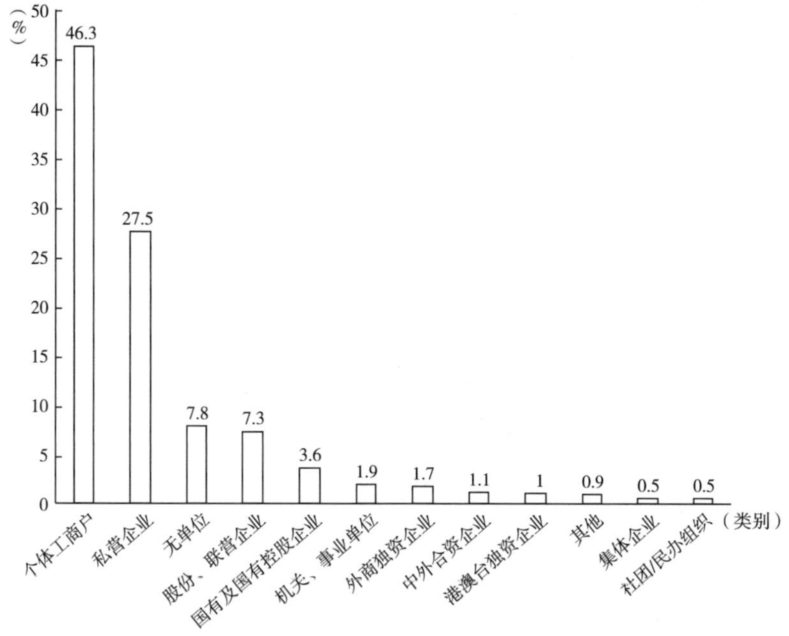

图 21　2016 年山东省流动人口就业单位性质分布

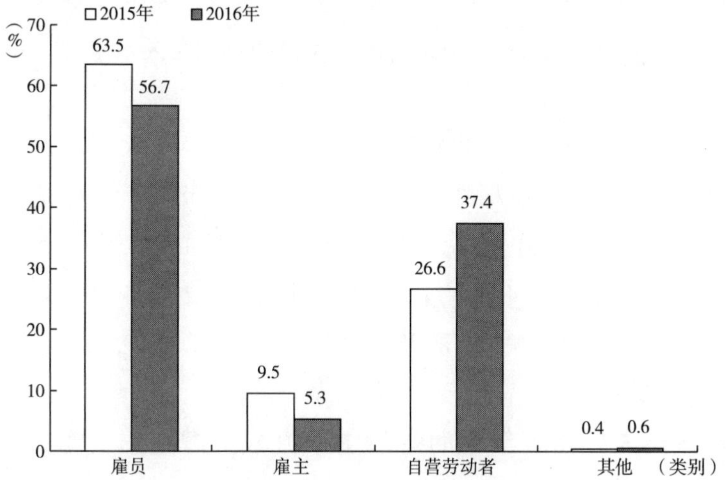

图 22　2015~2016 年山东省流动人口就业身份分布

（二）个人收入情况

1. 流入人口个人月均收入为4068元，比上年同期增长4%

2016 年，山东省流入人口个人月均收入为 4068 元，比 2015 年增加了

147 元，增长率为 4%。其中，男性月均收入为 4703 元，女性月均收入为 3296 元，性别差距较大。从收入分布看（见图 23），近一半流动人口的月均收入集中在 2000~4000 元；其次为 4000~6000 元占比为 23.0%；此外，2000 元以下的占 18.9%，6000 元以上的占 10.4%。

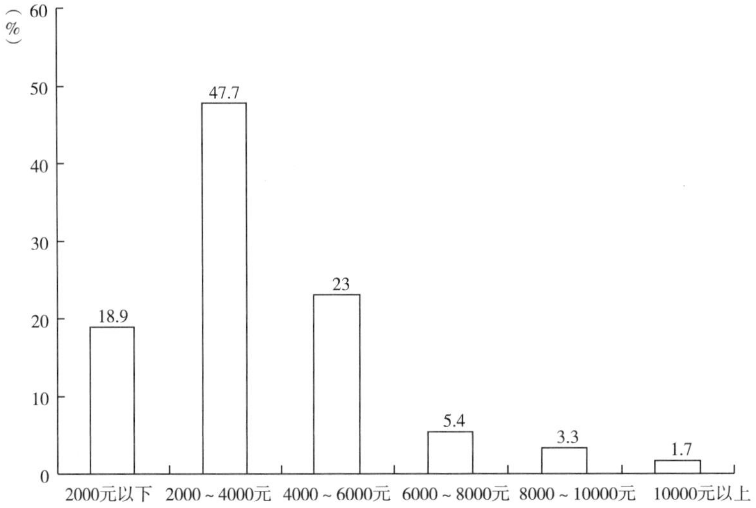

图 23　2016 年山东省流动人口的月均收入水平

2. 流出人口月均收入为5080元，比流入人口平均水平高20%

2016 年，山东省流出人口个人月均收入为 5080 元，比流入人口平均收入高出 20%。其中，男性为 5602 元，女性为 4337 元。从收入分布看（见图 24），四成流动人口的月均收入集中在 2000~4000 元；其次为 4000~6000 元，占比 24.6%；2000 元以下的占 12.2%；此外，6000 元以上的比例为 19.9%，明显高出流入人口的比例。

山东省流出人口比较集中的省份中，流入上海市的山东人口月均收入最高为 6379 元，其次为北京市 6107 元，再次为广东省 5356 元。山东省户籍人口主要流向邻近省份，其中浙江省流动人口月收入为 4718 元，江苏省为 4420 元，均高于山东省内流动人口月均收入（见图 25）。由此看来，流出地较高的收入水平是吸引流动人口流出的主要原因之一。

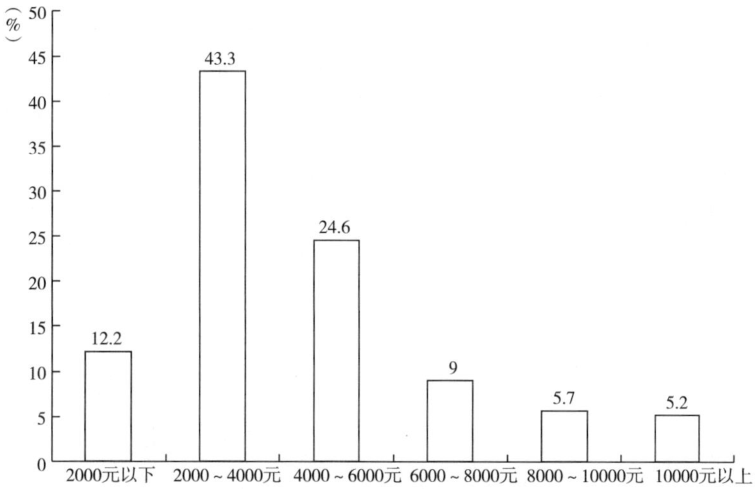

图 24　山东省流出人口的月均收入水平

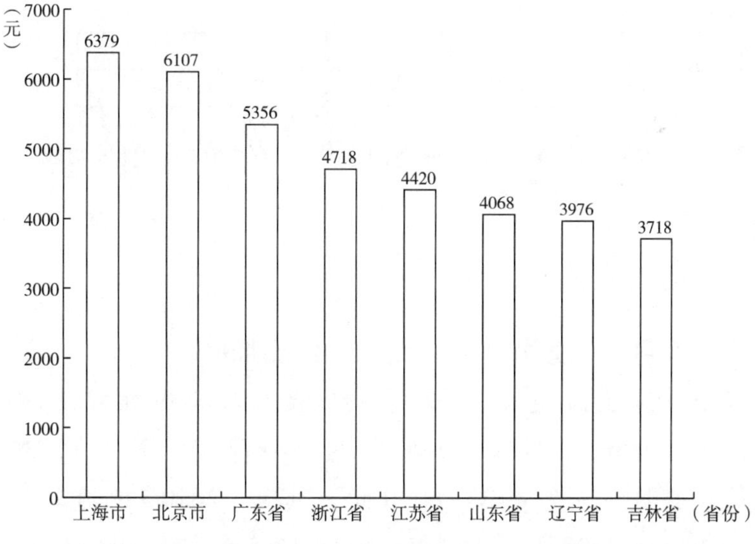

图 25　2016 年主要省份的山东省流出人口的月均收入

3. 不同文化程度间流动人口的收入差距持续加大

流动人口的月均收入水平随文化程度的提高而增加（见图 26）。2016 年监测数据结果表明，大专及以上文化程度者月收入最高为 4827 元。与 2014 年和 2015 年相比，未上过学的流动人口收入水平逐年降低，而初中及以上文化程度的流动人口收入水平则逐年增加。2015 年，相对于未上过学的流动人口，具有小学、初中、高中、大专及以上文化程度的流动人口的收入分别高出 49%、77%、88%和 103%；而 2016 年，相对于未上过学的流动人口，其他文化程度的流动人口收入分别高出 48%、88%、106%和 134%。由此看出，随着流动人口收入水平整体提高，不同文化程度间的收入差距持续加大。

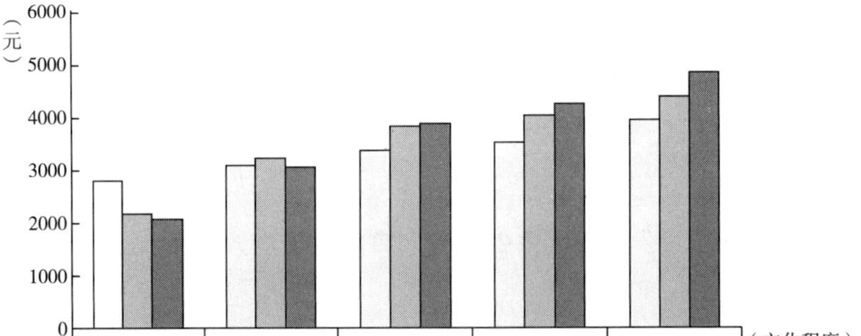

	未上过学	小学	初中	高中/中专	大专及以上
□2014 年	2775	3077	3353	3504	3928
▨2015 年	2152	3209	3809	4019	4377
■2016 年	2059	3036	3870	4239	4827

图 26　2014～2016 年山东省不同文化程度流动人口的月均收入

（三）家庭收支情况

1. 平均家庭月收入为6839元，比上一年增加6%

2016 年，山东省流动人口平均家庭月收入为 6839 元，较 2015 年增加了 425 元，增幅为 6%。从家庭月收入的分布看（见图 27），36.3%的流动人口平均家庭月收入为 4000～6000 元，其次，26.0%的流动人口平均家庭月收入为 6000～8000 元。与 2014 年和 2015 年结果相比，家庭收入在 6000 元以下的比例逐年下降，6000 元及以上所占的比例则逐年提升。总体看，山东省流动人口的平均家庭收入逐年提高。

2. 平均家庭月支出为3501元，较去年增加甚微

2016 年，山东省流动人口平均月支出为 3501 元，比 2015 年的支出水平增加了 95 元，增幅为 1.3%。从支出分布看（见图 28），平均家庭总支

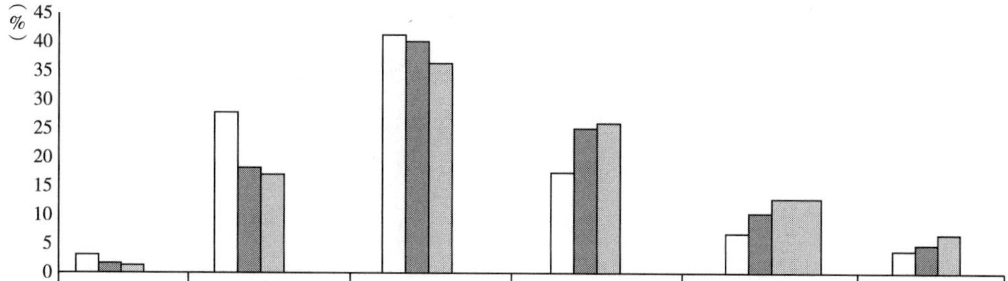

	2000元/月以下	2000～4000元/月	4000～6000元/月	6000～8000元/月	8000～10000元/月	10000元/月以上
□2014年	3	27.8	41.1	17.4	6.8	3.9
■2015年	1.6	18.2	40.1	25.1	10.3	4.8
■2016年	1.3	17	36.3	26	12.9	6.5

图 27　2014～2016 年山东省流动人口家庭月收入分布情况

出在 2000～3000 元的比例最高，为 32.2%；其次是 1000～2000 元，所占比例为 20.3%。与 2014 年和 2015 年的结果比较，5000 元以上支出的比例有所增加。

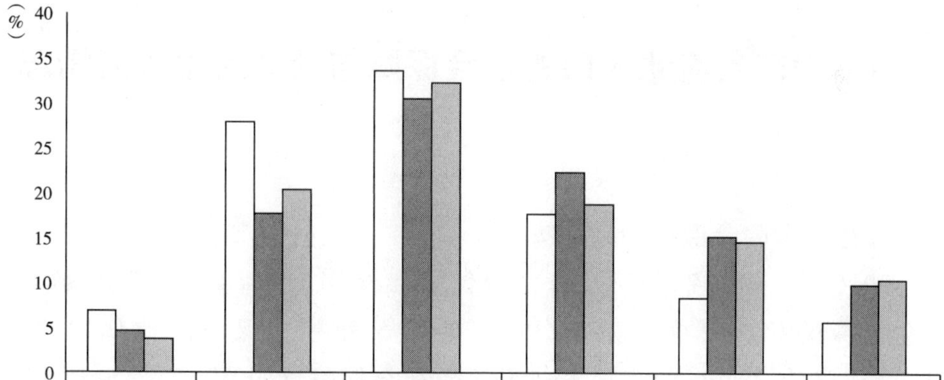

	1000元/月以下	1000～2000元/月	2000～3000元/月	3000～4000元/月	4000～5000元/月	5000元/月以上
□2014年	6.8	27.9	33.6	17.7	8.5	5.8
■2015年	4.6	17.7	30.5	22.3	15.2	9.8
■2016年	3.7	20.3	32.2	18.8	14.7	10.4

图 28　2014～2016 年山东省流动人口家庭月支出分布情况

3. 平均家庭月住房支出为871元，较去年略微降低

2016 年，山东省流动人口平均家庭月住房支出（仅房租/房贷）为

871 元，比 2015 年的 891 元稍有减少。住房支出占家庭每月总支出的比例为 24.9%，比 2015 年降低了近 1 个百分点。从住房支出费用分布看（见图 29），无住房支出的比例最高，为 25.3%，其次为 400~800 元，占比为 17.5%。

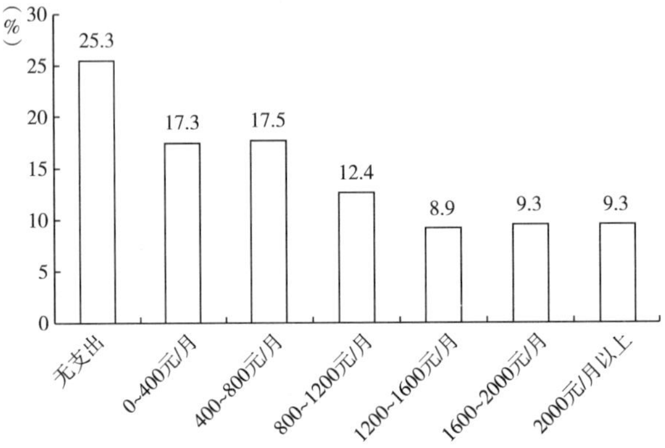

图 29　2016 年山东省流动人口平均月住房支出费用分布

四　山东省流动人口的社会保障与公共卫生服务情况

（一）社会保障情况

1. 社会保障参保率为61.4%

2016 年，山东省流动人口社会保障参保率为 61.4%，其中参加 1 种社会保障的比例最多，为 36.9%；参加 5 种社会保障的比例次之，为 11.9%。还有 38.6%的流动人口无任何社会保障（见图 30）。流动人口中有 60.5%的人参加了养老保险（含新农保等），23.6%的人参加了失业保险，24.0%的人参加了工伤保险，22.6%的人参加了生育保险，还有 12.6%的人有住房公积金。除养老保险是以户籍地参保为主外，其他社会保障在本地参保率均为九成以上。通过山东省东、中、西部流动人口社会保障参保率的比较看出（见图 31），东部地区社会保障的总体参保率最高，为 63.0%，社会保障各个项目的参保率均高于省平均水平；西部地区次之，为 60.7%；中部地区最低，为 57.8%。

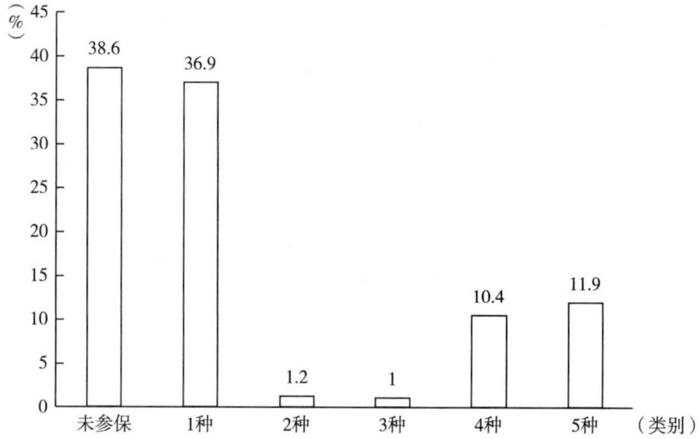

图 30　2016 年山东省流动人口社会保障参保率

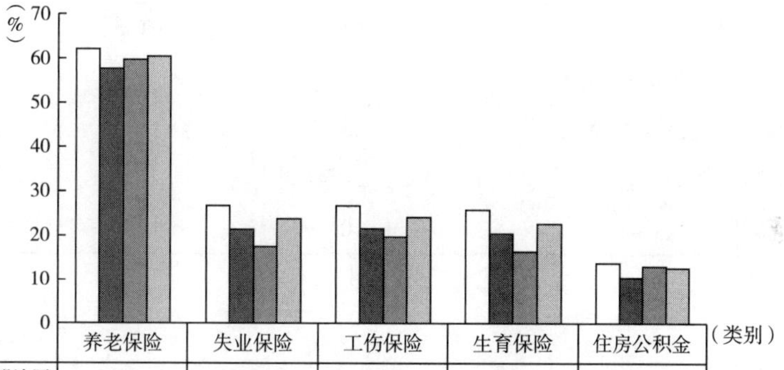

	养老保险	失业保险	工伤保险	生育保险	住房公积金
□东部地区	62.2	26.7	26.7	25.7	13.6
■中部地区	57.6	21.2	21.5	20.4	10.3
■西部地区	59.7	17.4	19.6	16.3	13
□全体	60.5	23.6	24	22.6	12.6

图 31　2016 年山东省不同地区流动人口的社会保障参保情况

2. 医疗保险参保率为86.5%

2016 年，山东省流动人口中 86.5%参加了 1 种医疗保险，1.3%的流动人口参加了 2 种医疗保险，还有 12.2%未参加任何医疗保险。流动人口仍以在户籍地参加的新型农村合作医疗保险为主，占比为 57.0%。此外，有 3.5%的流动人口享有城乡居民合作医疗保险，3.3%享有城镇居民医疗保险，25.0%享有城镇职工医疗保险，还有 0.4%享有公费医疗。与前两年的监测数据结果相比（表 3），参加新型农村合作医疗保险的比例持续降低，参加城乡居民合作医疗保险和公费医疗保险的比例有所提升。总体而言，通过中、东、西部地区的比较可以看出，西部地区的医疗保险参保率最高，为 90.7%；其次为中部，为 89.4%；东部则最少，为 88.5%。就具体参保情况而言（见图 32），与中部和西部地区相比，东部地区流动人口的新型农村合作医疗保险参保率和城镇居民医疗保险参保率较低，而城乡居民合作医疗保险、城镇职工医疗保险以及公费医疗保险的参保率均高于全省平均水平。

表 3　2014~2016 年山东省流动人口社会医疗保险参保率

单位：%

项目＼年份	2014	2015	2016
新型农村合作医疗保险	63.7	61.5	57.0
城乡居民合作医疗保险	1.1	2.8	3.5
城镇居民医疗保险	3.3	3.4	3.3
城镇职工医疗保险	24.4	27.7	25.0
公费医疗	0.1	0.1	0.4

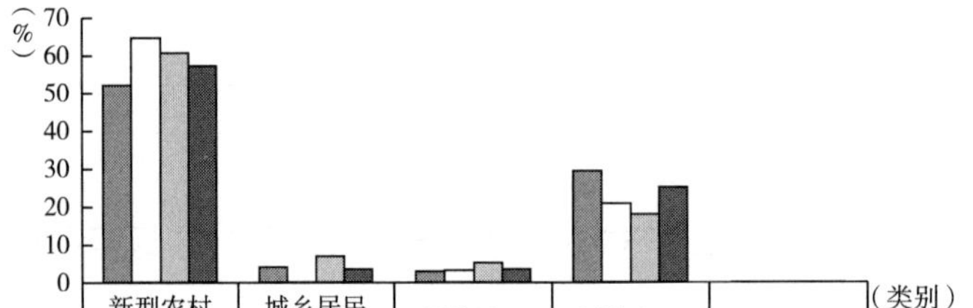

	新型农村合作医疗保险	城乡居民合作医疗保险	城镇居民医疗保险	城镇职工医疗保险	公费医疗
■东部地区	51.9	4	2.8	29.3	0.5
□中部地区	64.6	0.6	3.2	20.8	0.2
▨西部地区	60.4	6.8	5.2	18	0.3
■全体	57	3.5	3.3	25	0.4

图 32　2016 年山东省流动人口社会医疗保险参保率

（二）卫生和医疗服务利用情况

1. 流动人口健康档案建档率为47.3%

2016年，山东省有47.3%的流动人口建立了社区健康档案，建档率比2015年降低了10个百分点。还有26.1%的流动人口没建档也没听说过，19.6%的流动人口没建档但听说过。通过山东省东中西部建档率的比较发现（表4），东部建档率明显高于中西部地区，高出近10个百分点（51.6% vs. 42.1% vs. 42.3%）；就社区健康档案的了解程度而言，西部地区的比例远远低于中东部地区。这一结果表明流动人口的健康档案建档率仍相对较低，需要进一步提高对建立健康档案的认识，特别是西部地区的流动人口。

表4　2016年山东省流动人口社区健康档案建档率

单位：%

	东部地区	中部地区	西部地区	全体
是，已经建立	51.6	42.1	42.3	47.3
没建，没听说过	23.5	23.7	38.0	26.1
没建，但听说过	18.0	26.3	13.2	19.6
不清楚	6.9	7.9	6.5	7.1

2. 健康教育覆盖多方面内容

2016年，山东省流动人口在现居住地接受的健康教育覆盖了多方面内容。其中，接受比例较多的内容是生殖与避孕/优生优育方面、营养健康方面、控制吸烟方面，所占比例分别为72.4%、53.1%和47.1%。此外，还有31.8%的流动人口在社区接受过防雾霾的健康教育内容。接受过精神病障碍防治的流动人口比例最少，为10.3%。与上一年相比，流动人口获得各种健康知识的比例均有明显下降，如营养健康方面和控制吸烟方面下降了20个百分点（见图33）。

3. 社区健康教育途径以传统的宣传形式为主

2016年监测结果显示，流动人口在现居住地社区通过多种途径接受不同的健康教育内容。其中，传统的宣传栏和宣传资料是流动人口最主要的接受途径，占比分别为 89.7%和 87.2%。其次是通过健康知识讲座、面对面健康咨询、社区医生传授，比例分别占 41.0%、27.9%和 19.3%。此外，通过网络、手机等新媒体形式接受健康教育，如电子显示屏、社区短信/微信和社区网站咨询也占有一定比例，分别为 22.4%、18.6%和 5.9%（见图 34）。

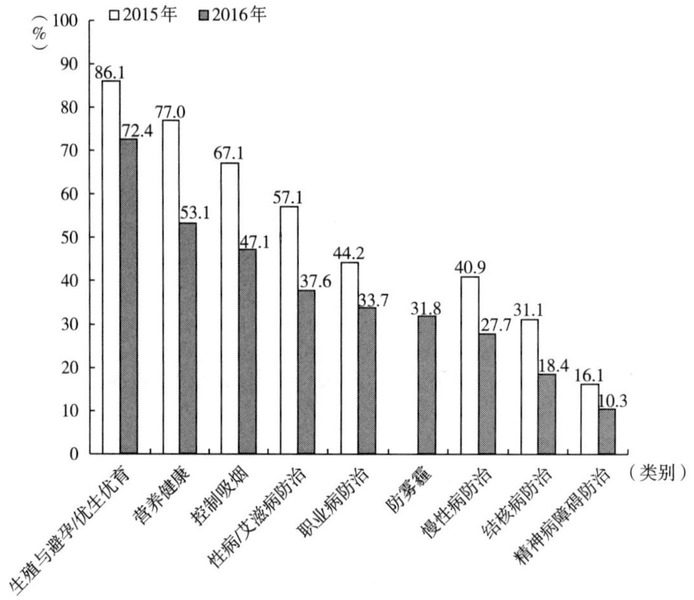

图 33　2015~2016 年山东省流动人口在现居住社区接受健康教育内容比例

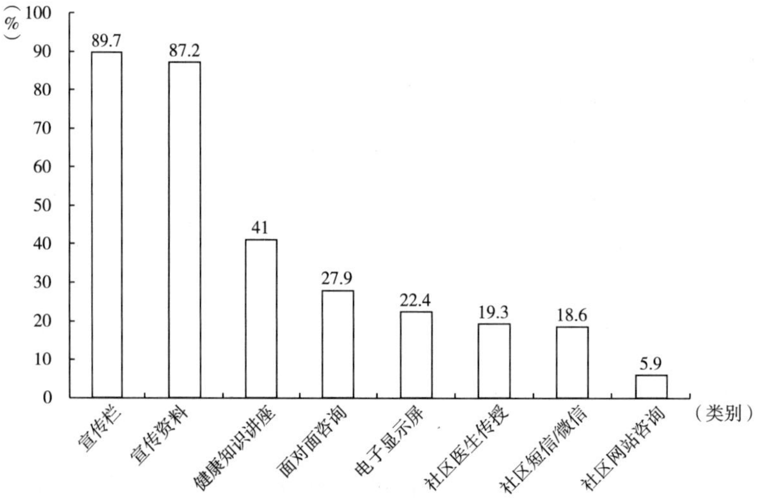

图 34　2016 年山东省流动人口在现居住地社区接受健康教育的途径

4. 流动人口子女免费疫苗接种率为99.5%

2016年，流动人口动态监测数据结果表明，流动人口子女接种过目前年龄应该接种的所有国家规定免费疫苗的接种率为99.5%。这一比例比2015年提升了1.4个百分点，说明流动人口子女保健服务进一步完善。

5. 八成左右孕产妇享受保健服务

2016年，流动妇女在怀孕12周内建立孕产妇档案的比例为72.0%，在怀孕13~27周建立档案的比例为18.4%，在怀孕28~40周建立档案的比例为2.5%，还有7.1%的流动妇女在怀孕期间没有建立档案（见图35）。其中，随着生育孩子数量的增加，没有建立档案的比例相应提高。

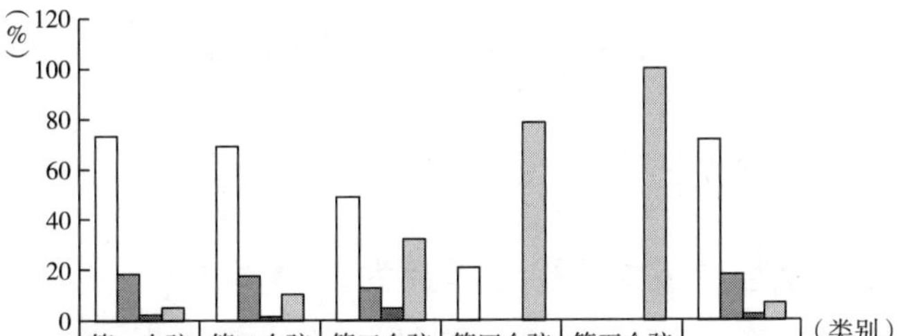

	第一个孩子	第二个孩子	第三个孩子	第四个孩子	第五个孩子	总体
□怀孕12周内	73.4	69.4	49.3	21.1	0.0	72.0
■怀孕13~27周	18.8	17.9	13.2	0.0	0.0	18.4
■怀孕28~40周	2.6	1.9	5.1	0.0	0.0	2.5
□没有建档	5.2	10.7	32.3	78.9	100.0	7.1

图35　2016年山东省流动人口母亲建立孕产妇档案的时间比例

2016年，71.8%的流动妇女在产前接受了5次及以上的检查，23.7%的流动妇女在产前接受了3~4次检查（表5）。结果表明，随着生育孩子数量的增多，产前检查的次数也随之减少。

表5　2016年山东省流动妇女接受产前产后检查的情况

单位：%

		第一个孩子	第二个孩子	第三个孩子	总体
产前检查次数	0次	0.0	0.0	27.1	0.6
	1~2次	4.1	4.0	0.0	4.0
	3~4次	16.4	31.4	49.6	23.7
	5次及以上	79.6	64.5	23.3	71.8

续表

	第一个孩子	第二个孩子	第三个孩子	总体
产后 28 天内接受访视	84.3	83.9	45.9	84.0
产后 42 天内接受访视	86.2	86.3	49.6	86.0

总体上，产妇接受产后 28 天内访视和 42 天内健康检查的比例分别为 84.0%和 86.0%。同时，随着生育孩子数量的增多，产后访视和检查率逐渐降低。

五　山东省流动人口的婚育情况和计生服务

（一）婚育状况

1. 初婚年龄为24.6岁，初育年龄为25.4岁

2016 年，山东省流动人口的初婚年龄均值为 24.6 岁，比 2015 年有所提高。其中，男性为 25.1 岁，女性为 24.1 岁，男性较女性晚 1 年。

2016 年，已婚育龄妇女中平均初育年龄为 25.4 岁。

2. 出生人口性别比为125

2016 年，山东省流动人口生育子女的出生性别比为 125。从孩次情况看，一孩、二孩、三孩及以上的性别比分别比为 120、143 和 152。通过 2011~2016 年数据比较分析，显示 2016 年的出生性别比较上一年有所提高，但出生人口性别比总体上仍呈现波动下降的趋势（见图 36）。

3. 近三成流动人口打算再生育一个孩子

2016 年，山东省已婚有偶且目前只有一个孩子的流动人口中愿意再生育一个孩子的比例为 30.6%，不打算再生育的比例为 39.9%，还有近三成流动人口尚未考虑好。生育意愿受多种因素的影响，以文化程度为例（见图 37），不同文化程度流动人口的生育意愿选择差异明显。随着文化程度的提高，选择生育第二个孩子的比例增加，其中大专及以上流动人口选择生第二个孩子的比例最高，为 34.1%。同时，随着文化程度的提高，没有考虑好的比例也相应增加。

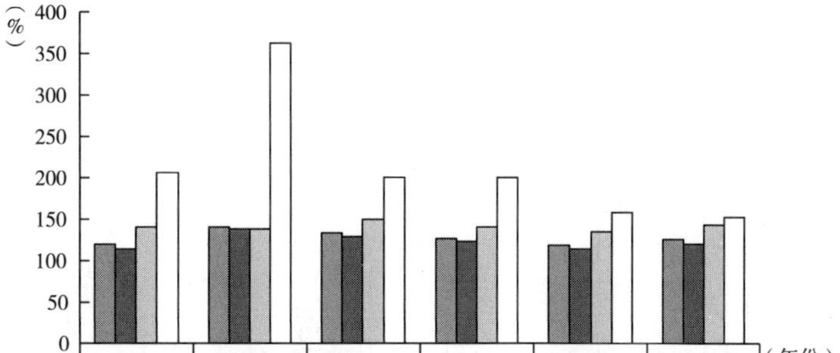

	2011年	2012年	2013年	2014年	2015年	2016年
总体	119	140	133	127	118	125
一孩	114	138	129	123	114	120
二孩	140	138	150	140	135	143
三孩及以上	206	362	200	200	158	152

图 36　2011～2016 年山东省流动人口出生性别比

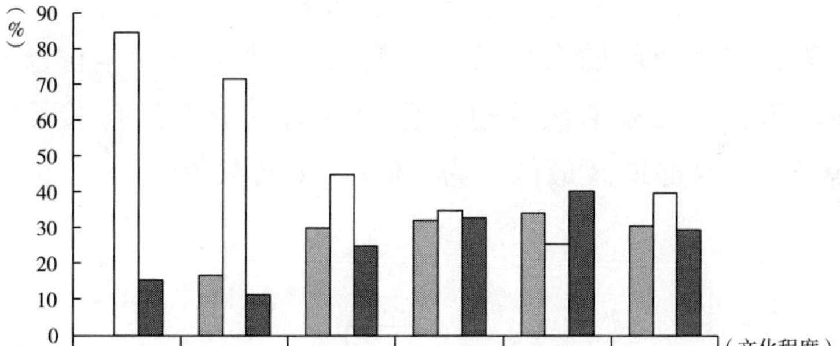

	未上过学	小学	初中	高中/中专	大专及以上	全体
是	0	16.8	30.1	32.1	34.1	30.6
否	84.6	71.7	44.9	34.9	25.5	39.9
没想好	15.4	11.5	25	33	40.4	29.5

图 37　2016 年山东省流动人口的文化程度和二胎生育意愿

不打算要第二个孩子的原因有多种（见图 38），其中选择最多的是经济负担过重，占比为 65.3%；其次是年龄太大或没人照顾孩子，占比为 30.9%和 30.0%；此外，养育孩子太费心和影响工作也占了一部分比例。

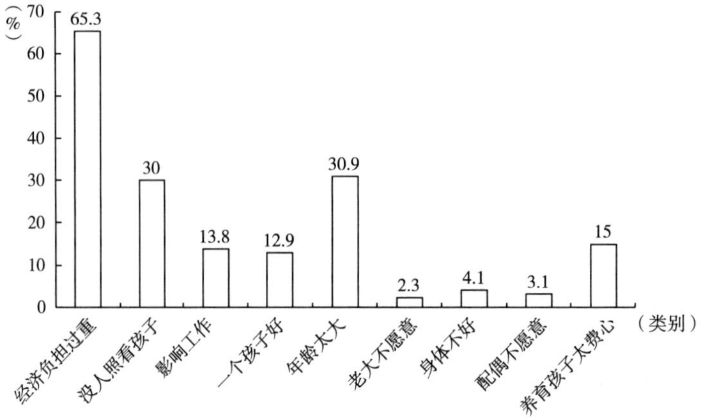

图 38　2016 年山东省流动人口不打算要二胎的原因

（二）流动人口计生服务情况

1. 七成以上育龄妇女接受过国家免费孕前优生健康检查

2016 年，流动育龄妇女中接受过国家免费孕前优生健康检查的比例为 70.4%，还有近三成未接受过。分地区看，中部地区接受过的比例最高，为 79.3%；西部地区最低，为 63.7%（见图 39）。

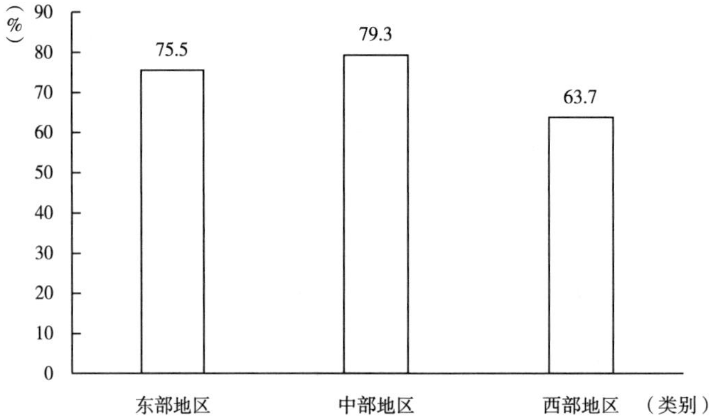

图 39　2016 年山东省东中西部流动人口接受国家免费孕前优生健康检查的比例

2. 近八成的有偶育龄妇女采取了避孕措施

2016年，山东省有偶育龄妇女中有22.5%未采取避孕措施，76.2%使用现代避孕方法（见图40）。在问及未避孕的原因时，55.5%的流动妇女表示想要孩子，29.8%为现孕。流动人口中主要使用的避孕方法以宫内节育器居多，占比48.3%；其次是使用避孕套，占比为37.3%；再次为女性绝育的方式，占比12.1%。

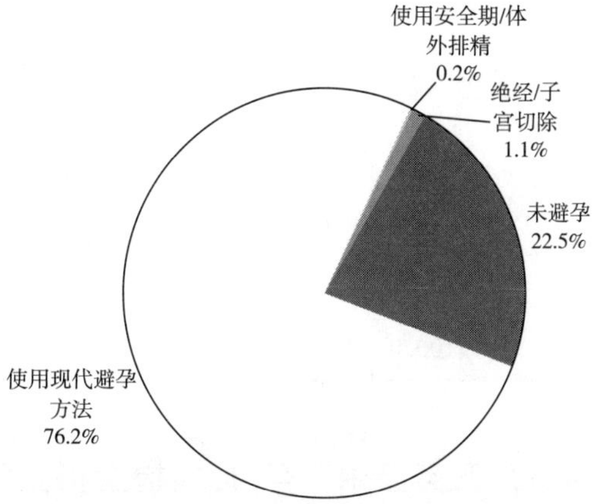

图40　2016年山东省有偶育龄妇女的避孕情况

3. 从流入地获得避孕方法/药具的比例有所提升

避孕方法/药具的获取地主要是以户籍地为主，占51.3%；在流入地获得的比例是43.3%，这一比例比2015年提高了10.4%。其中，采取绝育措施的有偶育龄妇女中，83.2%是在户籍地获取该项服务；采取宫内节育器/皮下埋置的妇女也有81.5%是在户籍地获得该项服务。而避孕套等其他短效避孕措施的获取则主要是在流入地，占比85.0%。

4. 不同避孕方式所获得的避孕节育服务途径不同

无论是在流入地还是户籍地，七成以上的流动人口计生服务由计生卫生服务机构提供；由社区提供服务的比例为24.2%。其中，绝育等长效避孕节育服务获得途径比较集中，主要由计生卫生服务机构承担；而避孕套、避孕药等短期避孕节育服务的获取途径相对分散，流入地的社区、药店/超市/售药具机等是主要提供者（表6）。

表 6　2016 年山东省流动人口在流入地获得避孕方法/药具的情况

单位：%

避孕措施	卫生计生服务机构	私人诊所	社区	工作单位	药店/超市/售药具机	药具自动发放机	其他	合计人数（人）
男性绝育	100.0	-	-	-	-	-		33
女性绝育	96.7	-	-	-	-	-	3.3	241
宫内节育器	97.9	-	-	-	-	-	2.1	965
皮下埋植	73.2	-	-	-	-	-	26.8	2
避孕针	-	-	-	-	-	-	-	0
口服避孕药	38.1		13.0		48.9	-	-	9
避孕套	25.3	0.1	64.5	0.7	8.9	0.5	-	744
外用避孕药	-	-	-	-	100.0	-	-	1
其他	-	-	100.0	-	-	-	-	1

5. 流入地的免费计生服务集中在孕/环情检查和避孕套/药发放

2016 年，山东省已婚育龄流动妇女中在本地获得孕/环情检查服务有 2145 例，其中，99.5%直接享受该项免费服务，有 0.3%的个人垫付全报，还有 0.2%为全部个人付费，付费原因均为主动。已婚育龄流动妇女中在本地获得避孕套/药的有 923 例，其中 97.4%的全部免费。此外，有 3 例在本地进行过人工流产，43.8%为全部免费服务；有 22 例进行过上环手术，其中 78.4%为全部直接免费服务；有 46 例进行过取环手术，其中 67.2%为全部直接免费获得；有 2 例进行过结扎手术，52.2%为个人全部垫付。

六　山东省流动人口的健康状况与健康素养

2016 年，山东省对 300 名流动人口进行了健康素养调查。健康素养问卷内容分为三个方面：健康理念和基本知识（32 题）、健康生活方式与行为（12 题）和健康技能（8 题）。单项选择题，答案选择正确则判断该题回答正确；多道单项选题，只有所有单选题均回答正确，才能判定该题回答正确。因此，调查问卷中的52个题目，包括36个单选题和16个多选题，合计分数为68分。本文将健康素养的标准界定为：正确回答80%及以上健康素养问卷内容的调查对象为具备健康素养。按此标准，正确回答80%及以上基本知识和理念、健康生活方式与行为、健康技能健康素养各方面的调查内容者即视为该调查对象具备这个方面的健康素养。

（一）流动人口的健康状况

1. 半数以上流动人口总体健康状况较好

2016年，山东省流动人口对自身在近一年的健康状况评价为“好”的占比为48.8%，评价为“比较好”的比例为34.8%，评价为“一般”的比例为15.1%，还有1.3%的流动人口认为自己的健康状况较差。

从性别看（见表7），男性流动人口的健康状况总体好于女性。其中，女性健康状况为“一般”和“比较差”的比例分别高出男性2.6和2.7个百分点；分年龄看，新生代流动人口的健康状况明显高于老一代流动人口。九成以上新生代流动人口的健康状况较好，老一代流动人口健康状况为“一般”和“比较差”的比例要高出新生代流动人口13.7和3个百分点。

表7　2016年山东省流动人口的健康状况

单位：%

健康状况	性别		年龄		合计
	男性	女性	老一代	新生代	
好	49.0	48.3	35.6	59.3	48.8
比较好	37.3	32.7	38.6	31.7	34.8
一般	13.7	16.3	22.7	9.0	15.1
比较差	0.0	2.7	3.0	0.0	1.3

2. 慢性病以高血压和其他慢性病为主

2016年，山东省九成以上流动人口无任何疾病，只有4.1%患有某种程度的疾病。其中，患 1 种疾病的比例为 3.4%，患 1 种以上疾病的比例为 0.7%。在问及流动人口所患慢性病病种时，选择其他慢性病和高血压的比例较多，分别为 2.2% 和 1.6%，其次为糖尿病（0.5%），再次为恶性肿瘤（0.3%）。此外，患心脏病和脑血管疾病的比例均为 0.2%。流动人口患病年限平均为 2.75 年，其中最短为半年，最长为 11 年。

（二）流动人口健康素养水平

1. 35.9%的流动人口具备基本健康素养水平

2016 年，山东省流动人口调查对象健康素养题目得分最低值为 12 分，最高值为 68 分，均值为 49.99 分。正确回答率 80% 及以上者，即健康素养水平为 35.9%（见图 41）。

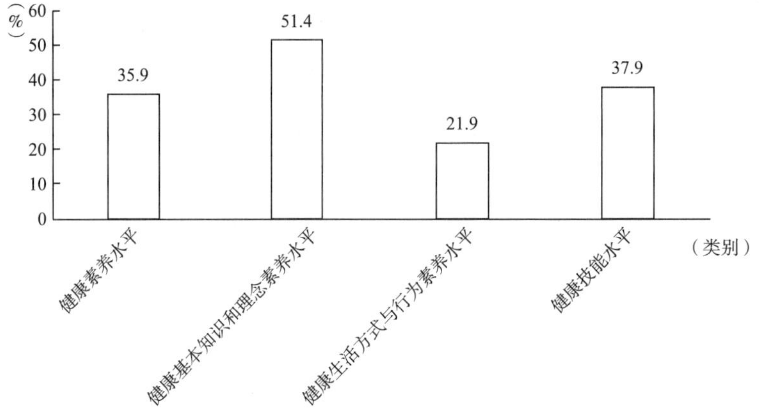

图 41　2016 年山东省流动人口健康素养水平

表 8 为 2016 年山东省流动人口健康素养水平的群组划分结果。按性别分，男性流动人口健康素养水平为 36.6%，女性流动人口为 35.4%，男性略高于女性。按地区划分，东部流动人口健康素养水平最高，为 47.2%，中部次之，为 23.9%，西部则最低，为 6.3%。按年龄划分，15~24 岁组健康素养水平最高，为 58.8%，55~64 岁组水平最低，为 0；此外，新生代水平明显高于老一代水平（45.1% vs. 24.2%）。按教育文化程度划分，未上过学的流动人口健康素养水平最低，为 0，大学专科学历者最高，为 61.3%。

表 8　2016 年山东省流动人口健康素养水平

单位：%

组别	分类	健康素养水平
性别	男性	36. 6
	女性	35. 4
地区	东部地区	47. 2
	中部地区	23. 9
	西部地区	6. 3
年龄组	15～24 岁	58. 8
	25～34 岁	39. 2
	35～44 岁	35. 2
	45～54 岁	18. 9
	55～64 岁	0
文化程度	未上过学	0
	小学	11. 4
	初中	37. 2
	高中	34. 2
	大学专科	61. 3
	大学本科	44. 4
山东省		35. 9

2. 51. 4%的流动人口具备健康知识和理念素养水平

2016 年，山东省流动人口调查对象健康知识和理念素养题目得分最低值为 9 分，最高值为满分 38 分，均值为 29. 75 分。正确回答率 80%及以上者，即健康知识和理念素养水平为 51. 4%（见图 41）。关于健康知识和理念素养水平问题的回答中，错误率最高的问题是“关于肝脏的描述”，错误率为 57. 7%；其次是“关于国家基本公共卫生服务的理解”，错误率为 40. 7%；此外，“关于自测血压的说法”、“对肺结核病人的治疗”以及“遇到呼吸、心脏骤停的病伤员采取的措施”等问题的错误回答率均高于 30%。

表9为2016年山东省流动人口健康知识和理念素养水平的群组划分结果。按性别分，男性流动人口健康知识和理念素养水平为52.3%，女性流动人口为50.7%，男性略高于女性。按地区划分，东部流动人口健康知识与理念素养水平最高，为60.0%，中部次之，为40.4%，西部则最低，为33.3%。按年龄划分，15~24岁组健康知识与理念素养水平最高，为70.6%，55~64岁组水平最低，为0；此外，新生代水平要高于老一代水平（58.5% vs. 42.1%）。按教育文化程度划分，未上过学的流动人口健康知识与理念素养水平最低，为0，专科学历者最高，为77.4%。

表9 2016年山东省流动人口健康知识和理念素养水平

单位：%

组别	分类	健康知识和理念素养水平
性别	男性	52.3
	女性	50.7
地区	东部地区	60.0
	中部地区	40.4
	西部地区	33.3
年龄组	15~24岁	70.6
	25~34岁	53.8
	35~44岁	53.2
	45~54岁	35.1
	55~64岁	0
文化程度	未上过学	0
	小学	25.0
	初中	48.3
	高中	60.3
	大学专科	77.4
	大学本科	66.7
山东省		51.4

3. 21.9%的流动人口具备健康生活方式与行为素养水平

2016年，山东省流动人口调查对象健康生活方式与行为素养题目得分最低值为0分，最高值为满分20分，均值为12.83分。正确回答率80%及以上者，即健康生活方式与行为素养水平为21.9%（见图41）。关于健康生活方式与行为素养水平问题的回答中，错误率最高的问题是“关于老年骨质疏松的说法”，错误率为75.9%；其次是“关于吃豆腐、豆浆等大豆制品的好处”，错误率为71.6%；此外，“关于咳嗽、打喷嚏时的正确处理方法”和“母乳喂养对婴儿的好处”等问题的错误回答率均高于40%。

表10为2016年山东省流动人口健康生活方式与行为素养水平的群组划分结果。按性别分，男性流动人口健康生活与行为素养水平为22.2%，女性流动人口为21.6%，男性略高于女性。按地区划分，东部流动人口健康生活方式与行为素养水平最高，为30.5%，中部次之，为12.2%，西部则最低，为0。按年龄划分，25~34岁组健康生活方式与行为素养水平最高，为27.1%，55~64岁组水平最低，为0；此外，新生代水平要高于老一代水平（26.2% vs. 16.5%）。按教育文化程度划分，未上过学的流动人口健康生活方式与行为素养水平最低，为0，专科学历者最高，为33.3%。

表10　2016年山东省流动人口健康生活方式与行为素养水平

单位：%

组别	分类	健康生活方式与行为素养水平
性别	男性	22.2
	女性	21.6
地区	东部地区	30.5
	中部地区	12.2
	西部地区	0

续表

组别	分类	健康生活方式与行为素养水平
年龄组	15~24 岁	17.6
	25~34 岁	27.1
	35~44 岁	21.1
	45~54 岁	10.8
	55~64 岁	0
文化程度	未上过学	0
	小学	11.1
	初中	25.5
	高中	17.3
	大学专科	33.3
	大学本科	11.1
山东省		21.9

4. 37.9%的流动人口具备健康技能素养水平

2016 年，山东省流动人口调查对象健康技能素养题目得分最低值为 0 分，最高值为满分 10 分，均值为 7.36 分。正确回答率 80%及以上者，即健康技能素养水平为 37.9%（见图 41）。关于健康技能素养水平问题的回答中，错误率最高的问题是“全国统一的免费卫生热线电话号码”，错误率为 57.5%；其次是“关于药品标签上印有‘OTC’标识”问题，错误率为 50.7%；此外，“关于选购包装食品时的注意事项”问题的错误回答率高于 30%。

表 11 为 2016 年山东省流动人口健康技能素养水平的群组划分结果。按性别分，男性流动人口健康技能素养水平为 41.2%，女性流动人口为 34.9%，男性高于女性。按地区划分，东部流动人口健康技能素养水平最高，为 48.0%，中部次之，为 23.6%，西部则最低，为 21.2%。按年龄划分，15~24 岁组健康技能素养水平最高，为 58.8%，55~64 岁组水平最低，为 0；此外，新生代水平明显高于老一代水平（45.8% vs. 28.0%）。

按教育文化程度划分，未上过学的流动人口健康技能素养水平最低，为0，本科学历者最高，为55.6%。

表 11　2016 年山东省流动人口健康技能素养水平

单位：%

组别	分类	健康技能素养水平
性别	男性	41.2
	女性	34.9
地区	东部地区	48.0
	中部地区	23.6
	西部地区	21.2
年龄组	15~24 岁	58.8
	25~34 岁	41.7
	35~44 岁	39.8
	45~54 岁	13.5
	55~64 岁	0
文化程度	未上过学	0
	小学	14.3
	初中	37.2
	高中	41.9
	大学专科	53.1
	大学本科	55.6
山东省		37.9

七　山东省流动人口卫生计生基本公共服务存在的问题

随着新型城镇化的深入推进，山东省流动人口的数量持续增长；新生代已成为流动人口主体；流动人口的家庭化迁移趋势明显，家庭规模不断扩大；流动人口整体稳定性增强；流动人口的收入水平和文化水平均有所提高，但群体内部差异性更加明显。近年来，山东省不断推进流动人口卫生计生基本公共服务均等化，越来越多的流动人口可以平等地享受流入地提供的卫生计生服务，但目前仍存在一些问题和不足。

（一）流动人口的社会保险和医疗保险制度不完善

1. 社会保险覆盖率整体较低

2016 年山东省流动人口动态监测数据表明，61.4%的流入人口至少参加 1 种社会保险险种。流出人口的社会保险参保率为 66.8%，比流入人口高出 5.4 个百分点。由图 42 可以看出，与全国其他省份相比，山东省流动人口社会保险参保水平相对较低，在全国 31 个省、自治区、直辖市中，仅排名第 21 位。流动人口参保率最高的省份为贵州省，为 96.5%，山东省的参保率则低于此比例 29.7 个百分点。流出地比较集中的省份如北京市、江苏省、上海市，流动人口社会保险参保率分别为 76.7%、65.0%和 67.0%，均高于山东省流动人口社保参保率；其他省份如天津市、浙江省、辽宁省，流动人口参保率分别为 55.9%、54.6%和 40.2%，均低于山东省流动人口的参保率。从具体保险险种而言，流动人口参加 1 种社会保险的比例最多，主要以养老保险为主，而失业保险、工伤保险、生育保险和住房公积金等参保率相对较低。此外，还有 38.6%的流动人口未参加任何社会保险，这部分群体多为收入水平较低、文化程度较低、所从事的职业也比较低端且不稳定。

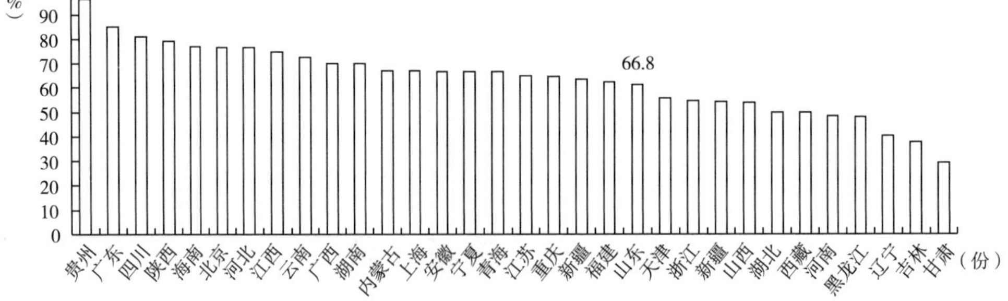

图 42　2016 年各省份山东籍流出人口社会保险参保率

2. 医疗保险难以全覆盖流动人口

2016 年，山东省流入人口医疗保险的参保率为 87.8%。与 2015 年相比，参保率降低了 7.9 个百分点。流出人口医疗保险参保率为 83.8%，比流入人口的参保率低了 4 个百分点。与全国其他省份相比（见图 43），山东省流动人口整体医疗保险参保率相对较高，在全国 31 个省、自治区、直辖市中，排名第 12 位，高于邻近的北京市、天津市、江苏省和浙江省等省市的参保率。从具体医疗保险内容看，流动人口仍以户籍地参加的新型农村合作医疗保险为主，占比为 57.0%，这一比例比往年有所降低；流动人口参加城乡居民基本医疗保险和公费医疗保险的比例则有略微提升。但是，目前山东省流动人口城镇职工医疗保险水平与其他省份相比仍有一定差距（见图 44），如重庆市流动人口参保率最高，为 61.8%，比山东省高 36.8 个百分点；北京市比山东省高 15 个百分点；江苏省比山东省高近 9 个百分点。2016 年山东省内还有 12.2% 的流动人口未参加任何医疗保险，比 2015 年的比例（5.1%）高出一倍多。这部分群体多为低收入、低文化程度和无固定职业人员。流动人口难以获得相应的医疗保障，一旦发生重大疾病，生活将陷入困境。因此，加强流动人口对医疗保险的认识，提高流动人口医疗保险参保率，是保障流动人口基本生活，促进社会融入的重要方面。

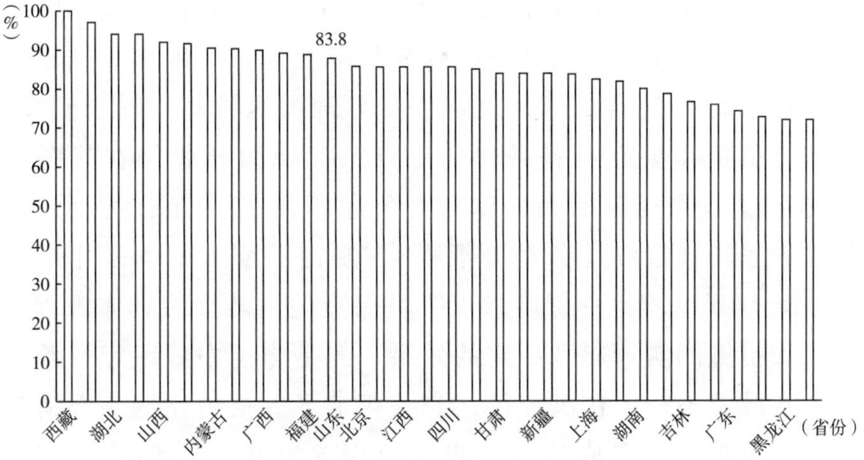

图 43　2016 年各省份山东籍流出人口医疗保险参保率

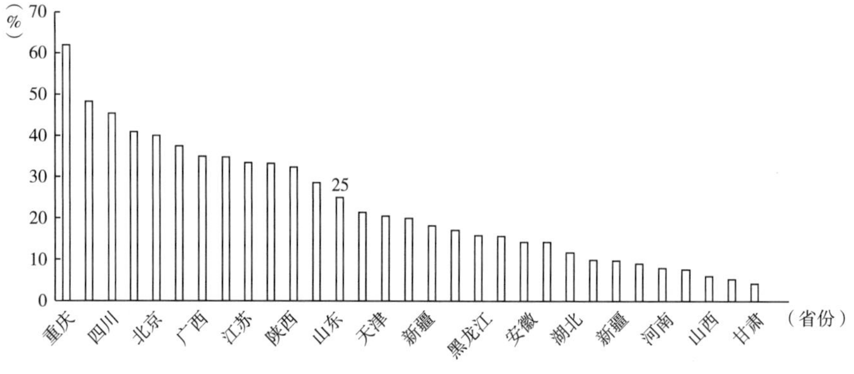

图 44　2016 年各省份山东籍流出人口城镇职工医疗保险参保率

3. 流动人口医疗保险接续困难

目前，大部分流动人口在户籍地享有新型农村合作医疗保险、城镇职工医疗保险或居民医疗保险，其中医疗费用的报销主要依靠新型农村合作医疗保险。但医疗保险制度“属地性”和流动人口“流动性”的特质相矛盾，使流动人口在流入地面临不能报销或保险比例低、报销手续烦琐等问题。流动人口无法真正享受医保，在一定程度上会增大其医疗负担，进而会选择尽量减少医疗支出。特别是在流动人口家庭化迁移趋势背景下，流动儿童和流动老人的比例明显提升，缺少必要的医疗保障对流动人口的身体健康而言是一重大隐患。从 2013 年起，国家卫计委就已陆续通过新型农村合作医疗保险信息化建设，建立了国家信息平台，试点探索跨省（自治区、直辖市）异地就医结算；计划到 2020 年全国大部分省区市要在具备条件的定点医疗机构开展跨省就医直接结报。2016 年，人力资源社会保障部办公厅印发了《流动就业人员基本医疗保险关系转移接续业务经办规程》，规定了职工基本医疗保险和城镇（城乡）居民基本医疗保险参保人员保险关系转接的具体规程。尽管相关政策和措施的实行起到一定的效果，但是当前中国医疗资源配置不均衡，各省政策不一，在医疗待遇、缴费水平、报销比例、报销程序上仍存在不一致现象，造成流动人口医疗保险跨地区转移衔接困难。因此，提高目前医疗保险的便携性和可及性，有利于提高流动人口整体的健康水平。

（二）流动人口基本公共卫生计生服务总体供给不足

1. 社区健康服务内容缺少针对性

传统的社区健康服务模式是从政府管理角度出发，自上而下地为流动人口提供统一的服务，对流动人口的内部差异考虑不够。随着流动人口规模的扩大，流动人口已成为一个高度分化与分层的群体。基于城乡的差异、人力资本水平不同、流动范围不同、流动时间不同以及流入地的经济社会结构差异，不同的流动人口群体对社区健康服务内容需求差异明显。首先，流动人口是以青壮年为主的群体，特别是新生代流动人口，相对于医疗保险的大病报销，他们对于疾病预防和一般性门诊的需求更为迫切。社区在开展流动人口基本健康服务方面存在很大优势，但目前许多社区卫生服务中心却未将流动人口纳入体检和保健服务提供范围，对流动人口集中从事行业的职业病、慢性病关注不够，这些都是在功能上的缺失。其次，随着流动人口家庭化迁移趋势的不断增强，流动儿童和老人将成为流动人口家庭发展和支持的重点对象。但目前社区中针对特殊群体的健康服务内容仍然比较单一。此外，随着全面两孩政策的推行，已育有一孩的流动人口群体中有一定比例选择再生育，且高龄孕产妇也会有所增加，她们对流入地社区的避孕节育服务、育儿及保健咨询服务的需求相应增加，但目前社区服务内容尚不能满足这一群体的特殊需求。因此，针对流动人口群体内部异质性，社区应提供分类化、标准化和实用化的公共卫生计生服务。

2. 流动人口社区健康知识渗透性不足

流动人口自身健康意识薄弱或缺少学习时间，导致获取健康服务的主动性不强，而社区健康服务宣传的力度、内容更新频度以及方式的创新性，也会直接影响社区流动人口健康服务的利用和健康知识的知晓度。目前，流动人口社区健康教育主要通过宣传栏和宣传资料等传统形式。2015年山东省社区中平均有6~7个宣传栏，一年中平均更新13~14次宣传栏内容，这一比例比2014年（4~5个宣传栏，6~7次更新）均有了明显增加。2016年山东省流动人口动态监测数据结果显示（表12），社区提供流动人口健康服务传播渠道的比例远远高于流动人口的使用率，这一差别在传统的、直接的、以宣传为主的方式中表现并不突出，但在其他传播方式中表现较明显，如健康知识讲座（41.0% vs. 82.3%）、面对面咨询（27.9% vs. 62.8%）以及社区医生传授（19.3% vs. 54.5%）等形式。这一差别结果表明，一方面随着基层公共卫生计生专业服务质量的提升，社区可以为流动人口提供更多健康咨询和更专业的健康知识传授；另一方面，受流动人口自身文化水平限制，流动个人并不倾向于利用社区所提供的专业化和间接性的健康知识传播途径。因此，面对流动人口，使用直观、简单和通俗易懂的方式，将健康知识传播到流动人口的日常生活中才是流动人口的所需。特别是随着新生代流动人口逐渐成为流动人口的主体，利用新媒体，如手机、网络等开展流动人口健康服务宣传的效果会更加便利。

表 12　2016 年山东省流动人口健康服务传播渠道供给与使用情况

单位：%

	流动人口利用率	社区提供比例
宣传栏	89.7	99.3
宣传资料	87.2	98.3
健康知识讲座	41.0	82.3
面对面咨询	27.9	62.8
社区医生传授	19.3	54.5
电子显示屏	22.4	39.6
社区短信/微信	18.6	34.0
社区网站咨询	5.9	12.8

3. 社区公共卫生计生服务人员素质水平有限

卫生人力资源是社区卫生工作的基础，是发展社区卫生服务的关键。通过社区调研发现，2014～2016 年，社区计划生育专业人员（或卫计专干）（包括专职、兼职或兼项的）平均增长率为 23%；社区流动人口协管员（包括专职、兼职或兼项的）平均增长率为 25%。目前，山东省社区计生专业人员平均配备比例为 111∶1；社区流动人口协管员的平均配备比例为 114∶1，这一比例已大大高出流动人口 500∶1 规定的配备标准。

尽管流动人口专职服务人员的数量有所增加，但社区卫生工作人员存在学历偏低、知识老化、服务技能缺乏、专业人员结构不合理等问题，尚不能满足流动人口日益增长的多样化需求。此外，目前基本公共卫生经费仍难以覆盖社区流动人口，多数流动人口聚集地区存在较大的资金缺口。资金落实不到位，人员的激励和约束机制不完善，难以调动基层卫生计生服务人员的积极性，影响了基层卫生服务机构的医疗水平，进而影响到流动人口对社区卫生服务机构的信任和相关卫生计生服务的使用。

（三）流动人口健康服务利用率有待提升

1. 流动人口社区健康档案建档水平不高

健康档案是推进流动人口基本公共卫生计生服务的重点项目之一。健康档案包含了流动人口的基本信息、主要健康问题及卫生服务记录等内容，与户籍人口一样需随时更新。2016 年，山东省社区流动人口数据结果显示，山东省流动人口健康档案建档率为 36.4%，电子档案的建档率为 32.7%。与社区居民的建档率相比（见图 45），流动人口的健康比例仅为社区居民的一半。从社区所在地类别看（表 13），社区内居民和流动人口建档率的差距最大的是农村社区，其中健康档案建档率相差 45.7%（77.6% vs. 31.9%），电子健康档案建档率相差 43.4%（75.3% vs. 31.9%）；差距最小的是省会城市/计划单列市政府所在地，其中健康档案建档率相差 31.2%（59.6% vs. 28.4%），电子健康档案建档率相差 27.7%（52.0% vs. 24.3%）。由此看出，流动人口健康档案建档率总体水平不高，且地区间差异明显。

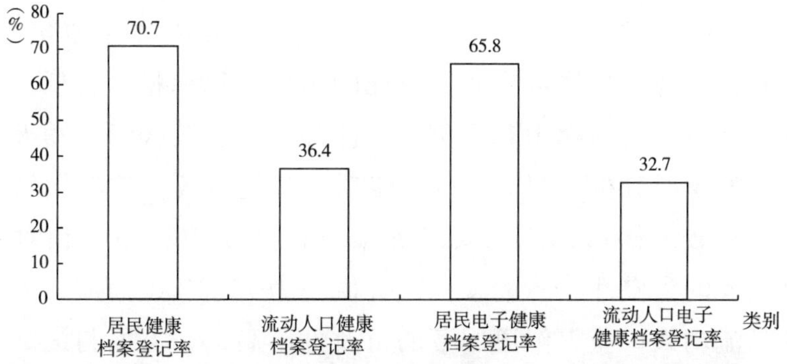

图 45　2016 年山东省社区居民和流动人口的健康档案建档率

此外，山东省流动老人平均健康体检率为44.0%，低于社区户籍老人平均健康体检率（67.4%）23.4个百分点。以农村社区为例，流动老人比户籍老人健康体检率低45.6个百分点；以省会城市所在地的社区为例，流动老人与户籍老人健康体检率差距最小，为16.3个百分点。

表13　2016年山东省不同社区健康档案建档和老年人健康体检情况

单位：%

		农村	乡镇政府所在地	县政府所在地	地市政府所在地	省会城市/计划单列市政府所在地
健康档案登记率	居民	77.6	75.3	73.7	82.5	59.6
	流动人口	31.9	39.9	42.7	39.8	28.4
电子健康档案登记率	居民	75.3	73.0	71.0	70.7	52.0
	流动人口	31.9	40.1	37.4	33.2	24.3
老人健康体检率	户籍老人	76.2	71.0	69.0	77.6	57.5
	流动老人	30.6	42.5	48.2	55.2	41.2

2. 流动人口健康服务可及性相对较低

流动人口在流入地所获得的健康知识服务可划分为三个不同梯度（见表14）：一是生殖与避孕/优生优育、营养健康、控制吸烟以及性病/艾滋病防治等相关知识，这些知识获得比例均在35%以上；二是职业病、慢性病、结核病及防雾霾等健康知识，流动人口的知识获得比例均在18%以上；三是精神障碍性疾病防治相关知识，流动人口获得这方面知识的比例不足15%。整体看来，流动人口的健康知识获得主要集中在生育、保健等方面，而各种具体疾病防治方面的知识获得率相对较低，特别是流动人口精神健康方面的知识获得更少。此外，通过社区为流动人口提供健康教育活动的情况分析（见表14），流动人口健康教育活动供给与流动人口的利用存在较大缺口，流动人口健康教育活动的利用率相对较低。其中，缺口最大的为慢性病防治，社区提供率为72.2%，而流动人口利用率为27.7%。流动人口获得健康服务的可及性不高，一方面与流动人口的预防疾病意识薄弱有关，另一方面也与社区宣传不到位有一定关联。

表 14　2016 年山东省流动人口健康知识服务供给与使用情况

单位：%

	流动人口利用率	社区提供比例
生殖与避孕/优生优育	72.4	99.7
营养健康	53.1	87.8
控制吸烟	47.1	76.4
性病/艾滋病防治	37.6	76.7
职业病防治	33.7	50.7
防雾霾	31.8	56.6
慢性病防治	27.7	72.2
结核病防治	18.4	43.8
精神病障碍防治	10.3	33.7

3. 流动人口的健康意识有待提高

伴随现代医学模式不断变化，疾病的概念开始从“生物医学模式”向“生物—心理—社会医学模式”慢慢转变，流动人口健康不再是单纯的治疗，同时更加关注预防、保健和康复；不再局限于生理健康，同时更加关注心理健康、个人与社会环境的和谐发展。但是流动人口由于总体文化水平不高、缺乏专业劳动技能，流动到城市后，往往从事工资水平低、工作时间长、职业危险因素较高的工作，加之生活条件差，健康知识和技能缺乏，因此流动人口是传染病（如艾滋病、结核病和性病）、职业病、生殖健康问题、心理问题的高风险人群。同时，由于流动人口缺乏健康风险意识、收入水平低，以及医疗保障水平低下，造成流动人口患病或出现健康问题后对卫生服务的利用明显不足。2016 年山东省流动人口数据监测结果显示，流动人口从事商业服务和生产领域行业工作的比例合计达 81.9%，即八成以上流动人口是在从事餐饮服务业、生产流水线、建筑等职业，这些职业面临的各类健康风险会导致健康状况不良，如职业风险、卫生服务供给和利用不足、社会和医疗保障不全等。此外，流动人口的年龄结构以青壮年为主，因此一些疾病呈现缓慢，且不被重视。山东省流动人口健康素养水平结果显示，流动人口健康生活方式与行为的素养水平为 21.9%，与健康理念和基本知识素养水平（51.4%）和健康技能素养水平

（37.9%）相比，相对较低。因此，从基本医疗、传染病防治、妇幼健康、慢性病防治、心理健康等方面提高流动人口的健康意识，倡导流动人口健康生活方式与行为，是提升流动人口整体素养水平的重点。

八 山东省流动人口基本公共卫生服务面临的形势

山东省是人口大省，流动人口的数量较大，其中多数是由农村流入城镇。推进流动人口基本公共卫生计生服务均等化，让流动人口在现居住地获得与户籍人口相同的基本公共卫生计生服务，是稳步实现城镇基本公共服务常住人口全覆盖的重要任务。党的十八届五中全会提出“创新、协调、绿色、开放、共享”的发展理念，是做好流动人口基本公共卫生计生工作的行动指南。充分认识当前和今后一个时期面临的新形势、新要求、新任务和存在的主要问题，对构建面向流动人口家庭、更加多元的公共卫生服务体系，提升服务质量和水平具有重要意义。

（一）全面建成小康社会对流动人口卫生计生服务提出新要求

健康是促进人的全面发展的必然要求，是国家富强和人民幸福的重要标志。习近平总书记指出，没有全民健康就没有全面小康。党的十八届五中全会提出“推进健康中国建设”重大战略。山东省委省政府确立了“十三五”期间提前全面建成小康社会的战略目标，将推进健康山东建设作为惠民生、保增长、促发展的重大举措，将卫生计生事业发展摆在了经济社会发展全局的重要位置。其中，重视流动人口等重点人群健康，才能使健康服务贯穿全程、惠及全民。

（二）流动人口的健康需求变化对卫生计生服务提出新期待

随着工业化、信息化、城镇化以及人口老龄化进程加快，山东省面临的健康问题更为复杂。职业卫生、环境安全、生活方式、食品安全等多种影响健康因素相互交织，新发传染病不断出现、慢性非传染性疾病成为主要疾病负担，迫切需要卫生计生工作加大改革创新力度，增加医疗卫生服务有效供给，提高医疗服务质量和效率，不断满足群众多层次、多样化健康服务需求。随着经济社会发展和生活水平的不断提高，流动人口的健康意识也在不断增强，医疗卫生服务需求相应增加并呈现多样性。

（三）大健康理念为流动人口卫生计生服务提出新目标

随着大卫生、大健康管理理念的确立，卫生计生发展理念和服务模式将发生重大转变。卫生计生事业将进一步适应环境、生活方式、新技术以及医学模式的变化，发展理念由以疾病为中心向关注健康为中心转变，服务模式由被动医疗向主动医疗转变，发展重点由重治疗向重预防、健康管理、健康干预、健康促进转变。如何更好地维护以农民工为主体的流动人口的健康权益，使他们共建健康中国、共享改革发展成果，需要各地区、各部门通力合作，共同关注流动人口健康。

（四）改革创新为流动人口卫生计生服务发展提供了新动力

深化医改以来，卫生计生工作作为重大民生工程，越来越得到各级党委、政府的高度重视和大力支持，得到社会各界的广泛关注和人民群众的积极参与。按照中央部署，“十三五”期间，医药卫生体制改革将进一步深化，快速发展的健康服务业在扩大内需、增加就业、促进经济社会发展等方面的作用将会更加突出，在经济社会发展中地位也将不断提升。信息技术的快速发展，为优化医疗卫生业务流程、整合医疗资源、提高服务效率提供了新的契机和途径。在制定、修订疾病预防控制、健康教育、医疗、药品、基层卫生、妇幼卫生、计划生育等相关政策时，各级政府要将流动人口考虑在内，重点保障农民工和流动妇女、儿童和老人的健康权益，促进流动人口及其家庭全面发展，推进形成有利于流动人口健康发展的政策环境。

九　山东省流动人口基本公共卫生服务发展的对策建议

（一）开展基本公共卫生计生服务政策宣传

卫生计生行政部门可以开发、制作、发放流动人口易于接受、更加直观的宣传资料，使流动人口充分认识疾病预防控制、健康教育、医疗等政策法规。社区通过资源整合，利用工会、共青团、妇联、计生协会等群众团体以及非政府组织平台，从保持服务的连续性、便捷性和普及性出发，加大健康服务项目的宣传力度，使流动人口熟悉相关内容和流程，提高流动人口对公共服务的知晓和重要性的理解，为促进基本公共服务均等化奠定基础。

（二）创新健康教育手段和形式

随着社会经济的发展，流动人口的受教育程度和收入水平不断提高，他们对健康教育的方式和手段也提出更加多样化、更高的要求，因此创新健康教育的方式，将传统与现代方法相结合，才能不断地将健康知识渗透到流动人口的日常生活中。相关部门应在流动人口数量较多的社区、企业、厂矿、单位、学校等主要场所设置健康教育宣传栏和资料发放点，利用纪念日、节日时机开展基本公共卫生计生宣传活动。在形式上，根据流动人口的年龄、行业分布及知识层面等特点，增强宣传的针对性，丰富宣传载体。充分利用手机、网络等新媒体平台，加强同电商、网络服务提供商等机构的合作，大力普及基本健康知识和理念，倡导健康生活方式和行为，传播基本健康技能，从基本医疗、传染病防治、妇幼健康、慢性病防治、心理健康等方面提高流动人口健康素养。

（三）落实特殊群体的免费健康服务项目

各部门在流动人口中应全面落实基本公共卫生服务项目，有效落实好儿童预防接种、传染病防控、孕产妇和儿童保健、健康档案、计划生育、健康教育等六类基本公共服务。基层社区在巩固提高已有成果的同时，应保障流动人口享有与户籍人口同等的卫生保健服务资源，扩大自主选择及免费公共卫生服务的范围，提高服务可及性，切实增强流动人口的自我保健意识和防护能力。通过对特殊人群，如流动孕产妇、流动老人、慢性病流动人口等加强免费服务安全性、适用性的宣传倡导，使其配合社区卫生计生工作，并积极主动参与预防保健和体检，切实保障流动人口享受免费服务的权利。

（四）完善流动人口公共卫生计生服务信息共享机制

各部门应巩固完善流动人口信息互通、服务互补、管理互动的工作机制，不断提升公共卫生计生服务信息化建设的水平，强化数据共享和动态更新机制。通过加大计划生育信息与身份信息、社保信息、住房信息等的整合力度，实现网上信息核查和共享，即通过身份信息实时查询流动人口的公共卫生计生服务情况。此外，在流动人口户籍地和流入地之间建立经常联系制度，加强协作，做好信息沟通、反馈和协调配合工作，切实消除流动人口公共卫生计生服务的障碍。

（五）利用平台建设开展精准健康服务

利用大数据建立流动人口公共服务平台，可以识别流动人口的一般人群需求，并定位特殊人群，为其精准服务提供科学依据。其中，流动人口电子健康档案管理是各项公共服务开展和效果评价的基础。流动人口健康档案应按照国家标准建立，真实、准确、规范、完整，并保证纸质档案和电子档案的一致性。各地卫生计生部门和社区卫生机构通过上门随访、健康体检、日常门诊等多种途径，了解和掌握辖区内流动人口的健康动态变化情况，及时对现有的健康档案进行补充完善，并及时甄别记录错误、缺失信息和虚假信息，提高电子健康档案合格率和使用率。通过加大资金投入，实现流动人口健康档案与流动人口服务管理综合信息系统对接，逐步实现流动人口信息的跨地区、跨部门、跨系统共享。

（六）充分发挥流动人口计生协会的作用

政府应重视流动人口计生协会在流动人口服务管理中的作用，按照覆盖面广、形式多样、法人负责和属地管理的原则，进一步加强流动人口计划生育协会的建设。在新型经济组织、大型建设工地、民营企业和集贸市场等流动人口聚集地建立流动人口协会，构建遍布城乡的基层组织网络，组织流动人口开展自我教育、自我管理、自我服务和自我监督，将流动人口纳入当地公共卫生服务范围。各地计生协会通过密切联系当地卫生计生部门，通过对卫生计生政策法规、基本公共卫生计生服务均等化政策的宣传，让广大流动人口充分知晓政策和应享有的权利，使流动人口获取更多的公共卫生计生服务。

（责任编辑：樊祥成）

理论前沿

宗教经济学新论

Sriya Iyer *
张清津　译**

摘　要　宗教经济学是一个相对较新的研究领域。这篇综述有两个目的：一是回顾并追溯这个领域的历史学和社会学起源；二是展望那些由经济学家提出的可用于现代世界全球性宗教研究的洞见和研究论题。影响宗教经济学的因素如下：（1）理论模型的最新进展，包括宗教市场的空间模型和宗教特性的演化模型；（2）强调对宗教行为的因果性影响进行创新性的计量识别的经验研究；（3）将宗教作为自变量而非因变量的宗教经济史方面的新研究；（4）西方世界之外更多的宗教研究。基于这些发展成就，本文将论述四个主题：第一是世俗化、多元化、管制和经济增长；第二是宗教市场、俱乐部物品、差别化产品和网络；第三是识别世俗竞争和慈善性赠予等；第四是发展中社会中的冲突与合作。在评述这一古老而又生机勃发的领域时，本文还提出了一些有待研究的问题以供学者思考。

关键词　世俗化　宗教与经济增长　宗教市场与竞争

* Sriya Iyer，剑桥大学圣凯瑟琳学院，主要研究领域：发展经济学、教育、宗教、人口统计学。

** 张清津（1965~），山东社会科学院农村发展研究所所长，研究员。主要研究领域：宗教经济学、农村发展。

引 言

经济学跟宗教的密切关系远超人们的想象。在19世纪的美国，宗教借经济学专业影响了重要的经济政策，因为“由理查德·伊利（Richard Ely）及其与社会福音（Social Gospel）关系密切的同人所建立的美国经济学会的真正基础，是一个名副其实的宗教运动”[1]。伊利于1885年建立美国经济学会的本意，是将与社会福音运动有关的道德和理想带入经济学，以便在社会中促进合作和更大程度的平等。通过他们的工作，最终导致了美国经济政策的根本性变革，包括失业保险和童工法[2]。

在1998年《经济学文献杂志》的一篇文章中，Laurence Iannaccone向经济学家和其他社会科学家介绍了一个崭新的研究领域，宗教经济学。他在这篇文章中说，“如果宗教研究不能在《经济学文献杂志》中获得一个分类号，更不要说在其他的单科社会科学中获得一个二级学科地位，那么它在日益扩张的经济学版图中，只能是一个新领域”[3]。但它现在时过境迁——除了在《经济学文献杂志》中拥有了分类号（Z12），它还拥有了自己的年会，有大量对此抱有兴趣和投身于此的国际学者，宗教经济学已实现了长足的发展。它现在的研究领域包括经济理论、公共经济学、实验经济学、有关增长的宏观经济学、经济史学以及经济发展。① 恰如Chen and Hungerman所言[4]，在过去的10年中，单单在此领域的经济学文章就增加了六倍。虽然这个领域跟其他经济学研究领域相比仍然年轻，但这个增长说明，宗教研究已经进入经济学研究的视野[5][6]。因此，有必要指出宗教经济学在这个领域中自我探索的方向，呈现这一研究领域最新的重要成果。本文的写作意义就在于此，有志于回顾过去和展望未来，发现和确定宗教经济学在过去几十年中所取得的最重要的成果，特别是：（1）理论模型的最新进展，包括宗教市场空间模型以及宗教特性的演化模型；（2）强调对宗教行为的因果性影响进行创新性的计量识别的经验研究；

① 宗教经济学虽然已经有了经济学文献代码，但仍然没有自己的杂志。这说明了这样一个事实，即宗教经济学研究是与其他的经济学领域交叉的，如劳动经济学、公共经济学、工业组织学，以及经济学之外的社会学和政治学。由于作者发表文章的渠道很多，这使得研究人员完整地掌握宗教经济学文献非常困难。

(3) 将宗教作为自变量而非因变量的宗教经济史方面的新研究；以及 (4) 西方世界之外更多的宗教研究。本文还提出了一些宗教经济学研究中尚无定论的问题，供学者思考。本文希望通过重点描述经济理论的发展、用于识别的经济计量以及改变了当前该领域研究的研究方式的那些历史的或当下的新资料，从而对“新”宗教经济学加以评述、评估并提出建议。

宗教经济学有三个方面的贡献：首先，它说明了经济和统计工具是如何用来评估宗教在社会中的作用的；其次，它持续启发有关非市场行为的经济学，阐释规则、价值、社会资本以及“灵性资本”通过影响信仰和行动而影响人类行为；最后，它从更规范的意义上说明文化是如何影响经济系统的，无论是通过宗教或其他的文化信念。很多社会科学家认为，在解释国家的经济增长时，我们需要更深刻地评价文化的作用[7][8]，作为经济学家，我们必须关注经济增长的道德后果[9]。还有人主张，市场的进化应该结合道德、文化、制度、包括宗教一起研究[10][11]。一方面，宗教和文化为经济行为、经济体制、市场及制度赋予活力；另一方面，一个人的经济环境也可能影响到他的信仰、道德和宗教选择。所以经济学研究方法将市场研究与宗教和文化研究直接联系起来。①

在 1998 年的综述中，Iannaccone 将宗教经济学与其他学术研究明确区分开来，这里有必要重述一下。宗教经济学是使用经济学的工具和方法把宗教当作一个自变量来研究，或者在其他的社会经济后果上把宗教当作因变量来研究。要做到这一点，需要吸收公共经济学、劳动经济学、工业组织学、发展经济学和国际贸易的一些概念，并应用博弈论和计量经济学所开发出来的工具。还需要将宗教经济学与“经济宗教学”（religious economics）② 区分开来，后者是用宗教理念来对经济体制或行为进行社会评论的。宗教经济学对个人宗教信仰的神学或制度性的宣传也敬而远之，所以本综述不会冒险置喙这些话题。这并不是说个人信仰不重要，而是作为经济学家无法对之进行恰如其分的评价。

宗教经济学大多数理论研究都是着重于就消费者的宗教偏好而言的需

① 有人认为，在研究制度时，经济学家应该区分宗教和文化。

② 原文是“religious economics”，直译是“宗教的经济学”，因为它更侧重于宗教方面，这里译为“经济宗教学”可以体现其本意。——译者注

求方，或者就宗教组织结构而言的供给方。虽然宗教经济学的早期研究对个人拥有宗教信仰的激励进行了探索[12]，而近来的研究则应用经济理论和复杂的统计工具偏重于宗教的社会经济后果。因为有了历史和当代的新资料，人们才开始明显地侧重于对宗教效应的识别。

该综述是对文献有选择地、批判性地进行评论，而且本文着重于经济学家在宗教经济学领域的研究。这里的困难是，如何确定普通的社会科学对宗教的研究与经济学家对宗教的研究之间的界限，因为这些边界经常是交叉的。所以我也收纳了一些非经济学家的成果，这些非经济学家是指那些采用经济学家的工具和方法或者研究经济学家所关心问题的社会学家和政治科学家。由于宗教经济学的很多改变都起源于其他学科，所以对那些从相关的社会科学领域引入经济学的概念给予足够的尊重是很必要的。

第一部分论述的是宗教的定义、宗教经济学的历史和社会学渊源——其中很多我们仍在研究的问题三百年前即已提出——以及全球宗教一览。这为探讨当前的宗教经济学家仍然津津乐道的一系列问题搭建了平台，这些论题包括：世俗化、多元化、管制、宗教竞争、俱乐部物品模型、慈善捐赠、宗教服务的供应以及其他话题。我还会大体按照时间顺序来论述思想的演进，它们也是以此顺序来影响该领域的发展的。因此，本概述将分为六个部分：（1）历史背景和全球宗教；（2）世俗化、多元化和经济增长；（3）宗教市场、俱乐部物品、差别化产品和网络；（4）识别、世俗竞争和慈善捐赠；（5）发展中社会中的冲突与合作；（6）宗教经济学有待于研究的问题。

一 历史背景和全球宗教

宗教经济学是一个相对较新的二级学科，但宗教研究却很古老——很多其他学科，如哲学、神学、历史学、人类学以及社会学对宗教和宗教信仰著述颇多。对经济学家来说，做模型过程中的关键是定义。各不相同的宗教定义有很多：有些定义着眼于本义（substantive），而有些则更宽泛（functional），所以很难有一个为学者们普遍接受的宗教定义。宗教的本义性定义是将宗教作为一个哲学或信仰体系来研究，并以此来理解世界。例如，在《我们所需要的宗教》一书中，杰出的印度哲学家 Sarvepalli

Radhakrishnan 写道，宗教是“其赖以存在的社会中的一个民族精神体验的表达，一个社会进化的记录，构成社会的一个基本要件”[13]宗教的宽泛定义，是就宗教在人们生活中的作用或者对人们的社会或心理支撑而言，着眼于宗教对人们的功用。Glock and Stark 则如此定义宗教：“宗教，或人们所奉为神圣的东西，是由一系列着眼于终极意义问题的制度化符号、信念、价值和习俗构成的。”[14]当然，还有一些教科书式的宗教定义，其中涂尔干的宗教定义为：“宗教是一个关于神圣事物的统一的信仰和习惯系统，也就是说，有些东西被挑选出来作专门用途——信仰和习惯把那些遵奉这些信仰和习惯的人结合成一个叫作教会的道德共同体。”[15]

用宗教来探究经济问题并不仅仅为21世纪的学者所独享。亚当·斯密在《国富论》和《道德情操论》中首次提到了教会和宗教竞争。① 斯密论述了宗教经济学家至今仍争论不休的三个概念——竞争的作用、宗教制度（包括服务供应）以及宗教多元化[16]。② 正如斯密所看到的，竞争是单个的卖家或买家根据市场行情调整自己的价格，在很大程度上与任何的市场结构概念无关。③ 斯密著述“竞争”之时，其在当时的经济著述传统中就已经是一个耳熟能详的概念。他的主要贡献是用此概念来理解社会行为和组织方式。对于理解当时的宗教暴力以及宗教组织公开、自愿提供的服务——如初级教育和贫困救济——之间的平衡，斯密的观点是中肯的[17]。这些论题在当代研究中反复出现，本文第五部分将对此进行论述。弗里德曼认为：斯密时代的宗教信仰的变化，对于今天我们所知的经济学的演进影响深远。他进一步说道，“宗教式思维的最初影响不仅促进了斯密思想随后的传播，特别是在美国的传播，而且造就了接受这些思想的进程。其最终结果是在经济思维和宗教思维之间产生多种根本性的共鸣（resonance），这些共鸣在今天仍然持续影响着对经济问题的公开论述以及对经济政策的公开辩论”[18]。

---

① 马歇尔的《经济学原理》很看重宗教对塑造个人动机和世界历史进程的根本作用[300]。宗教也是熊彼特《经济分析史》的一大特点[301]。

② 对于亚当·斯密如何看待宗教，经济思想史学家看法不一：例如，Emma Rothschild 在解释亚当·斯密如何看待看不见的手时就认为，斯密在著作中大部分都在批评既有宗教。她说：“跟休谟一样，斯密对宗教的评论经常是讽刺性的，而且他很看重虔诚的公共舆论。”[302]

③ 正如 Anderson 在书中所言：“斯密认为宗教参与是理性方案，个体以此来提高其人力资本的价值。”他们可以选择自己的信仰程度和宗教参与程度[303]。

亚当·斯密和大卫·休谟之间的辩论则论及了诸如宗教多元化的价值、宗教多元化与宗教参与的关系以及教会和政府的作用等当代依然热议的论题。休谟赞成对独特的宗教国家应加以资助，但他也注意到了宗教组织之间的寻租，以及宗教和政治之间的关系会导致国内混乱[19]。相反，斯密主张宗教竞争对宗教消费者和宗教产品自身的性质来说在根本上是良性的，因为它降低了因管理无方而导致宗教组织寻租的能力。斯密担忧，垄断的宗教组织能够削弱国家。① 这涉及政府镇压宗教、有关国际宗教自由的争论以及教会和政府关系的话题，这将在第二部分论述。②

在经济学之外，19 世纪的社会科学家关于宗教的著述甚多，包括心理学、社会学和人类学等相关学科。③ 在 20 世纪，有关宗教的论著大量减少。Glock 和 Stark 引用 W. Allport 的话说："宗教这门学科似乎销声匿迹了。"[20]第二次世界大战把所有这一切都改变了，当时在其他社会科学中关于宗教的论著开始增加，开始研究诸如宗教奉献以及宗教竞争的起源等课题[21]。社会学家是最先用模拟企业行为、聚焦竞争概念来研究现代宗教和宗教组织的[22]，从社会学家 Peter Berger 的著作中可见一斑[23][24]。④ 这个创新性概念在 Roger Finke and Rodney Stark 的著作中得到了进一步的发展，他们把这个话题发展为"宗教经济"论[25]。基于对美国宗教市场的分析，Finke 和 Stark 属于最早在此领域做出重大贡献的学者。他们所关注的核心问题包括从小教派（sect）到教会的动向，

---

① 在 Peter Berger 等社会学家的著作里[304]，也会看到这样的观点，即政府支持的宗教会因垄断的政府支持结构而受益。

② 虽然托马斯·杰弗逊因首倡"分离教会与政府的墙"而闻名，但 1820 年 9 月 1 日他在蒙蒂塞洛写了一封论及宗教的信，说道："这使他因自己的国家是第一个向世人揭示两个对人类大有裨益的真理的国家而喜形于色，即人类自己能管好自己，宗教自由是宗教冲突的良药：市民政府的准则与宗教准则恰恰相反，后者的真正形式是'分则存，合则亡'。""杰弗逊的观点与斯密的宗教竞争和自由观极其类似，但宗教自由的重要性可以延展到它所支持的那种宗教，例如，在鼓励宗教竞争的社会，宗教本身可能也更宽容、温和。"

③ 例如，西格蒙德·弗洛伊德在其著作《幻象之未来》中就有对宗教的看法[305]，他认为宗教是对家庭影响的非理性反应，特别强调对父母保护和自然力的需要，在自然力面前，人类意识到自己的微不足道和生命的短暂。弗洛伊德甚至通过强调父亲的角色而主张宗教与俄狄浦斯情结的压抑有关。因此，弗洛伊德认为宗教是一种集体神经症。

④ 这里的竞争概念是指个体的卖家和买家根据市场行情调整价格。

小教派的形成及其分裂和重生。① 本研究的主体是宗教竞争、宗教管制和新宗教运动等观念。本着同一传统，Warner 主张的宗教社会学研究新范式业已出现，他说，在美国，有组织的宗教在公开的市场中日渐兴盛。下列的经验研究激发了这一范式，即在 19 世纪和 20 世纪上半叶的美国，“社会现代化是与宗教动员携手并进的”[26]。美国的宗教与世界其他地方的宗教截然有别，特别是不同于欧洲世俗化的旧范式，美国的宗教市场的竞争日渐增强。

Azzi and Ehrenberg 所写的文章是宗教经济学的经典文献之一，它对当时在美国的论述及相关的经验资料做了综述。虽然我们有了更多国家的资料，但某些趋向仍然是显而易见的。当时的那些趋向是女性参加与教会有关的活动比男性多；② 教堂出席率随年龄的增长而增加；收入与教堂出席之间的关联很弱，由于其关联是正相关的或向后弯曲的，所以中等收入人群出席教堂频率最高。氏族也有差异，即非洲裔美国人教堂出席率高于白人；乡村地区的教堂出席率高于城市[27]。当代美国研究表明，宗教仍然是既重要又有用的[28]。

当代的研究在很大程度上受益于资料的丰富性[29]。在经验研究中，常规研究宗教的方式是，或者依照宗教信仰，比如祈祷或“信”的其他指标，或者依照宗教参与和出席等“归属”指标，比如去教堂。这些指标现在已经扩展到包含了宗教管制和迫害方面的资料，其中包括 2000 年以来大量出现的在国际管制和暴力指标的研究[30]。这些在很多宗教研究中都会用到，创立这些指标对宗教经济学的未来发展非常重要。

自 18 世纪以来的学者和作家们，从伽利略到伏尔泰再到马克·吐温，都曾预言宗教的普遍灭亡或某些特定信仰的灭亡。但无论其后果好坏，宗教仍坚韧地持续存在着。况且一度被认为走向灭亡的宗教信仰，无论是其信徒的数量还是其在全球的分量都在增长。根据《世界宗教概览研究》，世界总人口的绝大多数都信奉宗教[31]。这个全面的人口研究涵盖了 230

① 这里有必要对一些概念作一界定：“教会”和“小教派”都是宗教机构，但前者张力较小，范围较大。正如 Stark 和 Finke 所言[306]：“张力是由准则和价值的差异构成的，它是指在宗教团体与‘外部’世界的关系方面的特异、间隔和对立程度。换言之，宗教团体与其周围环境之间的张力越大，则成为其成员的成本就越高。”

② 虽然在美国女性参加与教会有关的活动较多，但在伊斯兰世界，女性去清真寺受到严格的限制，仅限于后排座位或楼梯。她们基本不参加周五的集体祈祷。

个国家和地区，它估计全球58亿多的成年人和未成年人都有宗教属性，相当于2010年世界总人口69亿的84%。该研究分析了2500个统计数据、调查表和人口登记。如图1所示，2010年世界最大的宗教团体分别是基督徒（31.5%）、穆斯林（23.2%）、印度教徒（15%）、佛教徒（7.1%）以及犹太教徒（0.2%）。与宗教没有正式联系的被调查人也多达16.3%（虽然他们有精神信仰或者信奉更强大的类宗教），在样本中他们是第三大团体。这些发现与其他宗教社会学学者的研究是一脉相承的，即在美国的调查中回答“无”的人日渐增多[32][33]。Hout，Fischer，and Chaves 的研究表明[34]，2012年有20%的美国人表示没有宗教属性，这个趋势自1990年以来持续上升。没有宗教关联的团体有可能被低估，因为在像沙特阿拉伯这样的国家，没有宗教关联是非法的。同样的，在官方主张无神论的国家，没有宗教关联的人数可能被夸大，因为信教的人可能会掩饰他们的宗教偏好，在公开场合声称不信教[35]。同理，在宗教热情高涨的地方，修习或诚信宗教的信徒比例也可能被夸大。

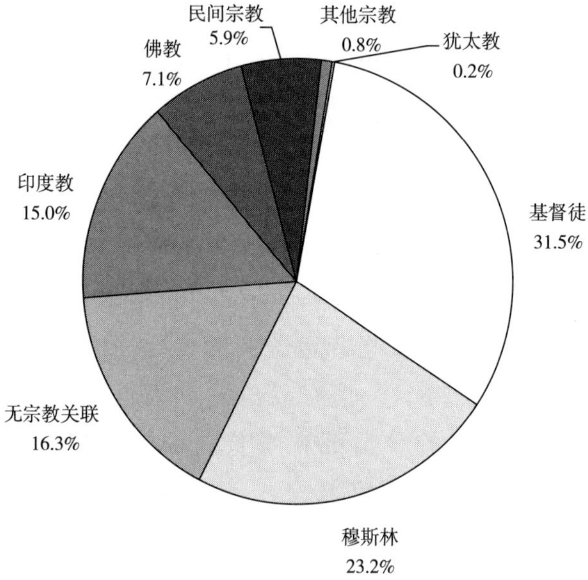

图1　2010年世界各大宗教团体规模示意图（占世界人口比重）

资料来源：Pew Research Center's Forum on Religion and Public Life—Global Religious Landscape，December，2012。

宗教团体的地理分布差异很大[36]。很多宗教团体都集中于亚太地区，特别是印度教、佛教、民间宗教或传统宗教以及其他世界宗教。① 没有宗教关联人数最多的是中国。亚太地区的穆斯林数量最多。基督徒平均分布于欧洲、拉丁美洲和撒哈拉以南的非洲。犹太教徒主要在北美和以色列。②

二 世俗化、多元化和经济增长

在宗教经济学文献中有一组概念是与世俗化假说有关的，该假说预言了国家富裕之后宗教的普及程度。世俗化的大意是，由教育和城市化而带来的经济发展会导致宗教衰退，组织化的宗教的作用随发展而减小。③ 这涉及宗教多元化、宗教参与以及政府管制的论争。本书就是通过对不同国家的研究来审视宗教对经济增长的影响，进而以相反的方式来评估宗教与经济增长之间的关系。

也有像 Jacob Viner 这样的另类的经济学家在论述世俗化[37]④——其在 1966 年的杰恩讲座（Jayne Lectures）中，将世俗化定义为“基督教会的权威和传统教会的教义对道德和经济思想影响的削弱，影响力从教义、圣经以及其他世俗事务向理性、情感和对世俗事务关心的转移”（引自 Viner 讲座，见 Oslington[38]）。在 Iannacconne、Finke 和 Stark 等人的研究出现之前，世俗化假说已为大多数社会学家所接受。Iannacconne、Finke 和 Stark 等人的研究提出：不能像世俗化假说所集中强调的那样仅仅关注需求方，对供给方的研究也至关重要。大家也都承认，很多主张世俗化的研究主要是基于美国的资料。

Barro 和 McCleary 的研究试图修补世俗化假说[39]。他们发现，用生活

① 民间宗教包括非洲传统宗教、中国民间宗教、美国原住民宗教和澳大利亚土著宗教。其他世界宗教包括巴哈伊教、道教、耆那教（Jainism）、锡克教、神道教、天理教（Tenrikyo）、巫术（Wicca）和拜火教，这些宗教一般是被国家统计排斥在外的。

② 人口的年龄分布显示，在这些宗教较为集中的中国或西方国家，人口年龄较大——穆斯林和印度教徒的平均年龄分别是 23 岁和 26 岁，大大低于世界人口 28 岁的平均年龄，而犹太人的平均年龄是 36 岁。

③ 参见 Norris and Inglehart 采用世界价值观调查资料来检测世俗化命题时所谨慎提供的证据。他们得出结论说：“富裕生活变得日益世俗化，而世界整体则日益宗教化。”[308]

④ Viner 的手稿在其死后在奥斯灵顿出版。[309]

水平来衡量的经济增长只导致宗教参与和信仰有微小的下降。但这一效应是很模糊的，因为虽然富裕国家的人花在宗教上的时间比贫穷国家的人少，但这可以被他们对组织化宗教更多的金钱奉献所抵消[40]。欧洲宗教参与率较低的现象，可以用管制阻碍了新的宗教进入来解释，而不能根据需求方的情况来解释，而美国较高的宗教参与率通常归因于更具竞争性的宗教市场[41]。

也有另外一些研究，他们指出，欧洲宗教参与的降低不仅是因为“供应商”较少，而且是因为宗教需求的确有所下降[42]。但正如 Olson 所言[43]，将需求方影响与供给方影响区分开来在实证上很难做到，因为它们是相互联系的，主要原因是度量宗教参与的数据是与比如教堂这样的宗教机构的供给相关联的，这也与人口规模和密度的非线性有关。

一个与世俗化争论相关的问题是，宗教多元化本身是否降低了宗教参与[44][45][46]。在好几十年的时间里社会学家都认为，多元化减少了宗教活动，且与世俗化假说有关系。但 Finke 认为恰恰相反，多元化增加了教会会员[47]。来自美国的证据表明，多元化是与教堂数量的增加相关的[48]。多元化是用隶属于某一教派的人口百分比来度量的。但是，多元化的根据受限于用来计算其效应的统计方法。例如，一项研究表明，类似于赫芬达尔（Herfindahl）指数的多元化量度与宗教参与之间的相关性，是用来计算这些量度的数据和统计方法的函数[49]。

McBride[50]和 Montgomery[51]采用工业组织和产品划分的文献来研究多元化和宗教参与之间的关系。McBride 采用产品分类的赫特林（Hotelling）定位模型来探究模型均衡，从而揭示多元化和宗教参与是如何在宗教需求和供给中产生的，他的研究说明多元化和参与之间存在着相关关系，但他却没有指出它们之间的因果关系。他证明了参与和多元化是由不受管制地进入宗教市场、宗教服务供给的低成本以及宗教偏好引起的。他的模型说明人口增长会促进多元化；宗教需求和人口规模之间的关系取决于研究这个关系所采用的资料等级；宗教管制会降低多元化，但世俗的管制会促进宗教参与。Montgomery 通常会对该模型持批评态度，他提出了宗教竞争的一个新量度，即一组宗教市场的偏序（partial order），例如，如果宗教市场 A 中的教派集合包含了宗教市场 B 中的教派集合，则可以说 A 比 B 更具竞争性。Montgomery 的模型通过应用这个竞争量度的偏序，证明了更具竞争性的市场也拥有更高的宗教参与，虽然用美国的历史资料来描述这一点时呈现出负相关性。① 他还证明宗教竞争与人口规模有关系，因此，大市场比小市场竞争性更强。因为大市场可以提供更大范围的宗教选择，因而显示出更大程度的参与。而且如果有新教派进入宗教市场，会刺激既有教派努力提高自己。在经验方面，Hungerman[52]指出：用某些定位模型做的预测并不总是与所有情况相符。

通过对世俗化假说和宗教竞争进一步思考，McBride[53]特别研究了“经济增长并未导致宗教衰落，虽然过去曾预计如此”。他证明了无论是高度世俗化还是高度宗教化，都对市场的影响不大。经济增长会影响宗教需求进而影响宗教参与，但也会影响到供给，因为它能够通过广告、对忠诚度更好的监测等这些增加而非降低多元化的因素，来降低提供服务的成本。McBride 很看重宗教市场结构的作用，一个垄断的教派可能会降低自己的严苛程度而变得更世俗化。而且限制世俗的替代品可能会增加宗教需求，但禁止新的进入所产生的效应会更复杂一些。如果再结合世俗的禁令，仍然可能有很高的宗教虔诚度。如果世俗的替代品不受限制，那么最后的结果将取决于现有团体的反应。一个有趣的模式预测说，收入差距较大会导致宗教团体更严格。所以，如果宗教市场开放程度较高而不是管制程度较高，即使存在世俗化，则无论是需求方的宗教竞争还是供给方的宗教竞争都可能导致宗教势力的增强。

这对宗教组织的管制是否必要是有启发的。在这些以经验研究为主的文献中，其中的一个主题就是国家宗教和垄断结构是否影响到市场自由度[54]-[59]。问题之一是减少或取消对宗教组织的管制是否迫在眉睫[60]。通过对 118 个独立国家（其中 40%有国家宗教）的样本进行研究，Barro and McCleary[61][62]证明，如果一个国家有国家宗教，在既定管制条例下，它会向有组织的宗教提供补贴，这会影响到经济增长。国家宗教还反映在较高的信奉率上，人口的非线性效应以及人均 GDP 则影响甚微。他们还发现，那些政权稳定的国家，国家宗教会持续存在——如果一个国家宗教 1900 年就存在，到几十年之后的 1970 年或 2000 年它有极大的可能继续存

① McBride 的研究委婉指出[310]，Montgomery 的方法可能只看到了市场的一个方面，因为通过可观察的市场多样性来度量竞争性，会疏漏需求方的特性。也许这可以解释较大的市场更具竞争性这一结论。

在。McCleary and Barro[63]认为，一方面，如果政府补贴宗教，这可能增加宗教需求和宗教参与；另一方面，政府管制会降低宗教参与，因为它影响到了宗教供给。North and Gwin[64]对国家宗教进行了更大范围的研究，他们设计了一个模型来说明政府是如何建立或废除一个国家宗教的，他们还利用西方国家长达65年期限的面板数据集对该模型进行了检验。他们确认，国家宗教大多存在于那些人口较为同质的国家，而在人口较为异质的国家，国家宗教会在总体上降低宗教性，而宗教自由则可以增加宗教数量和多样性。

世俗化研究还进入了微观经验研究领域。例如，Buser[65]在厄瓜多尔研究了收入对宗教的影响。他采用收入变动的外生性原因——即厄瓜多尔政府现金划拨计划的适用标准的变化，利用处理识别问题的回归不连续函数法（regression discontinuity approach，第四部分将加以探讨）来估计收入对宗教的因果效应。厄瓜多尔的研究表明，高收入家庭教堂出席率也高，而且更可能是福音派教会成员，而不是厄瓜多尔更为普遍的天主教会成员。此外，虽然大多数有关世俗化的争议都涉及收入，但还是有几篇文章研究了教育与世俗化的关系，而且这些研究还发现了支持世俗化的证据[66]-[69]。研究文献已经经验性地说明了世俗化假说以及宗教多元化、宗教参与和国家宗教的作用等之间的关系。还是有一些证据能够支持世俗化假说，至于它是由宗教市场中的需求方还是供给方推动的，目前仍有争论。

一些宗教经济学研究还用另一种方式探讨了宗教和收入之间的关系，以及宗教对不同国家的经济增长和绩效是否有影响[70]。Barro and McCleary[71]研究了宗教参与和信仰对一个国家经济增长率的影响。他们得出这样的结论，即相信比归属更重要，在既定的教堂数量下，提高宗教信仰的程度——主要是相信天堂、地狱以及来世，有助于经济增长。教堂数量还会对经济增长产生负面影响。他们利用工具变量分析来证明此观点。这些工具包括国家宗教的存在、宗教依附以及宗教多元化等。他们的研究背后所隐含的逻辑是，宗教信仰影响到了个人品行进而促进经济增长。就世俗化假说来说，他们的研究是很重要的，因为他们提出了另一个“宗教—市场”模型，即丰富的宗教多样性会提高不同宗教之间的竞争程度，从而导致服务的改进，进而导致参与和信仰的提升，这也会受到政府对宗教组织管制能力的影响。政府的影响有两种方式：一，通过对宗教组织提供更大的补贴，政府可以通过改善设施而增加信徒；二，有人假定政府通过促进垄断而对宗教组织实施管制，比如明确建立国家宗教，这样就会降低它们的运行效率，从而可能降低宗教数量。这样一来，国家宗教的效益就成为一个经验性问题，他们在研究中也的确找到了政府对宗教的管制降低教堂数量的证据；虽然国家宗教和政府管制合在一起只表现出对教堂数量的极其微小的正效益。

一般地说，跨国家的回归研究很有意思，但并非没有限制。有些研究面临着统计难题，正如 Voas、Crockett 和 Olson[72]所概述的。Durlauf 等人[73]展示了在此类分析中工具性选择结果的灵敏度。Durlauf 等人证明，如果采用模型平均法（model averaging），几乎没有证据能说明与宗教有关的变量能够实际预测跨国家的收入差异。他们发现，Barro and McCleary[74]的研究显示宗教对增长的一个效应在统计上是可复制的，但不具有统计稳健性（statistically robust）。在主张“上帝不存在于细枝末节”的情况下，一旦对模型不加以控制，他们便无法看到宗教信仰影响经济增长的例子，尽管他们的确发现了宗教参与影响经济增长的些微证据。

自宗教经济学早期研究以来，跨国家回归一直是宗教宏观经济学研究的主要内容，而且需要对这些研究结果的集体集（collective set）加以批评性估价。跨国家研究通常都采用不同的计量经济学公式。问题是要把宗教对经济增长的影响与其他因素的影响分开评价通常比较困难，特别是地理环境、社会制度、民族分化等影响经济增长的重要因素。跨国家研究得出的结果与国内研究迥异。这个结论对宗教来说极其恰当，因为在国内个人会移入具有相同信仰的社区，故多元化会在国内导致更高的宗教性，但正如某些研究揭示的，在较小区域内多元化对宗教性是不利的，比如在亚国家层面（subcountry），信仰多元化会削弱世界观的神性控制从而导致较低的宗教性。也许是为了回应历史性的争辩，该证据预示着亚当·斯密的宗教观在宏观上或国家层面上是正确的，而大卫·休谟对宗教的评价则在微观上或社区层面上是正确的。

新教伦理、人力资本和民主

今天的宗教经济学受到马克斯·韦伯观点的影响，他研究了新教伦理对资本主义的影响[75]。Iannaccone 在其 1998 年的综述中叹道：“在过去的一个世纪，学者们对宗教的经济后果提出了很多主张，但其意义都没有超过马克斯·韦伯的《新教伦理与资本主义精神》。”[76]韦伯的主要观点是，新教伦理中的一些神学观念如“命定”“神的选择”“感召”有助于救赎，产生了一些可称作资本主义精神的经济态度。韦伯论述的信仰和人类行为之间相互影响的核心观点，McCleary将之归纳为：“上帝要求每一个人都遵奉道德行事。世间信徒的行为源自上帝的荣耀；这一信念又因行为的道德属性而能够自圆其说。行动的品质和基督徒的品格是受限于一套理性的道德体系，并且是衡量上帝荣耀的标准。因此，因工作（日常工作，而非修道士式的禁欲活动）而得救在一个公平的道德体系——该道德体系贯穿于个人日常活动且必然导致劳动的合理组织化——中而得以组织化和合理地正当化”[77]。因此，新教通过以某种特定的方式来改变资本主义而促进了现代资本主义的崛起。但反过来，正如Landes[78]和其他学者所言，因果关系也可能是另一个方向的，资本主义发展所催生的世俗观念也可能导致宗教信仰的降低，就像西北欧的情况那样。也有人对韦伯的命题提出质疑，说资本主义精神早于宗教改革[79][80]。

社会学家们对韦伯的命题有广泛的评价（参见Lenski[81]）。其中有些经济学家也不乏这方面的贡献。例如，Jacob Viner[82]在五章论宗教的书中拿出一章讨论韦伯命题，该书在他死后才得以出版。Viner提到，韦伯自己大度地承认，在他之前已经有很多前辈学者注意到了新教和资本主义之间的密切联系。但在讨论韦伯时一个很重要又通常被忽视的要点——Viner和韦伯都明察秋毫地看到了——是，虽然以前的研究提到了这个“相关关系”，但韦伯应用现代经济学语言第一个将诱发性作用赋予新教伦理。

Iannaccone在1998年的综述中指出，关于新教伦理命题的一个最显著的特征就是缺乏经验支持。至少在经济学家们最近的研究中，他们焕发出从理论和经验两方面重返韦伯命题的新兴趣[83]。该理论吸引经济学家的部分原因是，从经验上看，北欧的经济发展可以用与新教有关的发展来解释，亦即注重储蓄、企业家活动、清教徒所要求的节俭和通过读圣经而识字。由于精神荣耀需要通过个人在响应勤勉、自律、克己和节俭等感召方面的现世的成功来展示，所以，新教伦理提高了储蓄、资本积累、企业家活动和投资，从而促进了工作伦理。一个重要的附带效应是它也促进了人力资本的形成和普及了识字，这些都可能有助于这一时期的经济增长。如果在欧洲和其他地方能够从历史或当前资料中发现这些经济关系，则很多经验研究都可以开展起来。

在宏观经济学研究中，Guiso、Sapienza 和 Zingales[84]重新审视韦伯命题来研究宗教对个人经济态度的影响，而不是着眼于结果。他们采用世界价值观调查 1981~1997 年的数据，通过控制国家特定效应和个人品性进行跨宗教研究，发现宗教信仰与一系列有助于经济发展的经济态度相关，这些经济态度可以用对待合作、政府、女性、法规、节俭以及市场经济的态度来衡量。他们还利用宗教养育来单独确定宗教对个人性格的影响，通过研究，他们得以确定宗教对偏好的影响。在研究这些态度的过程中他们发现，跟宗教性比较低的人相比，信教的人信任程度更高，更信任别人和政府，而且相信市场是公平的。他们还发现，这些样本中的信教的人不大同情女性权利，有点偏执。他们还发现信任与参与有关，而偏执与宗教养育有关。Bénabou and Tirole[85]从理论上论述了宗教人口较多、工作更勤勉之间的关联，及其对低税收和分配的含义。Basten 和 Betz[86]的研究则验证了韦伯的工作伦理假说，他们在瑞士研究了新教是否对休闲、再分配以及政府干预的偏好有影响。他们采用一个模糊回归不连续性设计，研究了 16 世纪瑞士两个分别信奉改革后的新教和罗马天主教的地区的历史经验。然后他们利用 1980 年以来的数据，发现与那些信奉罗马天主教的自治市相比，在完全信奉改革后的新教的自治市，对休闲和再分配的支持程度比较高，而对政府干预的支持则比较低。

用历史资料来重新审视韦伯命题的新兴趣还激发了对经济增长的另一种解释。新教的一个重要副产品就是促进了人力资本的形成和普及识字。Becker and Woessmann[87]认为，人力资本比工作伦理更适合于解释韦伯的理论。他们认为，在 19 世纪的普鲁士新教徒的人力资本更高，这促进了以新教徒为主的国家的生产力和经济增长。马丁·路德的宗教改革在教育方面取得了意想不到的结果，因为每个镇都有了一所学校。两位作者比较了新教徒与天主教徒各自所占比重后发现，所有新教国家的识字率要比所有天主教国家高 7~12 个百分点。为了排除潜在的内生性的情况，他们采用了普鲁士某地“到维滕贝格（新教肇始的地方）的距离”作为新教的工具变量，并假定距离越远采纳新教的可能性越小，来测定识字能力的效应，结果他们发现此效应非常明显。因此，人力资本阐释可能成为韦伯命题的另一种理论。他们的研究表明，新教强调教育，女性受益特别大，从而极大地缩小了性别教育差距，进而降低了生育率[88]。

Jared Rubin 用数量分析方法研究了新教改革的传播是否与印刷机的推广使用有关，因为它可以使改革思想更广泛地传播给受众。他通过研究神圣罗马帝国内城市层面上的皈依基督教及其他因素得出，1500 年拥有印刷机的城市到 100 年后新教徒的增长会高出 29 个百分点[89]。① 为了与距离指标作为处理潜在内生性的工具变量的研究保持一致，Rubin 关于印刷机的工具是“到美因茨的距离”，美因茨是 1450 年印刷机诞生的地方。即使以印刷机的普及度来度量，他的结果也是经得住推敲的，印刷普及度可以用 1450 年到 1600 年德国人出版的著作数量来度量，而不仅仅用印刷机的存量。他再一次发现，印刷普及度较高的城市更可能采纳新教。因此，韦伯命题的人力资本较高的解释在文献中是有经验支持的。

对传教士活动的研究也能显示新教的作用[90][91]。这项工作是从能够影响宏观经济增长的制度的广泛作用上来研究新教[92]。Robert Woodberry 在一篇文章中巧妙地将传教士活动与民主制度的形成联系起来[93]。他认为，“皈信新教”会在全球范围内影响到民主的发展，因为他们所拥护的东西能够激发民主，比如自由、教育、出版、新闻、自由结社以及与殖民政策有关的革新。这些都能够为民主制度创造先决条件。宗教、道德和文化因素塑造道德行为，正如他所言：“当我们用一种更敏锐地感受历史的方式来考虑宗教因素时，很多关于民主制度兴起与传播的历史和统计主张都不攻自破。”[94]他基于 142 个国家的样本，认为新教传教能够解释非洲、亚洲、拉丁美洲和大洋洲的民主变动，将它们纳入标准增长回归中，会使得那些在此回归中常用的变量变得无关紧要。他认为，有一些变量被忽略了，但这些变量可能会强化新教和那些有助于民主的因素的关系。鼓励人们用自己的语言读《圣经》，允许宗教外人士介入宗教，都会助长那些能够促进民主的因素，比如读经所必需的识字。更有趣的是，他发现新教传教士在历史上曾普遍预言了民主，而天主教传教士却不这样做。他还认为，19 世纪美国的传教士组织就其规模和融资渠道而言都强于大多数工

① 神圣罗马帝国包括现代的德国、比利时、瑞士、荷兰、奥地利、法国、波兰和捷克[311]。

会、非政府组织和银行，当然大型的商业银行除外[95]。特别是在欧洲之外的地方，宗教既影响到国家是否有出版业，又影响到出版业是否会通过发行报纸促进大众识字。① 在跨国家的统计分析中，这些传教士影响到了出版、教育、发展、法治，特别是民主。总之，这些文献对韦伯的命题是支持的，同时也支持了其他类解释，包括与全球民主制度的形成有关的人力资本理论。

三　宗教市场、俱乐部物品、差别化产品和网络

一部分宗教经济学研究着眼于宗教对宏观经济增长的作用，另外一部分研究则从微观视角关注发展问题。正如 Iannaccone 在 1998 年的综述中所言，虽然 Azzi-Ehrenberg 的模型是第一个关于宗教参与的模型，并成为其后所有该领域经济模型的基础，但这个迟到的模型说明了很多其他的宗教问题，包括个性的集体维度、社会支持以及相互援助[96]。微观进路对宗教的研究带来了很多关键性创见。首先，它强调了在这种市场中就俱乐部物品模型、宗教市场和差别化产品而言宗教思维的价值；其次，它强调了对产业组织的空间竞争模型的影响以及对宗教网络的影响；最后，该领域的最新研究正试图在实验室和通过田野实验来检验宗教经济理论。

如果把宗教当作一个产业或者把信仰当作一个产品，显然宗教具有进入成本而且会与其他宗教竞争[97]。就像对待其他产品一样，我们会知晓宗教产品的性能，知晓它们之间以及与其他竞争性产品之间的区别。经济学还有助于从制度角度在理论和经验两个方面来思考宗教集会和教派的演变。经济学家和其他社会科学家一直积极主动地试图用理性选择进路来理解宗教以及宗教竞争的重要性[98]-[103]。此派观点还研究了“灵性资本”（或者宗教资本），具体表现为围绕着宗教建立起来的规范和网络。很多经济学家和社会学家的著述中都用理性选择进路来研究宗教的内容[104]-[110]。按照这种观点，个体都是理性的宗教消费者，他们都需要根据成本—收益分析和自己的初始禀赋来决定是否信教或者信哪个宗教。按

① Woodberry 这样描写印度[312]：“例如，在 1800 年印度输入印刷机的 32 年中，三个英国传教士跟其他传教士一起用 40 种语言印刷了 212000 多册书籍，他们在 19 世纪的大部分时间里都主宰着东南亚出版业”。他还指出，这激发了印度教徒和穆斯林在竞争中以宗教书籍相互应对。

照这种观点，人们信教是因为这样做对他们最优，而且他们的信仰和活动会随时间而发生变化。同理，宗教供给可以用教会行为类似于竞争市场上的俱乐部或企业来解释，它们会提高服务以吸引潜在的消费者。对这些宗教和宗教竞争的理论的一个方法论上的担忧是目标函数的性质和多重均衡的可能性：正如 Hungerman 所言，经济学家需要解决这样一个问题，即“一个宗教集会的目标函数是什么。宗教集会是否让成员、捐献或者某种关于‘宗教性’的虚幻概念最大化?”[111]-[113]

宗教市场上消费者选择的首个正式模型是 Azzi 和 Ehrenberg[114] 设计的。其模型概括了一个家庭生命周期内宗教参与概况的家庭行为的多时期效用，研究了家庭时间分配和教堂出席。他认为，男女之间工资的相对差异以及相应的在时间上的机会成本，可以解释对宗教活动不同的参与程度。其论据是当工资增长时，用于宗教参与的时间就会减少。他们还以几种方式来扩展该模型，并采用美国的教会成员和教会出席的数据来检验他们的理论。该模型的一个主要假定是，与参与其他形式的非市场活动相比，参与宗教活动会有来世收益，这对于个人一生的时间分配是有影响的。他们确定了参与教会活动的三种动机——“救赎动机”（预期的来世消费）、“消费动机”（参与教会活动的当下满足）以及“社会压力动机”（参与教会活动会直接增加商业成功机会）。随后的大多数宗教经济学研究都采用了 Azzi-Ehrenberg 模型并集中研究救赎动机和消费动机；少量的研究关注社会压力动机。他们还用该模型来解释前述宗教参与方面的一些社会学问题；例如，如果两个选项之一的市场消费在乡村地区受到限制，那里宗教活动的社会价值可能会比较高，从而导致较高的宗教参与。如果劳工市场上的歧视降低了有色人种的市场消费，这可能是促使有色人种参与宗教活动较多的因素。Iannaccone 的研究还说明了宗教活动在人的晚年会增加，以及为什么当工资增长时宗教参与更多地反映为捐献而非直接地出席宗教活动。

对 Azzi-Ehrenberg 模型的一个批评是，“宗教自由”理念大体上是一个西方现象，虽然不是西方唯有的现象。在印度、中东、西藏或印度尼西亚，宗教与生俱来，在这种情况下要进行“选择”，就意味着那里的人们要放弃生活的权利——说实在的，在宗教问题上人们没有选择。这就意味着很多所修习的宗教可能是他所不赞同的，甚至是伤害其利益的。

Kuran[115]在谈论伊斯兰教、天主教和犹太教时曾论述了这一点。因此，Azzi-Ehrenberg 模型以及宗教经济学的其他模型有时无法在非西方宗教中获得共鸣，恰恰是因为他们忽略了社会压力。相反，宗教的俱乐部物品模型在俱乐部内为社会压力留出了一席之地，下面我将论述该模型。

（一）俱乐部物品模型

Lawrence Iannaccone 于 1992 年发表在《政治经济学杂志》上的文章是宗教经济学最具影响力的文章之一。该文在宗教的俱乐部模型上开了先河，它把宗教当作只要“加入人群”就有正回报的俱乐部物品，这也会导致搭便车问题，只有努力增加虔诚者的参与并同时甄别那些参与率低的人，才能缓解此问题。① Iannaccone 对宗教团体进行了经济分析，阐释了当奇特的宗教习惯和“看似无效率的禁令”并存时，何以宗教团体成员的效用能够增加。他认为，拥有理性成员的有效率的宗教可能会采用这样一些做法，比如标记、献祭和其他非同寻常的行为。如果宗教能够禁止那些分离（compete away）成员财力的其他活动，那么这些禁令实际上就有筛选出投入较多的成员和投入较少的成员的作用。他们还归纳出宗教活动的替代物，因为它们使得参与另外的活动代价更高。行为要求的非生产性成本可以看作是对另一个更世俗化的活动征税。他的分析还对教会和宗派做了有益的区分，即与现有文化格格不入的团体就是宗派，而与现有文化水乳交融的就是教会。虽然这个区分已经成功地应用于基督教，但我认为这个区分同样适用于非基督教和非西方宗教。还有，宗派团体吸引那些“世俗”机会较少的人，而且这也适用于基督教之外的其他宗教。

Iannaccone 的研究在宗教经济学中激发了一个特立的研究流派，即所谓的宗教“俱乐部物品模型”。该模型对于理解宗派的发展具有重大贡献。② 这个模式是基于这样一个理念，即宗教生产和消费都具有集体物品的性质，而且像其他集体物品一样，也有潜在的搭便车、奉献和参与不足问题。因此，沿用 Iannaccone 的框架，这些模型把标记和献祭看作筛选成员的方式，并预言与宗派性较弱的宗教团体相比，宗派性较强的社区的网

① 俱乐部是一个“通过分享一个或多个下列事项而互利的自愿团体：生产成本、成员品性或者一个具有独享利益的事实”[313]。

② McBride 通过摩门教会研究了其他教派是如何适合于俱乐部物品模型的[314]。

络更紧密，成员之间的援助也更多[116]-[118]。最近的研究应用公共物品博弈中的一个牺牲机制（sacrifice mechanism）对俱乐部物品模型进行了一个实验测试，研究结果表明拥有较高奉献偏好的团体会筛选出搭便车者，从而能够增加对公共物品的奉献[119]。

这一领域的一篇开创性的文章是 Eli Berman 在以色列对极端正统犹太教的研究[120]，文章研究了犹太教学校对学生提供的助学金是如何提高参与率以及影响他们在劳工市场上的结果的。Berman 的核心观点是，与价格理论的预测相反，参与更多的例行的与宗教有关的活动是高度的时间密集型的，所以当实际工资有所增加时就无法遵守这一原则。Berman 灵巧地解决了这个悖论：通过采用俱乐部物品模型，他认为宗教所激发的活动造就了相互保障的网络。宗教所施加的禁令就可以用这些模型来理解，因为可以把它们看作对宗教俱乐部之外其他的世俗活动施加的极端税负。这增加了成员之间的宗教活动。因此，即使实际工资增加，更加严苛的宗教戒律也能够抵消这一效应。他还提出了一个有趣的观点，即如果有一个更世俗的对手敌视一个极端的宗教派别，人们可能会遵奉“有效的褊狭”（efficient intolerance），这也会阻止本俱乐部的成员从事其他的世俗活动。他引用神学院的案例，认为补贴已经引起了劳动力供给减少，因为它刺激了更多的宗教献祭。这还可以解释这些人群中的高生育率。这是因为如果把禁令看作一种税收，它会减缓工资增长，但不会改变女性的时间价值，这也许可以解释极端宗教社区的高生育率。

用俱乐部物品模型来研究宗教的还有 Chen[121]，他的研究是基于1997~1999年在印尼所做的8140份家庭调查。他观察了亚洲金融危机是如何影响印尼的宗教参与的，其研究表明，那些受危机影响最重的人更可能增加其宗教参与——与对韩国和伊斯兰学校出勤的研究一样；宗教组织以此来向收入减少和消费动荡的目标人群提供事后的社会保险。经济上的困顿会特别地刺激宗教张力，这会提供一些其他的保险形式所不能提供的东西。Chen 还证明，宗教张力的提高并不简单地是参与宗教活动的时间增加或者时间的机会成本降低的结果；相反，为了应对经济困顿，人们会提高劳动密集度和宗教张力。

Abramitzky[122][123]还研究了俱乐部物品模型的演进。Abramitzky 应用以色列基布兹（kibbutzim）的案例，认为拥有一套共同价值的农业社区仍然具有价值，但也会瓦解，研究存在和瓦解的条件应该很有趣。他特别强调在理论上应关注以下情况：试图根据参与约束达到最大可能平等的社区、较为能干的成员出走导致的人才流失、搭便车导致的道德风险以及偷懒（偷懒是一个激励兼容性约束和逆向选择导致的约束）。更大程度的平等使得所有这些约束都很严苛，因此针对以下这些问题，像哈特（Hutterrites）和以色列的基布兹这样的社区逐渐形成了一些规范，比如使自己与外界隔离、团体财产的所有权、社区内的教育投资、高生育率、重视意识形态、对某宗教社区的奉献，所有这些都对目前我们所知的社区发展有所贡献。Abramitzky 认为包括仪式和加强同质性的宗教意识形态对于社区的维持有重要作用，比如当随着经济的发展，社区外的技能回报增加时，提高平等程度、奉献、忠诚和社区成员的利益，因此他把 Iannaccone-Berman 的俱乐部物品模型向前推进了一步。总之，俱乐部物品模型对于提供一个考察宗教组织活动以及解释与宗教有关的现象是非常有用的。

（二）严格性和网络

Iannaccone、Berman 等人创立的标志——筛选理论是宗教经济学的基石。① 他们的观点是，宗教中标志性的行为可以筛选出搭便车者，所以根据该理论，严格的教会，搭便车者较少、奉献较多、宗教物品较好。虽然宗教经济学的很多研究都在调研静态的团体，但也有一些研究在以动态的方式研究宗教团体。McBride[126]反对这个既定理论，并且证明即使严格的教会也有搭便车者，他认为宗教团体可以把搭便车者作为发展未来成员的潜在对象。这个观点很有说服力，因为它认为，如果暴露宗教利益会增加宗教资本②和随后的奉献，那么教会就会把搭便车者看作一种投资，因此严格的教会会允许一定的搭便车行为以实现自己的目标。这是因为教会能够利用标志来筛选出那些最有可能搭便车的人，从而把工作对准这些人，虽然他们目前仍在搭便车消费宗教物品。况且，当个人的宗教资本增加

① 需要注意的是，Iannaccone 关于严格性的研究是在 Dean Kelley 的研究及其著作《保守的教会何以持续增长》的基础上完成的[315]。

② 宗教资本的定义为“一种会增加个人对宗教物品的生产力和消费价值的人力和社会资本”[316]。

时，其搭便车的激励会递减。①

宗教严格性的模型研究了团体是如何以及为什么变得更严格或更宽松的。Levy 和 Razin[127]研究了教会灌输宗教信仰的方式、参与和合作之间的关系。他们揭示出更严格的宗教团体会比较小、向心力较强，且包括了那些拥有极端信仰的人。严格性模型很有用，但在我看来，仍然缺乏一个演化模型来考察严格的团体是如何成长的。从这个意义上说，目前研究仍然不足的一个领域是关于极端主义的经济理论[128]-[130]。有的文章以研究原教旨主义演变的方式来阐述这个问题，比如 Arce 和 Sandler[131][132]、Epstein 和 Gang[133]、Iannaccone[134]。虽然大家对原教旨主义的定义多有不同，但 Iannaccone[135]将原教旨主义定义为“一个团体要求献祭和标记的程度，或同理，它限制并增加非团体活动的成本的程度”②。

在 1992 年的一篇文章中，Iannaccone[136]阐述了这样的思想，即如果加入原教旨主义者代价很高的话，一个理性的人何以会这么做。他集中研究了原教旨主义团体的行为规则，并且做出了关于原教旨主义发展研究的几个预测。非生产性成本（比如献祭、标记、行为规则）有两个功能：筛选出那些遇有情况可能参与率比较低的人以及增加现有成员的参与率。他的模型预言，宗派性团体偏重于吸引社会中那些贫穷、文化程度低和少数族裔成员；世俗机会的普遍减少（比如经济衰退）会刺激宗派的增长。他的模型还预言，最成功的宗派与周围社会保持着一种最佳程度的张力，也就是说，他们为任何目标人群都设置了一个最优水平的成本。最后，宗派只会禁止那些能提供近似替代物的东西——在严格性上的随意与过于严格一样都无济于事。正如 Iannaccone 文中所言，“宗派性宗教能够吸引人，不是因为人们有妄念，而是因为宗派会提供一些东西，来满足那些正常的但尚未满足的欲望”。作为宗派成员的一个主要好处就是得以进入网络。Iannaccone 和 Berman[137]把这个思想更推进了一步，用来解释宗教极端主义者何以有时候（而非总是）从事暴力活动：“宗派是能量很大的宗教组织，领导人可靠，成员是经过细心筛选的，活跃而勇于奉献。不幸的是，

① 与 Iannaccone[317][318]、Iannaccone 和 Berman[319]以及 Makowsky[320]的俱乐部模型相呼应，Cerqueti，Correani 和 Garofalo 等文章[321]则研究了宽容和褊狭模型。

② 应该承认，原教旨主义是一个人言人殊的术语。六卷本的 Martin Marty-Scott Appleby 全集（1994～2004）就是来处理定义分歧和有关纷争的。

这些相同的制度特征也是导致有组织的暴力，特别是秘密策划的暴力得以产生的关键。”

社会网络的作用是一个重要维度。例如，在像社会学这样的相关学科中，已有很多文献发现了社会网络对宗教、改教和招募的意义，虽然这些研究通常会缺乏符合经济学规范的理论模型，或者在经验研究中对选择效应的处理不尽如人意。这正好给宗教经济学以用武之地。现有的研究缺少的一些重要议题是，网络结构的作用、领导人的作用、某个组织的权力结构、原教旨主义者的好战性，以及原教旨主义是如何作为对世俗性或现代性的回应而产生的。我们需要更多的研究，特别是关于原教旨主义在网络结构中的空间传播方式。例如，社会中一个孤立的组织是如何与社会建立联结的，原教旨主义领导人的影响是如何随时间变化而变化的，等等。Arce 和 Sandler[138][139]建立了演化模型用以解释作为全部人口一部分的一个人口群落（subpopulations，假定人口群落是在分类上是不同的）发展和衰落的方式，关于原教旨主义在网络中的传播方式开展更多的研究是很有用处的，特别是研究网络的哪一部分是最脆弱的。在这些模型中，Arce 和 Sandler[140]应用博弈论分析框架研究了原教旨主义的兴起。他们把社会分成两部分：原教旨主义者与其他人，这说明了原教旨主义者凝聚力更强且不愿意妥协。他们采用纳什需求博弈对原教旨主义者和其他人之间的互动建立模型。这里值得研究的另外议题是政府与原教旨主义团体之间的互动、准则的作用、偏好变化及其他行为标准，也许还可以更细致地探究声誉模型。① 但所有这些都说明，需要更加细致的研究社会规范、社会网络和社会压力。

宗教规范和网络的经济理论研究已经拓展到特定宗教行为语境下的宗教竞争，比如穆斯林女性戴面纱[141][142]。Carvalho[143]对戴面纱做出了理论解释，他认为这种行为是一种奉献机制，旨在限制诱惑，偏离宗教行为规范。Carvalho 认为，即使是 1970 年代兴起的新面纱运动，表面看来似乎是反直觉的（counterintuitive），因为她们是城市中受过教育的、有工作的女性，但这种行为可以看作是一种整合策略，因为它使得女性很好地利用

① 需要指出的是原教旨主义者在其经济后果上差异很大——那些位于拉丁美洲、东非和西非的原教旨主义者在经济上很成功，而在阿拉伯国家那些人则在经济上不成功。

家庭之外的经济机会，同时又可以使自己符合宗教规范从而保护自己的名声。这可以解释反直觉的经验结果，即面纱法令已经导致了宗教性的下降，而面纱禁令业已证明可以增加宗教性。Carvalho 用其模型证明了对面纱需求最高的是那些高度宗教性的团体中的女性，但她们也在高度“非宗教化的环境”中活动。这是因为无论自己是否持有此类看法，个体可能都很看重所在社区的舆论评判。戴面纱是对女性更大的经济融合的回应，如果她们来自一个传统环境，她们不希望面对社会非难，而且这个行为可以阻止当事人做宗教所禁止的事。该模型的一个主要贡献就是把当事人类型作为由其社会身份所内生决定的。所以当宗教价值扩散时，即使是世俗型的当事人也会服从诸如戴面纱行为的宗教规范。宗教严格性和宗教网络的理论研究拓展了宗教经济学理论模型的范围，但在我看来，这仍然是宗教微观经济学中相对研究不足的领域。

（三）空间定位模型

宗教理论研究也适合于需求方和供给方同时研究的模型，例如工业组织模型。有少量文章认为，看待宗教的一个有用的方法，比如看待有严格规章的宗派的出现，就是采用 Hotelling 式的空间定位模型[144]-[147]，虽然其中有些模型并未解决全面均衡结果问题。正如上述，McBride[148]应用 Hotelling 模型来理解宗教多元化和参与问题。Iyer，Velu，and Weeks[149]设计并解释了一个正式的 Hotelling 模型来阐释宗教组织如何根据宗教信仰及其对服务提供的意义来强调自己，并应用于像印度这样的发展中国家。他们的模型着重于宗教决策和服务决策之间的相互依存：这种相互依存经常有人提到，但在宗教经济学文献中并未得到全面正式的发展。这个模型对于收入不平等的国家特别重要，这是一个在很多 Hotelling 模型中都隐含的问题，但也没有形成成熟的见解。① 该模型表明将宗教组织推向极端的一个因素是宗教式服务的提供：宗教组织需要进行产品区分以缩小在服务提供上的竞争。该模型以及其他采用工业组织理论的模型特别适用于发展中国家的宗教，因为在那里不平等程度可能很高，政府不能在教育

① 通过研究“世界价值观调查”1981~2001 年的数据，Norris 和 Inglehart 揭示出用基尼系数度量的经济不平等是与宗教性相关的[322]，宗教性是以祈祷来展示宗教性的，其倾向是度量的一个值。

和保健等方面提供足够的服务。该模型还表明，为什么当宗教组织越强调自己，就越有可能在它们之间爆发冲突，而只有提供更多非宗教服务时才能减缓冲突。该模型还提出了这样一个问题，即假定一个人只信奉一种宗教是否现实。在世界各地，人们可能会成功地委身于两种宗教：一种正式宗教（比如基督教）和一种民间宗教。比如在非洲，人们可能会一次信奉两种宗教，会庆祝伊斯兰或基督教节日，同时也会庆祝地方宗教的节日。所以，定位模型可以更复杂一点，将地方因素考虑在内。所有这些都表明，工业组织模型应用于宗教研究的整个领域已经到了进一步深化的时候了。

（四）实验

无论是在演化实验研究中还是在当前的实验研究中都出现了声誉这个主题。有些研究正在探索宗教的演化模型，它们把宗教当作团体对诸如声誉和团体之间的竞争等演化行为的一种回应来研究。虽然有些研究工作是经验性的，包括用以代理人为基础的模型来解释宗教的区域性[150]，但宗教经济学家也在根据田野和实验室的研究将理论应用于实验数据。越来越多的调查都在研究宗教是如何给予陌生人慷慨、信任和公平的[151]-[153]，以及像以色列基布兹中的那种合作演化[154]。Paciotti 等人[155]设计了一个实验，在独裁者、信任和公共物品博弈中来检验宗教是否促进了亲社会行为。Keuschnigg 和 Schikora[156]通过实验室实验在印度做了一个异质宗教团体中公共物品资源捐献的实验，他们发现虽然在公共物品博弈中文化差异不影响捐献，但不同文化和领导权之间的相互作用证明，在混合团体中信徒之间的合作比较少。还有一些实验研究在考察宗教对健康行为（包括生理的和心理的）、犯罪以及慈善发放规范的影响[157]。在这方面，Norenzayan 和 Shariff[158]做了一个有趣的、大范围的混杂了人类学、实验心理学和经济学的实验，他们从亲社会行为方面来考察宗教演化，亦即对别人友好的行为可能会对个人产生成本。他们突出强调声誉和选择的作用，该作用一般会强化宗教、亲社会性和合作之间的关系。他们的发现说明，如果在实验中吸收了宗教思想，那么就会提高对陌生人的信任和利他主义。他们提出了一个建议：“如果显著认识到并相信超自然，那么超自然监控就有一个强大的优势，使得在缺乏社会监控的情况下合作性互动关系也能够得以遵守。”[159]在信任方面，宗教信仰提高了信任，降低了监控成本，进而促进了亲社会行为。他们认为，对于同情和怜悯等能够增加亲社会行为的问题需要进一步加以研究。理解有关宗教思想的内容是有用的，因为有些宗教会在信徒组成的社区内抑制搭便车行为，但在更大的社区内却鼓励搭便车。因此需要对宗教教义的内容做进一步的研究，如果教义不同，实验结果就可能仅仅适用于实验人群中的一个子集。

四　识别、世俗竞争和慈善捐赠

在1998年的综述中，Iannaccone提到这样一种可能性，即宗教统计的结果可能是虚假的，“完全（可能无法实现）‘真实的实验’足以展示宗教的因果影响。也应该承认，关于宗教的影响业已存在着一些貌似合理的观点，而且虽然人们不遗余力地试图铲除虚假的关联，但宗教的影响仍然是巨大的而且在统计学上是显著的”[160]。在当前的宗教研究中，确认宗教对经济的因果效应仍然是很多经验研究的焦点。这些研究探讨了宗教竞争、世俗竞争的效果以及有关基于信仰的福利计划和对教会的经济管制问题的政策论争。

在经济研究中明确识别宗教之因果效应至关重要，因为宗教变量并不总是有助于预测不同国家之间的收入差异[161]。这个问题是宗教的宏观和微观研究的一个特征（参见Hungerman[162]，关于宗教模型中确认的统计问题是富有创见的）。主要的问题产生于测量误差、反向因果关系、忽略掉的变量、遗失的价值和自我选择等方面，这会使变量伴随着误差，从而导致回归估值出现偏差，且不连续。弄清楚内生性、对宗教效应的明确识别和样本的异质性是很重要的问题。在于宗教性是内生的，很多研究都曾尝试采用工具变量战略，比如各种人口指标，包括宗教市场密度、道德传统或其他工具变量，从而提供一个外生的变化原因。

经济学家曾经尝试用很多方式来论述有关宗教和内生性问题。例如，有些实验研究可以“指点”宗教，或者依赖对诸如斋月禁食期之类的宗教事件的外生性时间（exogenous timing），下面还要对此进行探讨，但这个思路可能不太容易推广到其他宗教。有些研究者在采用蓝色法律这样的政策事件，这些事件作为宗教性的外在因素是很有趣的，但可能对宗教和世俗现象都有影响，所以对各种情况的宗教来说可能不是理想的工具。如第一部分所述，有些研究从历史事件中采用时间间隔，但这需要一个假定，即事件的时间和空间定位是外生的，例如像新教在维滕贝格诞生这样的重要的历史事件并不一定在其他情况下也能发生。另一个选择是，可以把理论模型作为研究的基础，然后排除对工具的需要，但这要高度依附于模型本身，并不一定适用于所有人。所以对于宗教和内生性来说，没有一个独立的可接受的方案，但经济学家可以有所尝试。

Gruber 发表了一个有关于此的重要研究[163]。他突出论述了评估宗教性对经济后果影响的潜在困难，因为还有与利害结果很可能高度关联的各种其他因素存在。他提出解决这一问题的一个办法就是度量宗教市场的密度——简单地说就是某个地区归属于某宗教的人口的比重。这种想法的潜在的含义是，如果某一地区拥有同一宗教的人越多，则社会互动效应对人的影响越大。此外，密度本身可以根据该地区的氏族门第而外生地预测。根据美国的综合社会调查资料，Gruber 发现，市场密度越高，则会导致宗教参与较高、教育和收入水平较高、福利接收和失能的水平较低、结婚率较高和离婚率较低。

Gruber[164]的识别策略对宗教的经验研究非常重要，它可以用下式表述。本质上，他把宗教出席当作宗教市场密度的函数：

$$R_{ia}=\alpha+\beta RELIGDENS_{ia}+\gamma ANCESDENS_{ia}+\delta AGESDENS_{ia}+\theta ANCES_{ia}$$
$$+\lambda AGES_{ia}+\rho RELIG_{ia}+\pi AREA_{a}+\tau YEAR_{t}+\varepsilon \qquad (1)$$

在此方程式中，R 表示宗教出席，i 是个人，a 是人们所生活的地区，t 是年份。*RELIGDENS* 是该地区归属于个人 i 所属宗教的人口比例。*ANCESDENS* 是氏族的密度，*AGESDENS* 是氏族中年龄和性别结构的密度。该模型还包括了一系列对个人门第的固定效应（*ANCES*）——年龄和性别、宗教区域和年份固定效应。这种方法是根据个体自己的宗教参与把宗教市场密度的效应区分出来。这个分类法可以让我们来调研，如果与同一个区域中信奉其他宗教的人相比，或者相对于那些生活在市场密度较低的其他区域的信奉其他宗教的人相比，信奉同一种宗教的人的比例比较高（一个较高的 β），个人的宗教性是否更强。Gruber 谨慎地指出，即使用这种分类法，有些情况下也可能存在着计算相关密度的度量误差。为了解决这一问题，他根据个人的门第以及生活在这一地区的其他人的门第创建了一个工具。他的工具是：

$$PRDEN_{na}=\Sigma r[P_{rn}\times(\Sigma nP_{rn}\times ANCES_{na})] \tag{2}$$

在此方程式中，n 表示门第，r 表示宗教，a 表示个体所生活的区域。$PRDEN_{na}$是 a 区 n 氏族的预计密度，P_{rn}是在每一个氏族 n 中宗教偏好 r 的分布。$ANCES_{na}$是每个氏族 n 在每一个 a 区的密度。Gruber 的研究方法对于确定宗教效应是很重要的文献，因为用门第可以获取宗教密度，而且它还处理了度量误差问题。为了改进他的策略，他还在计算 *PRDEN* 时排除了个人的氏族，这样就可以显示个人与信奉同一宗教的人一起生活的近似值，并可以作为计算本地区其他氏族居民的依据。

Gruber 的方法有很多长处，其中包括：如果我们在一个数据集中可以获得有关宗教和门第的数据，比如社会综合调查（GSS）中的样本，以及在另一个数据集中获得有关门第的数据，比如美国人口调查（US Census）中的样本，那么这两个数据集就可以结合在一起用于研究宗教，尽管在用来研究的所有数据集中都没有关于宗教的数据。应该承认的是，虽然 Gruber 的研究对于宗教的经验研究很重要，但其所关注的是非西班牙裔白种男人研究。所以，虽然这种方法在研究美国天主教徒时很直观，但在研究其他团体、信仰和种族时，就没那么直观了。如果缺乏门第方面的数据，或者每个人都是同一门第，该方法的价值也有限，因为如果人们可以自我选择地址时，那么宗教密度可能就没有用途了。

如果我们可以用这种方式来确定宗教效应，那么我们也可以以此来展示宗教对各种经济后果的影响。例如，采用各种识别策略，包括宗教市场密度、同胞固定效应等，有些研究揭示出宗教参与是与减少沮丧情绪、增加快乐和心理健康的稳定性相联系的[165]。另有人指出了宗教、年龄、健康[166]与犯罪率可能性之间的关系[167]。沿着这一思路，经济学家还可以采用世俗变量作为区分亚人口群落（subpopulations），从而明确确定宗教效益，详情后述。

用世俗变量进行识别涉及宗教竞争和世俗竞争之间的互动是有可能的，因为宗教会提供某种社会保障。有些研究探讨了那些对宗教组织有捐献的家庭是否应对收入波动的能力更强这样的问题[168]。宗教组织提供的自我保障可能跟政府提供的社会保障也有关涉。在宗教气氛浓厚的地区，对社会保障的需求可能会比较少，而如果社会保障提供的水平比较高，也可能会“挤出”宗教组织提供的保障功能[169]。Dehejia、DeLeire 和 Luttmer[170]采用 1986~2000 年美国消费者支出调查数据，研究了面对收入波动，捐献参与是否保障消费，而出席参与是否保障快乐。在调查中他们发现，宗教捐献占到家庭收入的 1.2%。他们还发现了一些有限的证据，表明组织所提供的保障的形式因种族而异。Norris 和 Inglehart[171]还提供了一个横截面式的证据，表明在保健计划或养老金方面政府保险额的增加会降低宗教性。Chen[172]认为宗教团体是提供保险利益的。与把宗教当作保险的看法相对应的是，美国的新教研究通过审视宏观状况与新教宗教性的关系，来评议商业周期变化是否影响宗教性，他们在福音派新教教派中发现了参与的反周期成分，主要是因为较低的社会经济地位以及主流新教中的顺周期（procyclical）成分[173]。

经济学家用以补救识别的另一个策略是研究“慈善缺口”——即把宗教捐赠与更普遍的世俗慈善捐赠相对照。对宗教慈善捐赠的研究是与慈善捐赠工作密切相关的[174][175]。美国 1/3 的慈善捐赠都给了宗教事业[176]；即使对宗教性较低的英国，来自全国志愿组织委员会的《英国民间社会年鉴 2010》的资料表明，来自个人的最大慈善捐赠都被宗教和国际组织获得了。它们总收入的 40%都来自个人捐献[177]。

从这个意义上说，Hungerman[178]的研究已经关注到了宗教与慈善捐赠、世俗制度、税收和公共支出之间相互作用的公共政策问题。他现在所关注的问题是宗教机构如何与学校、地方政府或综合购物中心等世俗机构竞争，这可能比宗教组织本身之间的竞争更重要。他发现，他所调查的宗教会众与世俗机构的竞争胜于其他宗教团体的竞争[179]。这项研究也有方法论的考虑，即试图找到一些工具变量来测量那些貌似与宗教性或人口统计无关的政策变化对宗教的影响。Hungerman 研究了有关政府正式的宗教管制方面的政策变化，特别是美国的蓝色法律，它对周日经济或其他活动的限制导致了宗教参与的下降。Gruber 和 Hungerman[180]研究了大萧条时期的公共物品供给，他们认为大萧条会排挤宗教机构对此类物品的供给。

Hungerman[181]对识别问题做了进一步的研究，他证明了如何利用俱乐部模型来检验宗教规则和禁令对人们行为的改变。这个实验允许对该话题进行严格的研究，而且适合于宗教规则没有发生外生变化的环境。笃信宗教的个体可能对世俗激励的变化反应更大，比如蓝色法律的变化、赌场开放以及有关最低法定饮酒年龄的法律的变化。信奉宗教程度高的人对世俗的激励反应会非常敏感。

对于这个话题，现有的研究审视了宗教组织内部的结构——主要是指牧师等宗教人员及其劳动投入是否对宗教出席和教会发展有因果效应[182]。该研究检验了俄克拉荷马的卫理公会教徒在1961~2003年的情况，证明好的牧师能极大地促进教会发展，而且牧师在第一个教堂的表现——在卫理公会团体中通常是随机委派的——能很大程度地预示其未来的发展。该研究还观察了不同牧师任职期间的一个特殊现象。该研究通过采用随机委派牧师进入第一个教堂以便预测其随后的表现来确定识别问题。Hanson和Xiang[183]的一篇文章研究了教派的教义是如何影响到其吸引信徒的能力的。他们根据2005年美国新教教派的情况及其国外数据，证明了在服务提供比较少、遭受疾病和灾害的风险比较高的地方，宗教教派的严格性能够吸引更多的信徒。

还有很多文章是审视伊斯兰教的，它们采用对斋月的外生计时来探究宗教禁食的后果[184]-[186]。① 这些文章把斋月当作处理变量，其贡献无论是在理论上还是在计量上都有突破，前者是指他们研究了伊斯兰的斋月习俗对教育和其他经济后果的影响，后者是指他们利用禁食时间的外生计时找到了一个确定宗教之后果的方法。例如，Oosterbeek和van der Klaauw[187]预测了斋月对那些生活在荷兰学习经济学的穆斯林学生的教育结果，在荷兰，教学和考试时间并不像在伊斯兰国家那样按照禁食时间而调整。他们设想禁食会因为学生营养不足而影响学习质量，从而影响到他们的学习成绩。他们研究了2003~2008年五学年的数据，他们采用了双重差分分析框架（difference-in-difference），分析学习初级微观经济学课程期间的几个禁食周，这些禁食周每年都不一样。如果学生遵守斋月，这将对他们的学习成绩有直接影响，使穆斯林学生的最终成绩降低大约10%的标准差。有趣的是，男女学生之间毫无差异，而且斋月影响并不是由学习初级微观

① 斋月是穆斯林男女每年为期一个月的宗教禁食，其间他们在日出和日落之间禁绝一切食物。禁食是用来激发耐心和忠诚的，斋月的时间按照伊斯兰历法确定。

经济学课程的出勤率降低造成的。

Majid[188]根据母亲在怀孕期间是否禁食以及何时禁食，研究了斋月禁食对生命周期的影响，他发现印度尼西亚人在童年期的学习成绩和成年期的劳动差异都很大。那些母亲曾经禁食的孩子出生时重量较轻，做童工的较多，在认知测验中得分较低，这说明应该尽量弱化母亲怀孕期间禁食的习惯。

Almond 和 Mazumder[189]认为，对于 1989~2006 年生活在美国密歇根州的阿拉伯父母来说，母亲在产前进行斋月期禁食会导致新生婴儿重量较轻。怀孕期的营养很重要，Almond 和 Mazumder 比较了斋月禁食期的生育与非禁食期生育，以简化的形式评估了斋月对生育的影响。他们还研究了 2002 年乌干达和 1997 年伊拉克的穆斯林调查数据，证明了高于 20%的成年人有可能致残，或者有心理或学习障碍，如果母亲怀孕的第一个月与斋月禁食月重合则影响会更大。还有的研究调查了斋月禁食的宏观经济后果。例如，Campante 和 Yanagizawa-Drott[190]研究了斋月禁食对伊斯兰国家的产出增长的负效应，以及它是如何增加福利的。他们认为除了减少营养吸收对生产力的直接影响，斋月还通过改变劳动市场选择的信念而改变穆斯林在工作和宗教之间的偏好。

系统地采用斋月禁食数据的研究还探索了禁食期的时间确定和那些把斋月法则当作外源性变异的国家的地理问题。但如此齐整的外生性工具对其他宗教来说很难有用。从所有这些对不同宗教的经验研究中我们可以知道，经济学家们创造性地采用识别工具，不管依靠从宗教的、祖先的或世俗的条件中获得的创新性工具，还是通过服从长期的宗教习俗，宗教对教育、保健、劳工市场和其他经济后果都是具有因果效应的。

五　发展中社会里的冲突与合作

宗教经济学的大多数研究集中在发展中国家。因为有了新的数据，经济学家现在可以对不同历史时期的特定宗教进行研究，并从这些经验中汲取教训，以供当前的社会发展中的宗教学者参考。这些文献探索了宗教引发的冲突与合作，是宗教经济学中一个引人入胜的领域。我将在本部分综述有关恐怖主义，贸易、政治和冲突，宗教性的社会服务，宗教和金融等方面的研究进展，我还将证明在研究社会发展中的宗教经济学时我们需要一个更宽阔的视野。

Iannaccone 在 1998 年的综述中以及随后其他的综述中[191][192]，说明大多数宗教研究都是基于美国以及西方其他发达国家进行的。对拉丁美洲、非洲、中东和亚洲的研究迫在眉睫。Kuran、Chaney、El-Gamal 等人已经对中东作了一系列的研究[193]-[195]；还有少量对印度和中国的研究[196]。从对社会发展或者有极大不确定性的社会的观察来看，经济学是颇具价值的，因为它展示了宗教和宗教规范是如何充当非正式的协调机制的。宗教通过促进信任、道德、非正式激励或者通过社会惩戒而创建的自发的社会协作，对社会发展至关重要，特别是对那些缺乏良好的法律制度和正式市场的社会。由此看来，宗教和公共物品供给之间的关系是经济学带给宗教研究的重要的研究课题。在这个领域的研究有 Berman[197] 以及 Iyer，Velu 和 Mumit[198]，他们研究了这个重要的宗教领域以及当前发展中国家的服务供给。另外的研究则特别关注宗教信仰。例如，Clingingsmith，Khwaja 和 Kremer[199]研究了巴基斯坦通过摇号来决定谁参加麦加朝圣对宗教行为是否有影响。参与麦加朝圣强化了诸如祈祷、禁食等正统的伊斯兰仪式，另外也普遍促进了对其他族群和其他宗教的宽容以及对女性更加温和的态度。在中产阶级中，宗教复兴运动的研究（比如在埃及）揭示了发展是如何导致社会更倾向于宗教复兴的。Binzel 和 Carvalho[200]设计了一个模型来展示这种倾向是如何与期望、教育、公共部门就业以及不平等相关联的。

社会发展中的冲突与合作的研究得益于完备的数据。社会学家和政治学家已经在积极采用这些数据，来处理关于国际宗教自由和宗教限制方面的重大问题。① 这些问题包括宗教机构与政府之间的关系、政府是否允许宗教自由或者与某些特定宗教形成联盟以及有可能限制这些自由的运动[201]。该研究还审视了政府限制对宗教冲突的影响。在早期的研究中，Finke[202]、Finke 和 Stark[203]认为，美国的宗教自由导致了“美国的教会化（churching of America）”，因为宗教自由通过改变宗教生产者和宗教消费者的激励而增加了宗教供给。通过研究宗教自由和社会冲突之间的关

① 例如，Roger Finke 把宗教自由定义为“不加限制的宗教行为、表白和选择”[323]。

系，特别是国家是否有限制宗教自由的法律，Finke[204]将此观点又推进了一步。他指出，政府对宗教和少数族裔团体的看法会影响他们是促进还是阻碍宗教自由，以及政府是否有体制能力来实行宗教自由，包括国家是否有独立的司法体系。宗教限制还可能改变组织的运行方式和在很大范围内改变宗教市场结构，包括宗教迫害[205][206]。Grim 和 Finke[207]证实了世界上仍有很多人面临着日益增加的宗教迫害。对宗教自由和限制的研究还在最近的政治科学领域得到了响应。例如，Fox 和 Tabory[208]采用 1990~2002 年《宗教和国家》数据集，提出了这样的主张，即政府对宗教的支持会影响到宗教多样性，政府的宗教管制跟用宗教出席来度量的宗教性之间具有负相关关系。

（一）恐怖主义

有些经验研究已经在探讨宗教、经济和恐怖主义之间的关系，这既是国内也是跨国界问题[209]-[213]。Krueger[214]特别研究了收入与跨国界的恐怖主义的关系。他的研究得出的结论是，对于跨国恐怖主义的发生，经济利益和公民自由保护不足是比贫穷更重要的原因。Berman[215]研究了中东的恐怖主义，认为很多像哈马斯这样的宗教团体在他们所控制的地区既提供福利性服务也提供精神性服务。Sandler 和 Enders[216]对于跨国恐怖主义提供了一个经济分析视角。① 他们认为，鉴于一国官方或恐怖主义者所采取的行动都会对另外的国家带来成本和收益，所以跨国恐怖主义事件具有跨国外部性。反恐怖活动有时会产生意想不到的结果。数据显示，恐怖主义事件会波浪式周期性发生，以展示其示威效应；而且策划恐怖袭击活动的规模经济会导致恐怖事件集群发生。虽然恐怖问题与宗教既有区别又有联系，对恐怖主义研究的一个有趣的发现是，在近几十年中有宗教背景的恐怖团体有上升趋势。例如，自 20 世纪 80 年代初期，有宗教背景的恐怖团体的数量已经从 1980 年的 3% 上升到 1995 年的 43%[217]（转引自 Hoffman）。它们所形成的国际性网络在这里也很重要。例如，恐怖主义者可以削弱国家阻止恐怖活动的效果，因为当各国在阻止恐怖主义决策方面

---

① Sandler 和 Enders 将恐怖主义定义为“通过对受众进行威胁和恐吓，有预谋地使用或威胁使用暴力来谋求政治目标”[324]。

不协调一致时外部性最大。

（二）贸易、政治和冲突

所有发展中国家所忧虑的冲突在很大程度上都是其历史演化的结果。例如，对伊斯兰教和犹太教的集中研究已经达成了非常有用的共识。Michalopoulos、Naghavi 和 Prarolo[218]建立了一个理论框架，来思考伊斯兰教是如何与不平等和前工业化的发展相联系的。他们发现穆斯林社会基本分布于靠近贸易路线的不平等区域，他们从理论上展示了这一点是如何影响伊斯兰思想的。贸易路线给不同的地区，比如肥沃地区和贫瘠地区，带来了不同的机会。如果存在着土地分配的不平等，这会激发资源禀赋不足的地区出现劫掠。这使得静态和动态的收入分配更看重直接的收入转移。所以伊斯兰教要维续，就必须保证收入平等，这会因有关资本积累的教规和宗教训令而影响到动态的收入分配，并通过宗教机构的捐赠而增加公共物品的供给。所以伊斯兰教通过“扎卡特”① 以及利用能够增加交易成本的诸如反利息法（anti-riba）和“瓦克夫”②（waqf）捐款来增加资本积累成本，并以此推行各种有关收入分配和扶贫的义务和法律。反过来，Michalopoulos、Naghavi 和 Prarolo 认为，这影响到了伊斯兰国家前工业时期的经济发展；与之相比的是，基督教最初也实行反高利贷法，但该法在宗教改革 150~200 年之前就已经放宽了，这说明中东和西欧深层的制度差异才是导致双方分流的原因，而不是什么宗教改革[219]。但客观地讲，对于宗教、信任和合作之间的相互作用还需要更多的研究[220]。

很多宗教经济史研究所共同感兴趣的一个主题就是冲突与合作。这里值得提及的是那些对诸如基布兹等以色列社区的研究[221][222]，因为这些社区立基于看重合作、降低冲突的理念。另有一些研究还探讨了冲突的历史背景及其宗教和帝国的作用[223]，它们还特别研究了能够带来经济和政治利益的一神教的崛起。Iyigun[224]揭示了奥斯曼土耳其在 1520~1650 年的军事活动是如何使欧洲内部的宗教冲突减少了 50%，并且还普遍减少了欧洲的内部纷争。

---

① 扎卡特（zakat）是伊斯兰教中规定的一年一度的宗教捐赠。——译者注

② 瓦克夫（waqf）是穆斯林为宗教、慈善或教育事业的捐赠。——译者注

有些理论研究把宗教与政治结合起来，比如有些政治家是如何在某些宗教所禁止的事务上——比如堕胎和同性婚姻——采取极端的立场，以便引导支持者对他投赞成票或者募捐[225]。有些经验研究突出论述了宗教领袖的政治地位。例如，Chaney[226]首次用经济史论证了当经济下滑时宗教领袖的政治权力可能很重要。他认为，当尼罗河的洪灾降低到常规水平时，分配给宗教组织的东西会多于世俗组织。宗教权威被取代的可能性也降低。当尼罗河的洪灾奇高或奇低时，法官被君主解职或自动辞职的可能性更小。这是因为尼罗河洪灾提高了社会动荡的倾向，增加了宗教领袖的权威性。这些发现也与更多研究冲突的文献不谋而合，即经济危机因为会中断政治权力的平衡从而导致专制政权的垮台。在这种情况下，Chaney认为，在埃及历史上权力转移会有利于宗教权威。这与最近出现的有关“阿拉伯之春”的争论异曲同工。对这方面进行更广泛的研究是很有意义的。

（三）宗教性的社会服务

宗教在影响冲突的同时，还可能通过提供服务而影响合作。例如，全美教众研究[227]以及其他关于社会服务提供方面的宗教与世俗竞争的研究所示[228]，很多宗教团体都提供比如教育方面的社会服务。例如，哈马斯在其控制地区不仅提供了社会和福利性的服务，还提供了精神服务[229]。印度所做的第一次大规模宗教经济学研究显示，宗教网络的重要性不仅限于它们所提供的宗教服务，它们所提供的非宗教服务也同等重要，比如保健和教育[230][231]。此外，当宗教机构具有保险功能时，这些网络可能决定着教育或保健服务被接纳的范围，特别是当政府提供的类似服务不足时。①

（四）宗教和金融

宗教活动如何融资以及在社会发展中宗教是如何影响金融机构的，似乎一直是一个含而不露的问题。经济史学家对中东伊斯兰教的金融制度已

---

① 宗教和服务提供是当前宗教研究的一个重要方面，因为宗教的确证明，无论那些获得服务的人是否皈依宗教，社会服务都可能是达到精神目标、促进宗教皈依的唯一手段，或者是道德律令因而是目的本身。

经有详尽的研究，包括“扎卡特”、慈善救济等[232]-[234]。Kuran 指出，“扎卡特”在 7 世纪的阿拉伯是作为一种宗教税出现的，它是强制性的交给伊斯兰政府的。在近几十年，它已经不再是一种由政府来执行的义务，这种税在本质上变形为一种自愿行为。有人在 20 世纪和 21 世纪试图再次把它变为强制性的。“扎卡特”很适合用来研究冲突和合作问题，因为它既有安全网络，又有降低冲突的作用。

Kuran[235]所研究的一个有趣的问题是，为什么西方在经济上比中东强。相较于世界其他地方，中东金融机构的发展曾经影响过本地的经济发展。在大约 7 世纪，中东就有发达的金融机构，而西方直到大约 10 世纪才有。到 8 世纪，中东已经有了经济衰退的迹象，主要原因是其停滞的社会机制和法律制度。主要原因是伊斯兰教影响下的继承法，它阻碍了资本积累；还有“瓦克夫”，它耗尽了组织内的资源用于提供非生产性的社会服务。传统的伊斯兰法也起到了阻碍作用，因为它降低了人力资本，阻滞了私人部门的发展。

这些社会值得注意的一个特征是财产共有制方面的合同法，既无银行亦无公司结构情况下的金融；只认可个人的伊斯兰法；以及由政府供给的公共或半公共物品。与之相伴的还有继承制度、不加甄别而毫无章法的随意的税收以及脆弱的产权。在继承制度方面，平均主义制度限制了财富的集中，其结果是财富的细碎化，特别是金融财富。至于“瓦克夫”，这是一个虔诚的基金会或者是一个非法人的伊斯兰信托。它的作用在很大程度上是通过把多种形式的财产转化为支持清真寺、学校等各种社会服务的捐赠。社会服务的提供颇为平均主义，穆斯林和非穆斯林都可以享有。

根据 Kuran[236]研究，“瓦克夫”是一个有趣的伊斯兰机构，它是作为对脆弱的私有产权的反应而出现的。他指出：伊斯兰原初的机构中并不包括“瓦克夫”，《古兰经》中未有提及。但“瓦克夫”被认为是神圣的，因为它有重要的慈善动机，统治者为了显示自己的虔诚，不会征用“瓦克夫”的财产。“瓦克夫”的另一个好处是，如果某些财产获得了“瓦克夫”之名，则可以免于被征用。此外，它虽然没有正式的法律义务，但统治者都鼓励“瓦克夫”提供社会服务。

Kuran[237]认为，除了上述静态效应之外，更重要的是从长期来看，静态效应会合力产生负的动态效应。适合于现代发展得更先进、更灵活的组织形式的激励被压制了。虽然它未在中世纪形成阻碍，但在近代技术变革出现后它就成了阻碍。他还指出了一个差别，即西方的建制比中东要完善。中东没有股票市场和银行。“瓦克夫”也没有提供像西方那么多的公共物品服务，西方还发展出了很多法人组织。“瓦克夫”制度还导致了腐败，它兼具正面和负面效果：一方面它创建了非政府组织；另一方面它也制造了社会无效率。虽然两种制度都发源于类似的合同法，但因为不同的继承体制，它们走了不同的路径。到 19 世纪，中东的法律框架阻碍了组织转化为更复杂的、更善于积累资本的形态。此外，因为缺乏变革的激励，法律框架故步自封。所以，随伊斯兰教最初的传播而推动伊斯兰世界领先好几个世纪的那套法律结构，最终导致了伊斯兰世界的落后。但本研究并不打算对伊斯兰教和经济绩效之间的所有的关系都作细致的评述——关于伊斯兰教和经济绩效之间历史的和当前的联系，可参见 Kuran[238] 的相关文章。

几乎在同时，Iannaccone 和 Bose[239] 认为，基督教与印度教、佛教和伊斯兰教等进行比较，可以发见它们是如何计费的。为此它们在理性选择方法之外又开发了一个包括“客户—业主”（client-practitioner）的模型，其中个人要获得宗教目的并不一定参与集体宗教仪式或践行其他形式的宗教习惯。因而他们认为，那些因对个人单独举办特定仪式而获取捐赠的宗教不同于那些向成员收费或接收政府资助的宗教。

（五）更宽阔的视野

在对宗教经济史研究加以评估时，一个明显的事实是对伊斯兰教经济的研究要远多于印度教、佛教、耆那教或者锡克教。这有点令人惊奇，特别对于印度教，因为印度教也是一个非常古老的宗教，在南亚和拥有印度教教徒的其他国家都对之兴趣盎然。例如，虽然印度教徒人口只占世界人口的 15%，但他们占印度人口的比例超过 80%。相比之下，穆斯林占世界人口的比重大约为 23%，占印度人口的比重大约为 15%。但相比于印度教的经济，伊斯兰教的经济似乎得到了学术界不相称的关注。对印度教关注不足的一个原因可能仅仅是因为印度经济发展不错，所以很可能当一个社会向前发展时，人们对过去曾经阻碍它发展的深层力量就兴味索然了。也有少量的经济史研究探讨了印度教团体，例如 Jha[240]、Kuran 和

Singh[241]。最近，Iyer[242]、Iyer、Velu 和 Weeks[243]的研究则探讨了当代的印度教群体。如果说对印度教的研究非常有限，那对佛教的研究则雪上加霜，虽然 McCleary 和 van der Kuijp[244]因研究西藏而备受关注。

一个在发展中国家被反复提及的话题就是，宗教不仅能够助长冲突，也同样可以减缓冲突而助长合作。这在经济史方面是有共鸣的——有一个重要的课题就欧洲中世纪行业协会这样的组织，探索了宗教和职业活动是如何助长合作的[246]。这个话题也在对中世纪印度的研究中得到了印证。例如，Jha[247]概述了中世纪贸易港口的种族互补是如何改进了制度和促进了合作，进而减少了几个世纪后印度教教徒和穆斯林之间的冲突。这种现象的发生是因为穆斯林在印度洋的航运上所拥有的某种优势，因为他们通过朝圣活动加强了海外市场的协作。虽然中世纪的贸易港口种族成分很复杂，但在 1850~1950 年，印度教教徒和穆斯林之间的骚乱大量减少，与其他市镇相比经历宗教骚乱的可能性低了 25%。Jha 将之归因于在此期间产生并得以维续的好制度以及在不同种族群体之间的良性贸易。贸易促进了种族间和宗教间的宽容。这可以追溯到 Albert Hirschman 的《激情与利益》（*The Passions and the Interests*）[248]，根据 Hirschman 的说法，这种观点当然是苏格兰和法国启蒙运动的结果。早期的经济学家认识到贸易能够降低冲突后，就开始促进贸易，创造良性循环。促进贸易政策从长期来看对遭受冲突的地方是有助益的，因此，好的经济可以催生好的政治。

这一观点还可以更普遍地适用于公共物品的提供。Iyer、Velu 和 Weeks[249]通过研究宗教性和非宗教性的服务供给，得到了印度当前宗教竞争与合作的证据。2006 年和 2010 年收集的横跨七个大邦的有关印度宗教组织的原始调查资料表明，宗教组织会根据宗教信仰的强度使自己区别于其他组织，而且当印度的经济不平等程度提高时还会提供很好的教育和保健服务以应对宗教竞争。另一个促进合作的方式是教育，有一个课题探讨了宗教和教育之间的关系，并重点研究了宗教规范是如何抑制或激励宗教团体来加强其人力资本的[250]。对印度教研究的另一个案例是 Chaudhary 和 Rubin[251]，他们论述了殖民地印度阅读、写作和宗教之间的关系。他们主张，在穆斯林政治权威垮台不久的那些印度地区拥有更好的宗教权威并建有宗教学校。这些学校可以吸引更多的穆斯林学生，但扫盲效果不如政府的世俗学校。这也许是导致穆斯林社区识字率较低的原因之一。可能的情况是，有些穆斯林学生选择宗教学校以示虔诚，但这种解释不适合印度，因为所有的公共物品都是对穆斯林孩子开放的，无论这些物品是由政府还是由宗教机构提供的。作者的解释很中肯，因为它并未着眼于基于伊斯兰教“纯粹宗教效应”的解释，相反，其观点更加细致入微：读写能力是由宗教权威、政治团体和教育机构交互作用的结果。在相关研究中，Chaudhary 和 Rubin[252]还探讨了 20 世纪初期印度王国统治者的性情影响到公共物品供给的机制。宗教权威和政权之间的联系这个论题在宗教经济学文献中此起彼伏。

经济学家对非洲的宗教研究非常有限。Glewwe、Ross 和 Wydick[253]最近的文章是一个例外，它比较了不同的发展中国家，研究了儿童资助项目的运行，即通过本地教会把财物从富裕国家转移给发展中国家的儿童，该项目对成人的教育、就业和在社区的领导力有了更多认识。该研究比较了玻利维亚、肯尼亚、印度和印度尼西亚，探讨了这些项目是如何激发受资助儿童的抱负的。该研究令人振奋，因为它不仅探索了一个宗教研究的新领域，而且还创新性地采用了诸如绘画、自画像等儿童心理学资料，以及对成人后有正向作用的宗教教育等精神变化。儿童资助在肯尼亚与教育资助有关联，而且作者对儿童画的分析表明，在印度尼西亚，这还会影响到自尊、快乐和希望。从政策角度看，这项研究很重要，因为它展示了愿望和自我效能（self-efficacy）是如何通过世俗或宗教项目在发展中国家的儿童中发展起来的。

Lambarraa 和 Riener[254]另一篇研究非洲的文章也很有意义，它在经济学实验设计中以社会心理学中语言启动的形式，启用了一个创新性的构想。该研究探索了摩洛哥教育机构中的穆斯林中以“扎卡特”和“萨达卡”的形式的慈善捐赠，揭示了语言、捐赠的公开性以及凸显伊斯兰价值对捐赠的重要性。在他们突出伊斯兰价值的实验中，匿名捐赠提高了捐赠的数量和平均捐赠水平，这说明伊斯兰教有关慈善赠予的规范是有鼓励性的。

但这里需要澄清的是，伊斯兰社会中大多数对公共物品的捐赠都是通过传统的“瓦克夫”[255]来实现的。事实上，直到现代，“瓦克夫”提供的大多数公共物品都来自个人的资助。实际上，捐赠人都用他们自己的名字来命名公共物品，无论是清真寺、学校、公园还是喷泉等，只有极少数例外。通过“瓦克夫”的捐赠在经验上要比慈善机构重要得多。值得注意的是，今天伊斯兰教内的主要的捐赠，特别是宗教捐赠都带有捐赠人的名字。例如，清真寺都有名字，但小规模的慈善机构则可能没有名字。这也许与某些对美国的研究是一致的，这说明人们捐赠也是为了公众认可[256]。但是，发展中国家宗教捐赠与伊斯兰教国家宗教捐赠的差异，值得进一步的全面研究。目前在发展中地区所做的宗教经济学研究既针对其经济史也针对其当前的发展事务。

六　宗教经济学有待研究的问题

“博学的人也迷信，但杰出的人只执着于洗却迷信的信仰”[257][258]。

在1998年的综述中，Iannaccone指出了在宗教经济学研究中存在的几个空白——第一个空白是经济学研究回避了宗教内容，没有开拓思想，没有把宗教概念纳入正式模型。第二个空白是缺乏对宗教不确定性的正式分析。第三个空白是虽然信仰是宗教的核心，但经济学家对信仰的形成语焉不详。Iannaccone认为，要在这些空白领域取得进步，经济学家并不需要更好的模型，而是应该更加看重宗教社会学家所倡导的经验研究。如果要对Iannaccone所言的空白领域加以评估，作为宗教经济学家，我们似乎可以这样说，我们在完善模型并对其进行经验检验方面取得了长足的进步。但对于Iannaccone所言的三个空白，我认为我们仍然任重道远。

在对Iannaccone的文章发表以来所有的研究加以评价时，本文认为，宗教持续存在，有必要对过去几十年中宗教经济学的研究进行评述。曾有人对文献做过选择性的评述。虽然宗教经济学研究已经起步，但未来研究中还有很多问题有待深入。首先，宗教性的真正含义是什么？它是内在的还是由社会推动的？其次，在宏观层面上，我们已经见证了很多国家在经济发展上的长足进步，但宗教似乎仍然普遍而持久。为什么国家富裕之后宗教仍然普遍而持久？如果说富裕国家更加世俗化的情况属实，但世界的宗教性却在增强，那么对世俗化假说以及它与诸如收入不平等等因素的交互作用就需要更多的研究。最后，特别是在印度、中国这样的非基督教国家，是什么因素导致其宗教的性质迥异于美国或西北欧？我们需要加深对伊斯兰教、印度教、佛教、耆那教、锡克教以及部落宗教经济学的理解，特别是在非洲、中东和南亚。由此看来，我认为有四个领域宗教经济学相对研究不足：（1）宗教和人口统计；（2）宗教、政治进程及其与经济进步的相互影响；（3）宗教的市场管理与传播；（4）宗教经济学以何种方式对科学与宗教的更广泛的辩论做出贡献。

正是在宗教和人口统计这个领域中产生了识别问题，这也是宗教经济学探索不足的一个领域。Neuman 和 Ziderman[259]、Neuman[260]、Lehrer、Chiswick[261]、Adsera[262]、Iyer[263]、Lehrer[264]、Trinitapoli 和 Weinreb[265]以及 Berman、Iannaccone 和 Ragusa[266]等人，在以色列、西班牙、印度和美国等国家的不同宗教中探索了宗教在人口统计学中的作用。Iyer[267]研究了南印度的印度教和穆斯林女性在结婚年龄、避孕药物选择以及生育率方面的差异，证明了虽然宗教效应很重要，却逊色于宗教团体的社会经济特征。Trinitapoli 和 Weinreb[268]基于在马拉维的田野调查以及采用在非洲撒哈拉以南其他国家的调查资料，研究了宗教是否能够提供援助和教育，以及它与艾滋病传播的关系。他们发现个体宗教性是艾滋病菌携带者的重大预兆，宗教成为对疾病的深度解释，以及宗教组织是如何影响预防，并在此过程中吸引新成员的。这项研究还突出了宗教网络在处理疾病方面的作用。Norris 和 Inglehar 证明，如果我们根据社会类型来研究人口指标，就会发现相较于更世俗化或更温和的社会，宗教性最强的社会生育率最高、平均寿命最低、婴儿死亡率最高、男女生存率较低[269]。这方面的研究文献很多，但经济学家对此的关注难孚众望。识别问题对此有很大的释疑能力，但因为当前超过 84%的世界人口都自称有宗教关联[270]，加强对宗教和人口的研究可谓恰逢其时。特别需要指出的是，评估权衡生育率的“纯粹宗教效应”与诸如不同……等其他因素是非常重要的。对于人口的构成，特别是在发展中国家，以及人口老龄化的后果，也需要更加完全的理解。加强对宗教和人口之间关系的研究与托马斯·马尔萨斯的倡议不谋而合。马尔萨斯的人口学理论被当成了心学理论，因此其背后的神学包含了足以抵消人口理论之悲观结论的乐观主义。① Pullen[271]认为，马尔萨斯理论说明

① 马尔萨斯理论的本质是，当人口以几何级数增长时，食品供给只能以算术级数增长。这导致了马尔萨斯所谓的“极其惊人的后果”：人均收入下降到只能维持生计。避免绝对贫困的唯一方法就是采取“道德限制”——马尔萨斯的预防措施有晚婚和缩小家庭规模，否则，就会有战争、饥饿、疾病等暴烈方法来抵消人口增长。马尔萨斯的理论令人悲观，他把自己的理论描述为：“他把人类的生活描绘成晦暗的，但他清醒地知道这些晦暗是的确存在的，而非基于偏见或气质上的忧郁。他所构建的心学对生活中所存在的大部分邪恶作出了解释。”[325]

了人口压力是如何帮助人类开发土地的生产潜力的，这反过来又激发了心智。他指出，马尔萨斯论文初版中有两章是论述神学的，但在随后的版本中删掉了，但如果从这两章来理解马尔萨斯的理论，就更容易理解其潜在的结构。Pullen 写道，“马尔萨斯的文章既是经济学、人口学或社会学论文，也是神学论文，这并非夸大其词”。

除了人口学之外，宗教与人力资本和迁移之间的关系也需要进一步研究[272][273]。这些关系不仅对历史学研究特别是检验韦伯假说至关重要，而且对当前的各个国家也很重要。例如，对于美国男女劳工市场决策、教育和宗教之间的相互影响，以及宗教与婚姻模式、人口、伦理和宗教禀性的传递之间的关系进行研究是很重要的[274]-[276]。对宗教和人力资本的研究也探索了人口史，例如，有人利用 8~9 世纪的历史资料研究了犹太人的职业选择[277]。Botticini 和 Eckstein[278] 证明，很看重读《摩西五经》和孩童教育的拉比犹太教，影响到了此后犹太人的经济成功。这是因为它允许犹太人选择那些有技能、高回报的职业[279]。但无论是在发达国家还是在发展中国家，都需要对此进行进一步的研究。

需要进一步研究的第二个领域是宗教、政治进程及其与经济进步的相互影响，包括政治竞争及相关冲突。政治科学中富有洞见的研究揭示了当相关法律影响到其政治权力或者经济福利的时候，政治领导人会鼓励宗教自由[280][281]。Meyersson[282] 采用回归断续函数设计来研究为期六年的土耳其自治市，揭示出当保守的伊斯兰市长在土耳其当选时，女性世俗的高中教育明显提高，但对男性的影响不大。虽然这个机制不太好懂，但该机制包括了伊斯兰教市长为保守的女性建造了严格保护的宿舍，从而克服了家庭的反对使女性上学更容易。对女性的这种影响是持续性的，还影响到了其他方面的决策，比如青春期婚姻。经济研究表明，政治竞争会导致不利于少数族群的政策，并影响到对他们的仇恨[283]。有的学者，比如 Chaney[284]，的确论述了政治权力和宗教权威之间的关系，但是还急需进一步的研究，特别是对于与此问题相关的中东和其他地区的研究。在人们的日益关注下这类冲突的资料已经在收集，这使得对宗教、政策和冲突的研究成为可能。这些研究中的一个问题是宗教作为回归的解释变量——在评价识别问题时，我们需要更加细致的研究，对于因果关系的反思也至关重要，但这个领域的研究也相对不足。

第三个领域将管理、营销和媒体理论加以应用对研究宗教也是一个富有成效的方法。有些研究已经开始论述这些问题[285]-[289]，但这个领域仍然有待于开发。由于宗教组织向世人推介和营销自己的方式日益专业，似乎将营销和管理文献结合起来对宗教行为和运行进行更加细致的研究还有很大的欠缺。本文对于世界各地宗教市场的开放和管制情况有深远的意义。

在宗教与管理学领域，Miller[290]是一个重要的人物。Miller 探索了用战略管理理论来理解宗教组织，特别是其组织是如何实现竞争优势的。战略管理视角很重要，因为它看重诸如声誉、在传统组织中实施变革以及网络的作用。Miller 指出，眼下宗教与其他学者们所乐此不疲的专业之间的界限已经模糊不清。这是因为宗教组织可以更加世俗化，而反过来世俗组织也可以“灵性化”[291]。宗教组织在面临压力时会革新，但它们革新的方式决定了其战略能否成功。Miller 认为，宗教营销通常包括几个方面，比如可信的承诺、社会正统性、市场细分和价格歧视，但宗教组织也有能力通过政治策略和联盟形成真正的产业结构。宗教组织的这些特征需要进一步的研究。

这里的一个相关问题是媒体在当前宗教中所起的作用，这在 2010～2013 年的“阿拉伯之春”中有明确的见证。Gentzkow 和 Shapiro[292]采用盖洛普民意调查方法在一系列伊斯兰国家对 10000 名受访者的调查取得了相关资料，较早地论述了偏好排序的重要性以及观念与现实不相符时的做法。他们调查了那些可以充分接收新闻媒体消息的受访人是否更了解世界事务，他们发现，虽然特殊的新闻媒体和教育对于观念和态度有不同的影响，但总的来说，媒体和教育对态度没有一致的效应。虽然这个研究不是决定性的，但它的确说明了，媒体通过观念和态度而影响到宗教是很重要的。这也与宗教和识别的问题有关。对宗教和识别问题进行更普遍的研究，特别是个人如何看待自己以及别人如何看待自己，是未来研究的重要路径。

宗教经济学最后一个需要关注的领域，是需要本文深度关注且因其重要而致使笔者念念不忘的，这个领域就是，对于经济学该如何就科学和宗教之间的鸿沟的广泛争论做出自己的贡献。人们普遍认为科学和宗教不可调和，这是基于这样的看法，即科学进步导致宗教信仰不再重要。人们通常认为宗教是非科学的，因为人们普遍相信科学一旦流行，宗教可信度立即降低。但 Albert Einstein[293]的话却有先见之明："没有宗教的科学是残缺的；而没有科学的宗教是盲目的。"[293]此外，Finke 和 Stark[294]的经验研究证明，在科学和技术实现巨大发展的两个世纪里，教会成员比率也在增加，而同时教育和宗教也相互密切关联。Stark、Iannaccone 和 Finke 曾这样评价科学与宗教：

> 在大多数时间内宗教的科学研究都不是那么回事。虽然该领域跟"信仰"有巨大的对立，但其本身则完全基于信仰。可以肯定地说，信仰是由世俗的原则构成的，但它仍然是信仰，虽然学者们顽固地坚持世俗化、宗教非理性和宗教与科学不相容这样的教条——尽管有强有力的证据证明并非如此。[295]

宗教的经济学进路是很有用的，因为它引入了最大化、偏好及均衡观念等经济学思想。Stark、Iannaccone 和 Finke 认为[296]："经济学分析框架提供了最佳语境，它可以合并约束、设计宗教行为模型、度量宗教效应。"

我的看法是，宗教经济学对科学与宗教之间的广泛争论是有用的[297]。这是因为经济学对宗教研究有助益，能提供其他方法所没有的视角。就自然世界的运行而言，科学有很多悬而未决的问题。当科学方法给我们提出了有关世界运行的很多饶有风趣且悬而未决的问题时，它对这些问题的不确定性和模糊性也有增无减。因此，保留某种信仰结构并对之开展持续的研究，并借此了解世界是很有必要的[298]。科学方法本身即公理，它用理论来建构假说并进行经验检验。但正如杰出的哲学家所言，公理自己从何而来？这是很主观的。要对支撑公理或激发公理创造的主观性以及公理探索有更好的理解，则社会科学以及对宗教等社会构造的研究会大有助益[299]。① 此外，宗教研究也提出了一个更好地理解物理和社会世界的普遍愿望。因此，可能的结果是，宗教研究会影响到科学方法，而科学方法

① Iannaccone 雄辩地指出，"虽然每个宗教的核心都是信仰，但经济学家们对信仰的形成却语焉不详，无论是宗教式的还是其他形式的，他们对于宗教试图形塑人们的信仰和价值的过程也漠不关心。"[326]

反过来又会影响到宗教研究。虽然当前宗教经济学研究在其方法上非常科学，但它对信仰问题以及有组织宗教机构的成员问题仍然手足无措。我认为这仍然是宗教经济学中的一个重要的有待研究的问题。

宗教经济学作为一个研究领域在最近几十年中发展迅猛。本文就试图对该领域的研究状况进行述评。它论述了世俗化、多元化和经济增长；俱乐部物品、差别化产品和网络；识别问题、世俗竞争和慈善捐赠问题；发展中社会中的冲突与合作；最后阐明了宗教经济学未来发展中的有待研究的问题。如果要对宗教经济学文献笼统地提出一个批评的话，那就是大多数研究都是将经济学范畴内其他学科的思想应用于宗教研究，而反向跨越的文献相对很少，亦即宗教经济学特有的思想能够对经济学整体做出贡献。在我看来，这意味着虽然在这个鲜活的、与政策有关的领域内很多研究正如火如荼地进行着，但还有大量的工作需要去做。

更重要的是，还有很多工作必须去做，因为如果我们回首人类的整个历史，因宗教而死亡的人数远大于股票市场。① 仅此事实就足以使经济学家们对于研究宗教的社会和经济后果兴味盎然。不论我们是否喜欢，事实是宗教在世界的各个角落都仍然是一种巨大的力量，其影响从未间断。鉴于在过去的几个世纪中宗教所控制的资源以及它对个人及其思想的统治力，我们预计必定会有重大的经济后果产生。当然我们用以研究宗教的方法仍然是科学、严格、贴切的，但作为经济学家我们必须想到，如何才能将这种研究转化为适用于当前世界宗教状况的可靠的直觉、实用的经济思想或者社会政策。展望未来，经济学和宗教需要超乎想象地紧密结合。

参考文献

［1］［38］［309］P. Oslington, *Economics and Religion*: Volumes 1 and 2 (Cheltenham, UK: Edward Elgar, 2003).

［2］B. W. Bateman, E. B. Kapstein, "Retrospectives: Between God and the Market: The Religious Roots of the American Economic Association," *Journal*

① 很感谢我剑桥大学的同事 William Brown 能向我指出这一点。

of Economic Perspectives 13 (4) 1999: 249-258.

[3] [76] [96] [106] [160] [326] L. R. Iannaccone, "Introduction to the Economics of Religion," *Journal of Economic Literature* 36 (3) 1998: 1465-1495.

[4] D. L. Chen, D. M. Hungerman, "Economics, Religion, and Culture: A Brief Introduction," *Journal of Economic Behavior and Organization* (104) 2014: 1-3.

[5] R. M. McCleary, *The Oxford Hand-book of the Economics of Religion* (Oxford and New York: Oxford University Press, 2011b).

[6] P. Oslington, *The Oxford Handbook of Christianity and Economics* (Oxford and New York: Oxford University Press, 2014).

[7] [78]D. S. Landes, *The Wealth and Poverty of Nations: Why Some Are So Rich and Some So Poor* (New York and London: WW Norton and Company, 1998).

[8] [171] [269] [308] [322] P. Norris, R. Inglehart, *Sacred and Secular: Religion and Politics Worldwide* (Cambridge and New York: Cambridge University Press, 2004).

[9] B. M. Friedman, *The Moral Consequences of Economic Growth* (New York: Random House, Alfred A. Knopf, 2005).

[10] D. Friedman, *Morals and Markets: An Evolutionary Account of the Modern World* (New York: St. Martin's Press, Palgrave MacMillan, 2008).

[11] S. Bowles, "Endogenous Preferences: The Cultural Consequences of Markets and Other Economic Institutions," *Journal of Economic Literature* 36 (1) 1998: 75-111.

[12] R. B. Ekelund, J. R. F. Hébert, R. D. Tollison. "An Economic Analysis of the Protestant Reformation," *Journal of Political Economy* 110 (3) 2002: 646-671.

[13] S. Radhakrishnan, *The Religion We Need* (London: Ernest Benn, 1928).

[14] [21]C. Y. Glock, R. Stark. *Religion and Society in Tension* (Chicago: Rand McNally and Company, 1965).

[15] E. Durkheim, *Les Forms Elementaires de la vie Religieuse/The Elementary Forms of the Religious Life*, 1912, Translated by Joseph Ward Swain, London: George Allen and Unwin, 1915.

[16] [303] G. M. Anderson, "Mr. Smith and the Preachers: The Economics of Religion in the Wealth of Nations," *Journal of Political Economy* 96 (5)

1988: 1066-1088.

[17] [19] R. Mochrie, "How We Forgot What Adam Smith Said about Religion," Paper presented at the International Economic Association World Congress, Dead Sea, Jordan, June 9, 2014.

[18] B. M. Friedman, "Economics: A Moral Inquiry with Religious Origins," *American Economic Review* 101 (3) 2011: 166-70.

[20] A. M. Greeley, "Areas of Research on Religion and Social Organizations," *American Catholic Sociological Review* 23 (2) 1962: 99-112.

[22] R. Stark, W. S. Bainbridge, *A Theory of Religion*, (New York: Peter Lang, 1987).

[23] P. L. Berger, "A Market Model for the Analysis of Ecumenicity," *Social Research* 30 (1) 1963: 77-93.

[24] [304] P. L. Berger, *The Sacred Canopy: Elements of a Sociological Theory of Religion*, (New York: Doubleday, 1967).

[25] [41] [203] [294] R. Finke, R. Stark. *The Churching of America: 1776-2005: Winners and Losers in Our Religious Economy* (New Brunswick: Rutgers University Press, 1992).

[26] [48] [258] R. S. Warner, "Work in Progress toward a New Paradigm for the Sociological Study of Religion in the United States," *American Journal of Sociology* 98 (5) 1993: 1044-1093.

[27] [104] [114] C. Azzi, R. Ehrenberg, "Household Allocation of Time and Church Attendance," *Journal of Political Economy* 83 (1) 1975: 27-56.

[28] [100] R. D. Putnam, D. E. Campbell, *American Grace: How Religion Divides and Unites Us.* (New York: Simon and Schuster, 2010).

[29] [201] [204] [205] [323] R. Finke, "Origins and Consequences of Religious Freedoms: A Global Overview," *Sociology of Religion* 74 (3) 2013: 297-313.

[30] B. J. Grim, R. Finke, "International Religion Indexes: Government Regulation, Government Favoritism, and Social Regulation of Religion," *Interdisciplinary Journal of Research on Religion* 2 (1) 2006.

[31] [36] [270] [307] Pew Research Center Forum on Religion and Public Life, "The Global Religious Landscape," http://www.pewforum.org/2012/12/18/global-religious-landscape-exec/.

[32] M. Hout, C. S. Fischer, "Why More Americans Have No Religious Preference:

Politics and Generations," *American Sociological Review* 67 (2) 2002: 165-190.

[33] [34] M. Hout, C. S. Fischer, M. A. Chaves, "More Americans Have No Religious Preference: Key Findings from the 2012 General Social Survey," University of California Berkeley Institute for the Study of Societal Issues Working Paper, 2013.

[35] [115] T. Kuran, *Private Truths, Public Lies: The Social Consequences of Preference Falsification* (Cambridge, MA: Harvard University Press, 1995).

[37] J. Viner, "Religious Thought and Economic Society: Four Chapters of an Unfinished Work," *History of Political Economy* 10 (1) 1978: 1-189.

[39] [54] [71] [74] R. J. Barro, R. M. McCleary, "Religion and Economic Growth across Countries," *American Sociological Review* 68 (5) 2003: 760-781.

[40] [56] [61] [146] R. J. Barro, R. M. McCleary, "Which Countries Have State Religions?" *Quarterly Journal of Economics* 120 (4) 2005: 1331-1370.

[42] D. Voas, "The Continuing Secular Transition" In *The Role of Religion in Modern Societies*, edited by Detlef Pollack and Daniel V. A. Olson (New York and London: Taylor and Francis, Routledge, 2007: 25-48).

[43] D. V. A. Olson, "Toward Better Measures of Supply and Demand for Testing Theories of Religious Participation," In *The Oxford Handbook of the Economics of Religion*, edited by R. M. McCleary, Oxford and New York: Oxford University Press, 2011: 135-150.

[44] [50] [310] M. McBride, "Religious Pluralism and Religious Participation: A Game Theoretic Analysis," *American Journal of Sociology* 114 (1) 2008: 77-106.

[45] [51] [99] [113] [145] J. D. Montgomery, "A Formalization and Test of the Religious Economies Model," *American Sociological Review* 68 (5) 2003: 782-809.

[46] [49] [72] D. Voas, A. Crockett, D. V. A. Olson, "Religious Pluralism and Participation: Why Previous Research Is Wrong," *American Sociological Review* 67 (2) 2002: 212-230.

[47] R. Finke, R. Stark, "Religious Economies and Sacred Canopies: Religious Mobilization in American Cities, 1906," *American Sociological Review* 53 (1)

1988: 41-49.

[52] D. M. Hungerman, "Substitution and Stigma: Evidence on Religious Markets from the Catholic Sex Abuse Scanda," *American Economic Journal: Economic Policy* 5 (3) 2013: 227-253.

[53] [147] [148] M. McBride, "Religious Market Competition in a Richer World," *Economica* 77 (305) 2010: 148-171.

[55] [109] R. Stark, R. Finke, *Acts of Faith: Explaining the Human Side of Religion.* (Berkeley and Los Angeles: University of California Press, 2000).

[57] C. M. North, C. R. Gwin, "Religious Freedom and the Unintended Consequences of State Religion," *Southern Economic Journal* 71 (1) 2004: 103-117.

[58] [163] [164] J. Gruber, "Religious Market Structure, Religious Participation, and Outcomes: Is Religion Good for You?", *Advances in Economic Analysis and Policy* 5 (1) 2005, Article 5.

[59] [167] J. Gruber, D. M. Hungerman, "The Church versus the Mall: What Happens When Religion Faces Increased Secular Competition?", *Quarterly Journal of Economics* 123 (2) 2008: 831-862.

[60] [169] [178] [228] D. M. Hungerman, "Are Church and State Substitutes? Evidence from the 1996 Welfare Reform," *Journal of Public Economics* 89 (11-12) 2005: 2245-2267.

[62] [63] R. M. McCleary, R. J. Barro, "Religion and Political Economy in an International Panel," *Journal for the Scientific Study of Religion* 45 (2) 2006: 149-175.

[64] C. M. North, C. R. Gwin, "The Political Economy of Church and State," Unpublished, 2014.

[65] T. Buser, "The Effect of Income on Religiousness," CESifo Working Paper 4801, 2014.

[66] S. O. Becker, L. Woessmann, "Not the Opium of the People: Income and Secularization in a Panel of Prussian Countries," *American Economic Review* 103 (3) 2013: 539-544.

[67] R. Cesur, N. Mocan, "Does Secular Education Impact Religiosity, Electoral Participation and the Propensity to Vote for Islamic Parties? Evidence from an Education Reform in a Muslim Country," Koç University-TÜSIAD Economic Research Forum Working Paper 1422, 2014.

[68] S. Gulesci, E. Meyersson, " For the Love of the Republic: Education, Religion, and Empowerment," Unpublished, 2013.

[69] D. M. Hungerman, " Do Religious Proscriptions-Matter? Evidence from a Theory Based Test," *Journal of Human Resources* 49 (4) 2014a: 1053-1093.

[70] M. Noland, " Religion and Economic Performance," *World Development* 33 (8) 2005: 1215-1232.

[73] [161] S. N. Durlauf, A. Kourtellos, C. M. Tan, " Is God in the Details? A Reexamination of the Role of Religion in Economic Growth," *Journal of Applied Econometrics* 27 (7) 2012: 1059-1075.

[75] M. Weber, *Die protestantische Ethik und der Geist des Kapitalismus/The Protestant Ethic and the Spirit of Capitalism* (London: Routledge, 1904).

[77] R. M. McCleary, "The Economics of Religion as a Field of Inquiry," In *The Oxford Handbook of the Economics of Religion*, edited by Rachel M. McCleary, Oxford and New York: Oxford University Press, 2011a: 3-38.

[79] R. H. Tawney, *Religion and the Rise of Capitalism* (London: Penguin Books, 1926).

[80] P. S. Gorski, " The Little Divergence: The Protestant Reformation and Economic Hegemony in Early Modern Europe," In *The Protestant Ethic Turns 100: Essays on the Centenary of the Weber Thesis*, edited by William H. Swatos, Jr., Lutz Kaelber, Boulder and London: Paradigm Publishers, 2005: 165-90.

[81] G. Lenski, *The Religious Factor: A Sociological Study of Religion's Impact on Politics, Economics, and Family Life* (New York: Doubleday, 1961).

[82] T. V. Calvacanti, S. L. Parente, Rui Zhao, "Religion in Macroeconomics: A Quantitative Analysis of Weber's Thesis," *Economic Theory* 32 (1) 2007: 105-123.

[83] [86] C. Basten, F. Betz, " Beyond Work Ethic: Religion, Individual, and Political Preferences," *American Economic Journal: Economic Policy* 5 (3) 2013: 67-91.

[84] L. Guiso, P. Sapienza, L. Zingales, " People's Opium? Religion and Economic Attitudes," *Journal of Monetary Economics* 50 (1) 2003: 225-282.

[85] R. Bénabou, J. Tirole, "Belief in a Just World and Redistributive Politics,"

Quarterly Journal of Economics 121 (2) 2006: 699-746.

[87] S. O. Becker, L. Woessmann, "Was Weber Wrong? A Human Capital Theory of Protestant Economic History," *Quarterly Journal of Economics* 124 (2) 2009: 531-596.

[88] S. O. Becker, F. Cinnirella, L. Woessmann, "The Trade-Off between Fertility and Education: Evidence from Before the Demo-graphic Transition," *Journal of Economic Growth* 15 (3) 2010: 177-204.

[89] [311] J. Rubin, "Printing and Protestants: An Empirical Test of the Role of Printing in the Reformation," *Review of Economics and Statistics* 96 (2) 2014: 270-286.

[90] R. D. Woodberry, "Religion and the Spread of Human Capital and Political Institutions: Christian Missions as a Quasi-natural Experiment," In *The Oxford Handbook of the Economics of Religion*, edited by Rachel M. McCleary, Oxford and New York: Oxford University Press, 2011: 111-134.

[91] [93] [94] [95] [312] R. D. Woodberry, "The Missionary Roots of Liberal Democracy," *American Political Science Review* 106 (2) 2012: 244-274.

[92] D. Acemoglu, S. Johnson, J. A. Robinson, "The Colonial Origins of Comparative Development: An Empirical Investigation," *American Economic Review* 91 (5) 2001: 1369-1401.

[97] T. G. Jelen, *Sacred Markets, Sacred Cano-pies: Essays on Religious Markets and Religious Pluralism* (Lanham, M. D.: Rowman & Littlefield, 2002).

[98] G. S. Becker, K. M. Murphy, *Social Economics: Market Behavior in a Social Environment* (Cambridge: Harvard University Press, 2000).

[101] [191] L. R. Iannaccone, E. Berman, "Economics of Religion," In *The New Palgrave Dictionary of Economics*, edited by Stephen Durlauf and Lawrence Blume, (Basingstoke and New York: Palgrave Macmillan, 2008).

[102] [276] A. Bisin, T. Verdier, "'Beyond the Melting Pot': Cultural Transmission, Marriage, and the Evolution of Ethnic and Religious Traits," *Quarterly Journal of Economics* 115 (3) 2000: 955-988.

[103] A. Prummer, J. Siedlarek, "Institutions and the Preservation of Cultural Traits," University of Cambridge Institute for New Economic Thinking, Working Paper, 2014/16.

[105] [116] [317] L. R. Iannaccone, "Sacrifice and Stigma: Reducing Free-Riding in Cults, Communes, and other Collectives," *Journal of Political*

Economy 100 (2) 1992: 271-291.

[107] J. D. Montgomery, "Contemplations on the Economic Approach to Religious Behavior," *American Economic Review* 86 (2) 1996: 443-447.

[108] [295] [296] R. Stark, L. R. Iannaccone, R. Finke, "Religion, Science, and Rationality," *American Economic Review* 86 (2) 1996: 433-437.

[110] [117] [120] E. Berman, "Sect, Subsidy, and Sacrifice: An Economist's View of Ultra-Orthodox Jews," *Quarterly Journal of Economics* 115 (3) 2000: 905-953.

[111] [162] [179] D. M. Hungerman, "Rethinking the Study of Religious Markets," In *The Oxford Handbook of the Economics of Religion*, edited by Rachel M. McCleary, Oxford and New York: Oxford University Press. 2011. 257-74.

[112] M. Eswaran, "Competition and Performance in the Marketplace for Religion: A Theoretical Perspective," *The B. E. Journal of Economic Analysis & Policy*, 11 (1) 2011: Article 14.

[118] [121] [172] D. L. Chen, "Club Goods and Group Identity: Evidence from Islamic Resurgence during the Indonesian Financial Crisis," *Journal of Political Economy* 118 (2) 2010: 300-354.

[119] J. A. Aimone, L. R. Iannaccone, M. D. Makowsky, J. Rubin, "Endogenous Group Formation via Unproductive Costs," *Review of Economic Studies* 80 (4) 2013: 1215-1236.

[122] [221] R. Abramitzky, "The Limits of Equality: Insights from the Israeli Kibbutz," *Quarterly Journal of Economics* 123 (3) 2008: 1111-1159.

[123] [222] R. Abramitzky, "The Effect of Redistribution on Migration: Evidence from the Israeli Kibbutz" *Journal of Public Economics* 93 (3-4) 2009: 498-511.

[124] C. D. F. Bader, C. Mencken, J. Parker, "Where Have All the Communes Gone? Religion's Effect on the Survival of Communes," *Journal for the Scientific Study of Religion*45 (1) 2006: 73-85.

[125] R. Sosis, E. R. Bressler, "Cooperation and Commune Longevity: A Test of the Costly Signaling Theory of Religion," *Cross-Cultural Research* 37 (2) 2003: 211-239.

[126] M. McBride, "Why Churches Need Free-Riders: Religious Capital Formation and Religious Group Survival," *Journal of Behavioral and Experimental*

Economics (58) 2015: 77-87.

[127] G. Levy, R. Razin, " Religious Beliefs, Religious Participation, and Cooperation," *American Economic Journal: Microeconomics* 4 (3) 2012: 121-51.

[128] [213] [215] [229] E. Berman, *Radical, Religious, and Violent: The New Economics of Terrorism*, (Cambridge, M. A. and London: MIT Press, 2009).

[129] E. Berman, D. D. Laitin, "Religion, Terrorism and Public Goods: Testing the Club Model," *Journal of Public Economics* 92 (10-11) 2008: 1942-1967.

[130] M. Ferrero, "Radicalization as a Reaction to Failure: An Economic Model of Islamic Extremism," *Public Choice* 122 (1) 2005: 199-220.

[131] [138] [140] D. G. Arce, T. Sandler, "An Evolutionary Game Approach to Fundamentalism and Conflict," *Journal of Institutional and Theoretical Economics* 159 (1) 2003: 132-154.

[132] [139] D. G. Arce, T. Sandler, "Fitting In: Group Effects and the Evolution of Fundamentalism," *Journal of Policy Modeling* 31 (5) 2009: 739-757.

[133] G. S. Epstein, I. N. Gang, "Understanding the Development of Fundamentalism," *Public Choice* 132 (3) 2007: 257-271.

[134] [135] [136] [318] L. R. Iannaccone, "Toward an Economic Theory of 'Fundamentalism'," *Journal of Institutional and Theoretical Economics* 153 (1) 1997: 100-116.

[137] [319] L. R. Iannaccone, E. Berman, " Religious Extremism: The Good, the Bad, and the Deadly," *Public Choice* 128 (1) 2006: 109-129.

[141] [143] [273] J. Carvalho, "Veiling," *Quarterly Journal of Economics* 128 (1) 2013: 337-370.

[142] D. S. Patel, "Concealing to Reveal: The Informational Role of Islamic Dress," *Rationality and Society* 24 (3) 2012: 295-323.

[144] P. P. Barros, N. Garoupa, " An Economic Theory of Church Strictness," *Economic Journal* 112 (481) 2002: 559-576.

[149] [231] [286] S. Iyer, C. Velu, A. Mumit, " Communication and Marketing of Services By Religious Organizations in India," *Journal of Business Research* 67 (2) 2014: 59-67.

[150] L. R. Iannaccone, M. D. Makowsky, " Accidental Atheists? Agent-Based Explanations for the Persistence of Religious Regionalism," *Journal for the*

Scientific Study of Religion 46（1）2007：1-16.

[151] L. R. Anderson, J. M. Mellor, "Reli-gion and Cooperation in a Public Goods Experiment," *Economics Letters* 105（1）2009：58-60.

[152] J. Henrich, et al. , "Markets, Religion, Com-munity Size, and the Evolution of Fairness and Punishment," *Science* 327（5972）2010：1480-1484.

[153] [155] B. Paciotti, et al. , "Are Religious Individuals More Generous, Trusting, and Cooperative? An Experimental Test of the Effect of Religion on Prosociality," In *The Economics of Religion: Anthropological Approaches*, edited by Lionel Obadia and Donald C. Wood, Bingley, UK: Emerald, 2011：267-305.

[154] R. Sosis, B. J. Ruffle, "Ideology, Religion, and the Evolution of Cooperation: Field Experiments on Israeli Kibbutzim," In *Socioeconomic Aspects of Human Behavioral Ecology*, edited by Michael Alvard, Bingley, UK: Emerald, 2004：89-117.

[156] M. Keuschnigg, J. Schikora, "The Dark Side of Leadership: An Experiment on Religious Heterogeneity and Cooperation in India," *Journal of Socio-Economics*（48）2014：19-26.

[157] F. Lambarraa, G. Riener, "On the Norms of Charitable Giving in Islam: A Field Experiment," Courant Research Centre Discussion Paper 111, 2012.

[158] [159] A. Norenzayan, A. F. Shariff, "The Origin and Evolution of Religious Prosociality," *Science* 322（5898）2008：58-62.

[165] J. M. Mellor, B. A. Freeborn, "Religious Participation and Risky Health Behaviors among Adolescents," *Health Economics* 20（10）2011：1226-1240.

[166] A. Deaton, "Aging, Religion, and Health," In *Explorations in the Economics of Aging*, edited by David A. Wise, Chicago and London: University of Chicago Press, 2011：237-62.

[168] [170] R. Dehejia, T. DeLeire, E. F. P. Luttmer, "Insuring Consumption and Happiness through Religious Organizations," *Journal of Public Economics* 91（1-2）2007：259-279.

[173] D. Beckworth, "Praying for a Recession: The Business Cycle and Protestant Religiosity in the United States," http://papers.ssrn.com/sol3/papers.cfm?abstract_id=1103142, 2009.

[174] J. Andreoni, "Giving with Impure Altruism: Applications to Charity and

Ricardian Equivalence," *Journal of Political Economy* 97 (6) 1989: 1447-1458.

[175] J. Andreoni,"Impure Altruism and Donations to Public Goods: A Theory of Warm-Glow Giving," *Economic Journal* 100 (401) 1990: 464-477.

[176] [182] J. Engelberg, R. Fisman, J. C. Hartzell, C. A. Parsons, " Human Capital and the Supply of Religion," Unpublished, 2014.

[177] National Council for VoluntaryOrganisations and Charities Aid Foundation, "UK Giving 2010: An Overview of Charitable Giving in the UK, 2009/10," Charities Aid Foundation, National Council for Voluntary Organisations, and Office of National Statistics, 2010.

[180] J. Gruber, D. M. Hungerman, "Faith-Based Charity and Crowd-Out during the Great Depression," *Journal of Public Economics* (91) 2007: 1043-1069.

[181] D. M. Hungerman, "The Effect of Education on Religion: Evidence from Compulsory Schooling Laws," *Journal of Economic Behavior and Organization* (104) 2014b: 52-63.

[183] G. H. Hanson, C. Xiang, "Exporting Christianity: Governance and Doctrine in the Globalization of US Denominations," *Journal of International Economics* 91 (2) 2013: 301-320.

[184] [187] H. Oosterbeek, B. Klaauw, "Ramadan, Fasting and Educational Outcomes," *Economics of Education Review* (34) 2013: 219-226.

[185] [189] D. Almond, B. Mazumder, " Health Capital and the Prenatal Environment: The Effect of Ramadan Observance during Pregnancy," *American Economic Journal: Applied Economics* 3 (4) 2011: 56-85.

[186] [188] M. F. Majid, "The Persistent Effects of In Utero Nutrition Shocks over the Life Cycle: Evidence from Ramadan Fasting," Grand Challenges Canada Economic Returns to Mitigating Early Life Risks Working Paper 13-05, 2013.

[190] F. Campante, D. Yanagizawa-Drott, "Does Religion Affect Economic Growth and Happiness? Evidence from Ramadan," Harvard University John F. Kennedy School of Government Faculty Research Working Paper RWP13-052, 2013.

[192] S. Iyer, "Religion and Economic Development," In *The New Palgrave Dictionary of Economics*, edited by Steven N. Durlauf and Lawrence E. Blume, Basingstoke and New York: Palgrave Macmillan, 2008.

[193] [233] [237]T. Kuran, *The Long Divergence: How Islamic Law Held Back the Middle East*, (Princeton and Oxford: Princeton University Press, 2010).

[194] [226] [284]E. Chaney, "Revolt on the Nile: Economic Shocks, Religion, and Political Power," *Econometrica* 81 (5) 2013: 2033-2053.

[195] M. A. El-Gamal,*Islamic Finance: Law, Economics and Practice* (Cambridge and New York: Cambridge University Press, 2006).

[196] [245] F. Yang, *Religion in China: Survival and Revival under Communist Rule* (Oxford and New York: Oxford University Press, 2012).

[197] E. Berman, *Radical, Religious, and Violent: The New Economics of Terrorism*, (Cambridge, MA and London: MIT Press, 2009).

[198] S. Iyer, C. Velu, A. Mumit, "Communication and Marketing of Services By Religious Organizations in India," *Journal of Business Research* 67 (2) 2014: 59-67.

[199] D. Clingingsmith, A. I. Khwaja, M. Kremer, "Estimating the Impact of the Hajj: Religion and Tolerance in Islam's Global Gathering," *Quarterly Journal of Economics* 124 (3) 2009: 1133-1170.

[200] C. Binzel, J. Carvalho, "Education, Social Mobility and Religious Movements: A Theory of the Islamic Revival in Egypt," Institute for the Study of Labor Discussion Paper 7259, 2013.

[202] R. Finke, "Religious Deregulation: Origins and Consequences," *Journal of Church and State* 32 (3) 1990: 609-626.

[206] [207] B. J. Grim, R. Finke, *The Price of Freedom Denied: Religious Persecution and Conflict in the 21st Century* (Cambridge and New York: Cambridge University Press, 2011).

[208] J. Fox, E. Tabory, "Contemporary- Evidence Regarding the Impact of State Regulation of Religion on Religious Participation and Belief," *Sociology of Religion* 69 (3) 2008: 245-271.

[209] B. Eli, D. D. Laitin, "Rational Martyrs vs. Hard Targets: Evidence on the Tactical Use of Suicide Attacks," Paper presented at the Meetings of the Association for the Study of Religion, Economics and Culture, October 22, 2004.

[210] [216] [217] [324] T. Sandler, W. Enders, "An Economic Perspective on Transnational Terrorism," *European Journal of Political Economy* 20 (2) 2004: 301-316.

[211] [214] A. B. Krueger, *What Makes a Terrorist: Economics and the Roots of Terrorism*, (Princeton and Oxford: Princeton University Press, 2007).

[212] P. Keefer, N. Loayza, eds., *Terrorism, Economic Development, and Political Openness*, (Cambridge and New York: Cambridge University Press, 2008).

[218] S. Michalopoulos, A. Naghavi, G. Prarolo, "Islam, Inequality and Pre-industrial Comparative Development," *Journal of Development Economics* (120) 2016: 86-98.

[219] J. Rubin, "Institutions, the Rise of Commerce and the Persistence of Laws: Interest Restrictions in Islam and Christianity." *Economic Journal* 121 (557) 2011: 1310-1339.

[220] J. Gagnon, "With God We Trust: Religion, Trust and Cooperation in Large-Scale Societies," University of Cambridge Working Paper in Economics 1406, 2014.

[223] [224] M. Iyigun, "Luther and Suleyman," *Quarterly Journal of Economics* 123 (4) 2008: 1465-1494.

[225] E. L. Glaeser, G. A. M. Ponzetto, J. M. Shapiro, "Strategic Extremism: Why Republicans and Democrats Divide on Religious Values," *Quarterly Journal of Economics* 120 (4) 2005: 1283-1330.

[227] M. Chaves, *Congregations in America*, (Cambridge, M. A.: Harvard University Press, 2004).

[230] [243] [249] S. Iyer, C. Velu, M. Weeks, "Divine Competition: Religious Organisations and Service Provision in India," University of Cambridge Working Paper in Economics 1409, 2014.

[232] [235] [236] [255] T. Kuran, "Why the Middle East Is Economically Underdeveloped: Historical Mechanisms of Institutional Stagnation," *Journal of Economic Perspectives* 18 (3) 2004: 71-90.

[234] [238] T. Kuran, "Islam and Economic Performance: Historical and Contemporary Links," Unpublished, 2014.

[239] [287] L. R. Iannaccone, F. Bose, "Funding the Faiths: Toward a Theory of Religious Finance," In *The Oxford Handbook of the Economics of Religion*, edited by Rachel M. McCleary, Oxford and New York: Oxford University Press, 2011: 323-342.

[240] [247] S. Jha, "Trade, Institutions, and Ethnic Tolerance: Evidence from South Asia," *American Political Science Review* 107 (4) 2013: 806-832.

[241] T. Kuran, A. Singh, "Economic Modernization in Late British India: Hindu-Muslim Differences," *Economic Development and Cultural Change* 61 (3) 2013: 503-538.

[242] [263] [267] S. Iyer, *Demography and Religion in India*, (New Delhi: Oxford University Press, 2002).

[244] R. M. McCleary, L. W. J. van der Kuijp, "The Market Approach to the Rise of the Geluk School, 1419 - 1642," *Journal of Asian Studies* 69 (1) 2010: 149-180.

[246] G. Richardson, M. McBride, "Religion, Longevity, and Cooperation: The Case of the Craft Guild," *Journal of Economic Behavior and Organization* 71 (2) 2009: 172-186.

[248] A. O. Hirschman, *The Passions and the Interests: Political Arguments for Capitalism before Its Triumph* (Princeton and Oxford: Princeton University Press, 1977).

[250] M. Botticini, Z. Eckstein, "Jewish Occupational Selection: Education, Restrictions, or Minorities?", *Journal of Economic History* 65 (4) 2005: 922-948.

[251] L. Chaudhary, J. Rubin, "Reading, Writing, and Religion: Institutions and Human Capital Formation." *Journal of Comparative Economics* 39 (1) 2011: 17-33.

[252] L. Chaudhary, J. Rubin, "Religious Identity and the Provision of Public Goods: Evidence from the Indian Princely States," Chapman University Economic Science Institute Working Paper, 2013: 13-26.

[253] P. Glewwe, P. H. Ross, B. Wydick, "Developing Aspirations: The Impact of Church-Affiliated Child Sponsorship on Self-Esteem and Life Expectations," Unpublished, 2014.

[254] F. Lambarraa, G. Riener, "On the Norms of Charitable Giving in Islam: A Field Experiment," Courant Research Centre Discussion Paper 111, 2012.

[256] J. Andreoni, "Economics of Philanthropy," In *International Encyclopedia of the Social and Behavioral Sciences*, edited by Neil J. Smelser and Paul B. Baltes, Amsterdam: Elsevier, 2001: 11369-11376.

[257] G. Wills, *Under God: Religion and American Politics* (New York: Simon & Schuster, 1990).

[259] S. Neuman, A. Ziderman, "How Does Fertility Relate to Religiosity: Survey

Evidence from Israel," *Sociology and Social Research* 70 (2) 1986: 178-180.

[260] S. Neuman, "Is Fertility Indeed Related to Religiosity? A Note on: 'Marital Fertility and Religion in Spain, 1985 and 1999'," *Population Studies* 61 (2) 2007: 219-224.

[261] E. L. Lehrer, C. U. Chiswick, "Religion as a Determinant of Marital Stability," *Demography* 30 (3) 1993: 385-404.

[262] A. Adsera, "Marital Fertility and Religion in Spain, 1985 and 1999," *Population Studies* 60 (2) 2006: 205-221.

[264] [275] E. L. Lehrer, *Religion, Economics, and Demography: The Effects of Religion on Education, Work, and the Family* (New York and Abington, UK: Routledge, 2009).

[265] [268] J. Trinitapoli, A. Weinreb, *Religion and AIDS in Africa* (Oxford and New York: Oxford University Press, 2012).

[266] E. Berman, L. R. Iannaccone, G. Ragusa, "From Empty Pews to Empty Cradles: Fertility Decline among European Catholics," National Bureau of Economic Research Working Paper 18350, 2014.

[271] J. M. Pullen, "Malthus' Theological Ideas and Their Influence on His Principle of Population," *History of Political Economy* 13 (1) 1981: 39-54.

[272] B. R. Chiswick, *The Economics of Immigration: Selected Papers of Barry R. Chiswick* (Cheltenham, UK: Edward Elgar Publishing, 2005).

[274] C. U. Chiswick, *Judaism in Transition: How Economic Choices Shape Religious Tradition* (Stanford: Stanford University Press, 2014).

[277] [278] M. Botticini, Z. Eckstein, "Religious Norms, Human Capital, and Money Lending in Jewish European History," In *The Oxford Handbook of the Economics of Religion*, edited by Rachel M. McCleary, Oxford and New York: Oxford University Press, 2011: 57-80.

[279] C. U. Chiswick, "An Economic Perspective on Religious Education: Complements and Substitutes in a Human Capital Portfolio," *Research in Labor Economics* (24) 2006: 449-467.

[280] A. Gill, *Rendering unto Caesar: The Catholic Church and the State in Latin America* (Chicago and London: University of Chicago Press, 1998).

[281] A. Gill, *The Political Origins of Religious Liberty* (Cambridge and New York:

Cambridge University Press, 2007).

[282] E. Meyersson, "Islamic Rule and the Empowerment of the Poor and Pious," *Econometrica* 82 (1) 2014: 229-269.

[283] E. L. Glaeser, "The Political Economy of Hatred." *Quarterly Journal of Economics* 120 (1) 2005: 45-86.

[285] [290] [291] K. D. Miller, "Competitive Strategies of Religious Organizations," *Strategic Management Journal* 23 (5) 2002: 435-456.

[288] [292] M. A. Gentzkow, J. M. Shapiro, "Media, Education and Anti-Americanism in the Muslim World," *Journal of Economic Perspectives* 18 (3) 2004: 117-133.

[289] P. Tracey, "Religion and Organization: A Critical Review of Current Trends and Future Directions," *Academy of Management Annals* 6 (1) 2012: 87-134.

[293] A. Einstein, *Out of My Later Years* (1950) (New York: Carol Publishing Group, Citadel Press, 1956).

[297] D. S. Wilson, *Darwin's Cathedral: Evolution, Religion, and the Nature of Society* (Chicago and London: University of Chicago Press, 2002).

[298] V. L. Smith, *Rationality in Economics: Constructivist and Ecological Forms* (Cambridge and New York: Cambridge University Press, 2008).

[299] J. H. Evans, M. S. Evans, "Religion and Science: Beyond the Epistemological Conflict Narrative," *Annual Review of Sociology* (34) 2008: 87-105.

[300] A. Marshall, *Principles of Economics*, Book Ⅱ, 1890: 32-33, (New York: Prometheus Books, 1997).

[301] J. A. Schumpeter, *History of Economic Analysis* (London: Allen and Unwin, 1954).

[302] E. Rothschild, "Adam Smith and the Invisible Hand," *American Economic Review* 84 (2) 1994: 319-322.

[305] S. Freud, *The Future of an Illusion* (London: Hogarth Press, 1927).

[306] R. Stark, R. Finke, "Beyond Church and Sect: Dynamics and Stability in Religious Economics," In Sacred Markets, Sacred Canopies: Essays on Religious Markets and Religious Pluralism, edited by Ted G. Jelen, Lanham, MD: Rowman & Littlefield, 2002: 31-62.

[313] [314] M. McBride, "Club Mormon: Free-Riders, Monitoring, and

Exclusion in the LDS Church," *Rationality and Society* 19 (4) 2007: 395-424.

[315] D. M. Kelley, *Why Conservative Churches Are Growing* (Harper & Row, 1972).

[316] M. McBride, "Why Churches Need Free-Riders: Religious Capital Formation and Religious Group Survival," Journal of Behavioral and Experimental Economics (58) 2015: 11.

[320] M. D. Makowsky, "Emergent Extremism in a Multi-agent Model of Religious Clubs." Economic Inquiry 50 (2) 2012. : 327-47.

[321] R. Cerqueti, L. Correani, G. Garofalo, "Economic Interactions and Social Tolerance: A Dynamic Perspective." *Economics Letters* 120 (3) 2013: 458-463.

[325] T. R. Malthus, *An Essay on the Principle of Population* (Fifth edition), (London: John Murray, 1817).

（责任编辑：樊祥成）

宗教竞争与罗马的虔诚

罗德尼·斯达克（Rodney Stark）*
袁淑娟 译** 张清津 校

摘　要　宗教经济的市场理论预言，当政府既不支持法定宗教，也不对宗教选择进行限制时，就会存在一定数量的竞争性的宗教团体，其结果是公众宗教奉献的总体水平将会很高。此外，效率更高和更具独创性的宗教组织将日益兴盛而效率不高的组织将衰败。这一预言放到古罗马时期也完全有效。另一个发现则是，政府对那些有激情的当地宗教团体的担心和敌视导致了罗马的宗教迫害，不仅是对基督教徒和犹太教徒的迫害，还有对其他多神教信奉者的迫害。

关键词　竞争性宗教团体　宗教组织效率　古罗马宗教迫害

天主教的一个显著特征就是仪式在公共生活中的普遍使用。“每一次公共活动都从宗教仪式开始，就像元老院的每一个会议议程都由宗教事务引领一样。”[1]事实上，在古罗马，如果没有适当的宗教仪式，任何大事都无法完成。正如约翰·诺斯所言，当一个宗教过于强调仪式程序时，“仪式需要成功地反复举行”就成了一件至关重要的事[2]。在罗马语中“成功”意味着“严格”。因此，在其著名的《自然历史》一书中，元老院元老普林尼指出，“人们认为没有祷辞的祭祀是没有效力的”，但如果

* 罗德尼·斯达克（Rodney Stark），贝勒大学（Baylor University）宗教研究所所长，教授。主要研究领域：宗教经济学。

** 袁淑娟（1966~），山东大学外语学院副教授。

祷辞不合适或仪式执行出现了错误，祭祀同样无效。因此，普林尼继续说，“有人照本宣科地说一些套话，以保证祷辞中没有字被漏掉或次序被颠倒；另有人负责监督检查（这些祷辞）。”他还对“说错祷辞”可能产生的可怕后果予以警告[3]。如果某句话说得不流畅或漏掉了一个字，需要从头再念。例如，一个对本地会众公开举行的仪式一旦被发现与活动不符或执行有误，其结果就是，该集会所做的任何决定都是无效的。

此外，如果不借助占卜，任何公共活动将一事无成[4]。如果征兆不祥，元老院不会开会，军队不会前进，任何决策无论重大与否一律推迟。占卜官根据观察鸟的飞行和鸣叫以及雷鸣来破解征兆。肠卜僧（Haruspices）① 负责解释祭祀动物的内脏。昆德西里（Quindecimvri）则负责查阅西卜林（Sibylline）② 圣谕书。占卜术被看得如此重要，比如在一次公共机构开会期间看到一道闪电，“集会必须马上解散，即使投票已经结束，占卜官们也会宣布无效”[5]。为适应“神灵的情绪”而导致的公共仪式的无所不在以及对公众生活的重新安排，包括对节假日的安排，使得宗教成为日常生活中极其重要的一部分，不仅对罗马贵族来说是如此，对平民百姓也是如此[6]。正是这一点，使那些访客印象深刻。正如希腊历史学家波利比奥斯（203～120 B. C. E.）所言：“在我看来，罗马共和国内最优越的品质，正是他们坚定的宗教信仰。”[7]

但是，罗马的宗教所受到的管制和补贴相对较少。罗马共和国并没有强制实行国家寺院制度，并允许宗教市场自由演化，大量的宗教信仰在市场上相互竞争以获取教众的支持。所有的宗教都任凭市场的摆布，从而不得不相互竞争以获得教众和资金支持。人们出没于不同的寺院，崇拜着不同的神灵，这无关紧要，重要的是，每个寺院都必须吸引足够的支持[8]。罗马宗教组织之间的激烈竞争导致了大量的宗教冲突甚至爆发了残酷的宗教迫害。但它也激发了持续的革新，因为各团体都试图更有效地获得公众的资助。这些组织努力的结果是，在普通罗马公民中创造了程度非常高的宗教参与，这是那些由国家寺院垄断宗教服务的社会所无法比拟的。下面是详细论述。

---

① 肠卜僧（Haruspices），用动物内脏进行占卜的僧人。——译者注

② 昆德西里（Quindecimvri），这是一个用来查阅和解释西卜林书（Sibylline Books）的官方机构，通常由 15 人组成。——译者注

关于宗教市场

不同社会在宗教组织（供应方）的活跃和有效程度方面的差异很大，因为不同社会在对宗教市场的管制程度上也有很大的差异。在古代另外一些社会，例如苏美尔、埃及和希腊，尽管存在着很多祭祀不同神灵的寺院，但这些寺院都是用来服务贵族的，普通民众被拒之门外[9]。其结果是，大多数民众无法参与“官方”宗教，只能通过巫术和散乱的民间宗教来满足个人需求。这一结果不是产生于个人宗教需求（需求方）的差异，而是产生于供应方的态度。

当然，需求也很重要。在所有社会，人们对宗教需求的强度总有不同。所有社会都包含着一系列相对稳定的市场区位（market niches）以及一系列具有不同宗教偏好（需求、兴味或期望）的人。在西方国家、伊斯兰世界[10]以及中国[11]业已发现了大致相同的区位系列，我们有理由推断这是一种普遍现象。做出这样的推断意味着摒弃了这样一个常见而又轻率的说法，即大多数文化中的大多数人都没有宗教选择——最近一个年轻的加拿大社会学家甚至否认北美存在着任何有意义的宗教选择，因为几乎所有的人都是新教徒![12]，H. W. F. Saggs 还声称，在古代，人们没有宗教选择，因为对他们来说，宗教无关信仰，而是关乎事实[13]。但是，即使人们只能看到一种宗教，他们在奉献程度上仍有很大的选择性。即使在史前社会，无宗教信仰现象也相当普遍，正如 Clifford Geertz[14]所充分阐述、Mary Douglas[15]所进一步发展的针对已往时代的观点：“我们需要立刻明白，没有足够的证据证明，在过去的时间里，人类已经达到一个很高水平的灵性。”该观点得到了庞贝城城墙的证明——城墙上刻有“大量亵渎神明的刻画，对维纳斯（城镇的庇护神）的侮辱，或者在小旅店里涂有侮辱爱西丝的淫秽画。如果其他地方保存完好，我们可以假定其场景大致如此”[16]。同样，美索不达米亚的楔形文字牌上也有盗贼偷窃寺院的记载，包括一个胆大包天的盗贼从一个“活”神的胸口盗窃一个镶有珠宝的太阳盘[17]。显然，即使在只有一种宗教的社会里，人们的参与程度也是不同的，有极度虔诚的当然也有极度亵渎的。

不同区位的存在对宗教供应来说具有深远的意义，对任何宗教经济来说多元化都是一种自然状态。单个供应者不可能满足宗教市场上所有的需求，因为任何一个组织都不可能既紧张又松弛，既现世又来世。因此，在其他条件相同的情况下，总会有大量不同的供应者，每一个供应者都努力吸引某一特定区位的会众。在相同的宗教传统中也许有独立的组织，正如基督教中的教派一样。或者它们代表着不同的传统，像古罗马时期那样。重要的是，它们都必须依赖信徒的资助。其结果是，基于宗教经济的多元性，（1）为吸引每一个区位都将有竞争尝试。其结果是，（2）公众宗教参与的总体水平将最大化。此外，（3）效率更高和独创性更强的组织会成长壮大，而效率较低的组织将衰微直至消失。但现实恰恰相反，多元化并不是宗教经济的常态。大多数情况下政府都要施加影响，其结果是，宗教生活仅属于未受挑战的、没有激励的宗教贵族，使总体宗教参与程度最小化。

这一命题符合古罗马的情况吗？

古罗马多元主义的演化

最初，罗马国王负责建造和维护政府寺院。建造的第一个寺院是公元前 7 世纪由卢修斯・塔克文・布里斯库国王建造的丘比特寺。第二个则是戴安娜寺，据说是由塞尔维乌斯・图利乌斯国王建造的。但在公元前 509 年，罗马推翻了国王并首创了由选举产生的元老院执政的共和国。

在共和国的最初岁月，罗马只不过是一个城市，面积只有台伯河沿岸的 130 平方公里，对其他地区毫无影响。但罗马很快得到了大量领土，发动了持续几个世纪的侵略战争。战争胜利也带来了新的神灵，但大部分都没有花费公共开支。元老院几乎没有建造过寺院；罗马宗教几乎完全依赖于私人行为，不仅富人，而且有时候穷人也会和富人一起资助寺院或神殿。很多寺院都是作为出征之前的誓言由军事指挥官建造的，“建造费用通常由战争的战利品和战争获利来支付”[18]。其他的很多寺院则是由信奉不同神灵的教众团体建造的，通常是由居住在城内的很多“外来”团体建造的。政府官员宏观控制着什么可以建造、在哪里建造以及供奉什么样的神灵[19]等。

罗马并不补贴宗教，这可以从神职人员那里看到。在传统的罗马寺院中供职的人并非职业的、专职牧师。当然，在指挥祭奠活动或监督大型的祭祀时，牧师需要露面，但在大部分时间里，照看罗马寺院的只是少数没有任何宗教职责和权威的看门人。此外，除了少数牧师充当元老院的顾问和从事占卜外，几乎所有牧师都不过是充当兼职牧师的良民，履行自己所承担的职责——恺撒大帝就曾于公元前63年被选为打击司长（一个重要的宗教职位）。可以设想，罗马那些充当牧师角色的人要接受某种职业培训，但与苏美尔、埃及或中美洲发现的职业牧师相比，这些培训可能是微不足道的[20]。因为罗马的牧师都是业余的，牧师并非他们的主要工作，“罗马的寺院不是权力、影响或财富的独立的中心……它们没有隶属于寺院的神职人员因而也不能为这些神职人员提供权力基础”[21]。

关于寺院资金问题的残存资料非常零散。正如前述，几乎毫无例外地，寺院是由私人捐助建造而成，其维持和运转得不到政府的任何补贴（或由政府转让土地）。有记录表明，是那些建造寺院的人所提供的捐赠维持着寺院的日常开支[22]，很多零散的残存资料仍然保存着与寺院的维持和整修有关的个人或家庭的记录。请记住，对传统罗马寺院的资助并不包括神职人员，而这正是苏美尔和埃及寺院赖以生存的主要开支。当罗马共和国被皇帝代替后，有的皇帝间或建造或改造寺院——奥古斯都在这方面表现不凡。但即使皇帝的支持也被认作是个人功绩，而非政府开支[23]。

关于罗马寺院是如何依赖于私人资助的，君士坦丁堡皈依之前的3世纪开始的众所周知的寺院捐赠的崩溃也许是最有说服力的证据。在大约公元270年，碑文记载的私人对寺院的捐赠“在一代人之内大量萎缩”[24]。对私人捐赠迅速下降的原因，人们长期以来争论不休。很多人认为，这是由刚刚发生的经济衰退引起的[25][26]。但是，此种糟糕的境况已持续几十年，根本无法解释在同一时期内捐赠数量急速下降的原因，因为在墓碑的数量和开支上根本就没有下降。一个合理的解释是，到公元270年，大城市的基督徒数量已经很庞大而且影响日甚，从而开创了一个宗教不确定性时代，人们发现有必要降低自己的宗教形象——这一时期，基督徒也不经常在墓碑上标明自己的身份[27]。不管什么原因，这个结果是我们所感兴趣的。缺少了捐赠，寺庙开始快速解体。文献和考古证据都证实了那时寺院的衰败："屋顶塌陷，信徒纷纷离开，神像丢失，整个寺院都衰败了。"[28]这里重要的是，不是人们停止了捐赠，而是他们必须弄清这些寺院不是国家寺院时才捐赠。

罗马宗教序列

罗马人以自己的城市为傲，他们不仅欢迎外来文化的人，也欢迎外来的神[29]。早期他们接纳了大量的希腊移民，因为在罗马帝国崛起之前，各类希腊城邦国家已经在意大利半岛上建立了大量的殖民地。很快，罗马人就对希腊文化青睐有加，以至他们不仅引进了希腊众神，而且喜欢将罗马神与希腊神混为一谈。步随希腊诸神的后尘，埃及和近东的神祇也蜂拥而来。此外，罗马还发生了几次新宗教运动，并长期与两个一神教——犹太教和基督教——的传统打交道，由此而改变了历史。

几个主要的神祇在罗马共和国之前就已经确立，为首的是丘比特，他被认作众神之父，并最终与宙斯齐肩。罗马共和国一经建立，神祇的数量急速增加，其中大多数都从希腊引入。这些希腊-罗马神成了罗马的传统宗教。尽管在罗马的各个城市已经建立了很多神庙，但宗教仍然源源而来。来自东方和埃及的信仰不断激发着公众的热情。

这些新信仰中就包含希腊酒神巴克斯（或狄奥尼索斯），这个神秘宗教是以传教团的形式来到罗马的，最后元老院借口酗酒、伤风败俗等莫须有的罪名对其进行残酷迫害。另一个被引入的信仰是女神西布莉及其配偶阿提斯，在罗马人眼中她是伟大的母神。西布莉最初源自弗里吉亚（Phrygia），是由元老院通过一个法案从希腊引入的。西布莉信仰最初引发了政府极大的焦虑和敌意，但无济于事，因为西布莉极得人心，并最终在罗马城拥有6座神庙，而丘比特只有4座（见表1）。接着罗马又从埃及引来了塞拉皮斯（Serapis），两个学究有意识地把塞拉皮斯弄成至高无上的神，而他的女伴爱西丝在几个世纪中一直是因尼罗河每年的泛滥而生发的女神，现在也被塑造成一个向往一神教的虔诚教徒（但实际并非如此）。爱西丝在罗马非常受欢迎，拥有11座神庙。

表 1 罗马城中几个主要神灵的神庙数

神　灵	神庙数	神　灵	神庙数
爱西丝（Isis）	11	谷神（Ceres）	1
西布莉（Cybele）	6	戴安娜（Diana，月亮和狩猎的女神）	1
维纳斯（Venus）	4	门神（Janus）	1
丘比特（Jupiter）	4	朱诺（Juno，婚姻神）	1
财神（Fortuna）	3	莱博（Liber）	1
阿波罗（Apollo）	2	战神玛尔斯（Mars）	1
无敌太阳神（Sol Invictus）	2	海神涅普顿（Neptune）	1
医神埃斯库累普（Aesculapius）	1	战神奎里纳斯（Quirinus）	1

资料来源：Beard et al.（1998）：Maps 1 & 2。

表 1 展现的是罗马城主要神灵崇拜的已知神庙数量。上面已经说过，爱西丝的神庙是最多的，西布莉紧随其后。其后是维纳斯和丘比特，各有 4 个，财神有 3 个，阿波罗和无敌太阳神各有 2 个。另外 9 个神都只有 1 个。当然，还有很多别的神灵在万神殿都有自己的位置，而且各类神灵的小神龛遍布全城。还有一些神庙是用来敬拜“天子”皇帝的。

除了新引进的“异教”外，很多分散的犹太社区也在罗马各地建立起来，建在罗马市区的犹太社区大约兴起于公元前 2 世纪中叶[30]。在这一时期，犹太教传教活动非常活跃，很多学者都认为，大量散居的犹太人是改教者[31]-[33]。在恺撒统治时期，基督教来了。

罗马人还创建了一些属于自己的新宗教。长期以来人们相信，正是在罗马而不是在近东，波斯太阳神（Mithras）最先受到崇拜并遍及罗马军队[34]。公元 274 年，奥勒（Aurelian）皇帝树立起一个新的神灵——无敌太阳神（Sol Invictus）。跟爱西丝一样，无敌太阳神也是一个接近一神教的异教。

这一大串教派是一个变化多端的混合物，这主要是因为传统的神缺乏压制其他宗教的竞争力。

竞争优势

为什么来自埃及和东方的新教会源源不断地进入罗马呢？而且，为什么这些新教派在吸引和维持教众方面又远远超过传统神庙呢？

一百年前，比利时伟大的历史学家克蒙特（Franz Cumont）就对这些新教何以在罗马大获成功进行了精辟的分析[35]。克蒙特认为：新宗教之所以成功，是因为它们“生产出巨大的满足”，它们用三种方式达此目标，我们觉得还应该添加第四、第五种方式。第一，“它们更强烈地借助于官能”，所以更能够激发人的情感，特别是在敬拜活动中。虽然克蒙特没有明言，但传统罗马宗教最缺乏的情感成分是爱。罗马人相信，在他们需要时神灵会施以援手，但他们不相信神灵爱他们——的确，丘比特的形象就是对人类的忧虑无动于衷。因此，罗马多神教徒经常会惧怕神灵，他们崇拜部分神灵，嫉妒所有的神灵，但他们并不爱这些神灵。他们不同于部分罗马人爱基督和爱西丝的方式。第二，东方的宗教就像诉诸“良心”的宗教一样，直接诉诸个人，而不是社区。第三，它们通过占有书面经文和提供良善而强大的神灵肖像来“满足有才识的人”。第四，它们更看重女性，有的甚至为她们提供当领导的机会。第五，新宗教并不满足于信徒前来敬拜，而是将它们的信徒拢进一个有组织的、非常活跃的社区之中，并向他们提供具有极大社会性和精神性回报的生活。

激发情感

在罗马，传统宗教主要是举办素常的市民庆典和不定期的节庆。它们企图利用传统的神灵向个人和社区提供富足的生活。这大多需要祭祀主持的公共仪式，而且还需要一点圣歌和祭品。即使是对特定神灵的群体“崇拜”，通常也需要用动物祭祀，随后就是大吃一顿[36]——亚历山大的克莱门特（Clement of Alexandria）据此写下了如下文字：“我相信人们发明了献祭是为了找借口大快朵颐。”在任何情况下，希腊-罗马的宗教都会将宗教情感导向“宗教生活的细枝末节”[37]。

相反，新传入的宗教更看重庆祝、欢乐、入迷（ecstasy）和激情。音乐在仪式中成了主角——不仅有长笛和号角，还有大量的合唱、群舞。至于入迷，说起来很像现代的五旬节（pentecostalism）——人们进入一种恍惚状态并胡言乱语。在公元2世纪，卡帕多西亚的医生阿里提亚斯就描述过母亲神西布莉的崇拜者进入了一种痴迷的“癫狂”状态。“这种癫狂就是神灵附体。当他们结束癫狂时，精力旺盛，怡然自乐，就像因接近神灵而变得神圣起来一样。”[38]正如库芒特（Cumont）所总结的，新“宗教触动了每一根情感神经，满足了人们对宗教情感的渴望，这些宗教情感是刻板的罗马教条所一直试图压制的”[39]。

但如上所言，传统罗马宗教所缺乏的情感并不简单的是入迷和舞蹈。罗马神灵有很多缺陷，其中最重要的是它们既不爱人也不可爱。传统罗马的神灵形象跟希腊、苏美尔和埃及的神灵一样，本质上是永生的和拥有超自然力的人类。这些神灵不仅常犯错误，而且在道德风尚方面往往不尽如人意。它们经常受困于嫉妒、贪婪、傲慢和肉欲。只要得到恰当和足够的安抚，它们就对人类或人类事务了无兴趣。因此，即使面临严重的危机，罗马人争取神灵庇佑时也不采用人格化的仪式。相反，爱西丝的信徒会以充满深情爱意的方式跟她对话，基督徒的欢乐则来源于知晓基督的爱。

个人主义和美德

罗马的传统神灵“主要是国家之神”，而非个人之神[40]。跟苏美尔和埃及一样，传统的罗马宗教所追求的“救赎”是为了城市和国家，而非个人。此外，除了从人类那里获得恰当的尊崇之外，希腊-罗马神灵似乎对人类行为漠不关心，无所谓高尚或者邪恶——“道德上的不轨不会被看作冒犯神灵”[41]。更糟的是，这些神灵还会把一些撒谎、偷窃、强奸、通奸、背叛和斗殴等奉为圭臬。

相反，来到罗马的新宗教并不热衷于把市民事务神圣化，而是转向个人的精神生活，着重于个人的道德，并提供了各种救赎方法——它主要不是让城市受罚或得救；个人可以“清洗心灵中的污垢……恢复失去的纯真”[42]。很多新宗教更看重洁身和清除罪孽，并在入教仪式上设置了赎罪方法——各种方式的洗礼已经司空见惯。此外，爱西丝和西布莉的信徒都要践行正式的忏悔，这在传统的神庙中是没有的[43]。赎罪并不仅仅通过仪式来实现；很多新宗教要求自我牺牲和吃苦，有时还要经受身体的苦痛来证实个人的忏悔。

精致（Sophistication）

对于罗马人及罗马社会，历史学家和哲学文本的描述汗牛充栋，但对于传统罗马宗教却只言片语。“他们没有用文本来表述他们的信条和教义，也没有向他们的信徒阐释其仪式或道德律令”[44]。相反，新宗教则十分擅于书籍这一载体。不仅犹太教和基督教，而且酒神、西布莉、爱西丝以及太阳神等以大量书面形式“吸引文雅的心灵”[45]。而且新宗教所描绘的神灵形象深入人心——西布莉、爱西丝、酒神、太阳神的很多信徒“都只认可他们自己的神灵”[46]，即使他们不宣称他们的神灵是唯一的，也认为其是至高无上的。

正如库芒特所概述的，新宗教“同时作用于感官、理智和良心，进而统摄整个人。相比于古代教义，它们的仪式更华美、教义更真切、道德更超越……对罗马神灵的敬拜是市民的职责，而对外来神的敬拜则是个人信仰的表达”[47]。

但库芒特没有认识到性别和组织是更为重要的另两个因素。

性　别

罗马女性的境遇极为悲惨，她们不满十岁就要嫁给年龄远长于她们的男人，并幽居深宅与世隔绝。她们可以出席“大多数宗教场合，但她们没有机会积极地扮演任何的宗教角色”[48]。在各种传统神庙中存在有女祭司，但仅限于敬拜女神，她们受到的管制要比男祭司严厉得多——维斯塔贞女就因为过错而被活埋！

相反新宗教为女性提供了大量的宗教机会，而且在家庭中为她们提供了更高的安全性和地位。因此，基督教一经出现，罗马妇女就蜂拥而入[49]。这种局面在其他新宗教中出现的更早。试想一下，在基督教到来的几个世纪之前就已经在罗马发展起来的酒神“崇拜”，它对女性的吸引力似乎很大[50]。后面我们将讨论他们的所作所为如何招致了元老院残酷的镇压。在元老院所谓的“罪名”中，就有男人和女人在团体中共享领导权[51]。无论是男性领导权还是女性领导权，都符合罗马规范，但男女不能共享。

随着敬拜伟大女神西布莉（伟大母亲）和爱西丝神庙的建立，女性的装束和行为都大大冒犯了罗马官员——这两个宗教都被罗马官员贬低为“朝着”女人。但情况并非如此。新宗教吸引了热情的女性，同时也很受男人欢迎，而且男女都可以充任祭祀[52]-[55]。散居的犹太教徒也不喜欢这一点。由于以色列的元老鞭长莫及，犹太妇女在很多犹太教会堂中充任领导，其职位包括“长老”（elder）、“教会堂主”、“教会堂之母”[56]-[58]以及“执行官”。这在士麦那（Smyrna）等地所发现的碑文可以佐证[59]。

组　织

让新宗教脱颖而出的，并不仅仅是因为文本记录和道德关怀、歌唱、自由的表大，甚至男女平等。最重要的原因是它们有能力通过让人们参加聚会和活跃的信众群体活动而动员起信徒。

可以说罗马宗教在社团方面几无建树。典型的情况是，某个神灵的信徒会因献祭和聚餐而几个月聚会一次，此间几无他事[60]。而新宗教则希望其信徒每日自行敬拜，每周礼拜，甚至更经常。抛开聚会的强度不说，单说频率就使得这些宗教团体成为其信徒生活的中心。这是前所未有的，“至少到共和国中期，罗马没有特别的宗教团体的迹象，即：男女人众主要因为宗教选择的原因而聚集在一起的团体……没有自发的宗教社团。”[61]换句话说，希腊-罗马神灵只有顾客和节庆，而没有成员和日常仪式。正是新宗教“提供了新的社团理念……一个更强烈的身份认同”[62]。正如John North所言，“新成员加入时对它的奉献要求显然更高……以个人经验与神灵沟通的意识也得以加强。与新的组织相对应的是宗教生活的强化，以及宗教经验在新入教者的生活中所占据的位置”[63]。

如此，新宗教的信奉者就有了独特的宗教身份。“我们能够也的确是通过宗教来确定他们的身份，以前的几百年中人们对此一无所知……其所具有的重要性如何夸大也不过分。”[64]虽然不像犹太教和基督教那样具有排他性，但酒神、太阳神、爱西丝和西布莉崇拜都希望信徒不再频繁地更换神庙，完全献身于自己所属的神灵。为了这一目的，他们选取了一个清晰的宗教身份，即要求并维持一个紧密的联系和一个非常活跃的宗教社团，即一个集会（congregation），而不是成为顾客（clientele）。像犹太教徒和基督徒一样，这些异教徒也将他们的宗教团体视为他们社会生活的中心。要做到这一点，他们不仅要提高自己的奉献（Commitment，是指信徒对教会的付出包括精神付出。有的译作“委身”，此处译作“奉献”，既包括精神付出，也包括物质付出。——译者注），同时又通过奉献而获得更大的奖赏，因为其他成员会因此而奖赏他。正是因为这些宗教团体与众不同，而且提供了密切交往从而建立紧密联系社会的机会，它们使得自己成员的奉献和忠诚程度更高[65]。

正是这些宗教团体的异军突起和勠力同心，引起了罗马官方的焦虑并导致攻讦。罗马统治者不只担心隐秘或半隐秘的团体，他们还担心所有的自发团体会成为异议或反叛之源。所以，在公元1世纪初罗马统治者颁发了一道命令来限制私人聚会。奥古斯都时期“通过了一部范围更广的社团法，要求所有社团须经元老院和皇帝批准”[66]，但此类许可很难获准[67]。小普林尼（Pliny the Younger）曾在一场严重火灾之后给皇帝图拉真写信，请求准许他建立一个消防志愿者行会。皇帝回信回绝了他的要求，理由是“此类团体一直是政治动荡之源……如果人们为了一个共同的目的而聚集，无论我们给它什么名称或为了什么理由，它们都会转变为政治组织”。

因此，很多宗教团体时常受到罗马政府的迫害，不仅是基督教和犹太教，还有其他宗教。

冲　突

古埃及除了法老阿肯那顿试图强制推行一神教，并与犹太教产生了摩擦这个小插曲之外，没有迹象表明古埃及历史上有过大的宗教争端。苏美尔历史亦复如是。至于希腊，只有因毁坏荷马塑像以及对苏格拉底“不敬”两起微小事件，否则其历史将会是波澜不惊[68]。这种平静所反映的是没有遇到大的挑战，而非宽容——毕竟，在勾画其理想国时，柏拉图提议任何不遵从官方宗教的人都应该处死。

古罗马的情况则大相径庭。没有人对希腊诸神的大规模进入称心如意。公元前1世纪，讽刺诗人卢西恩（Lucian）写了一篇小品文，内中提到奥林匹斯山上的诸神为酒食不足而焦虑——特别是新来的神都是些“说着各种方言暴食暴饮的乌合之众”（Lucian，Deorum Concilium，14）。但激烈的偏见并不是针对新来的神本身，而是因为它们激发了那些痴迷的信徒举行集会。

追随酒神

现在酒神这个词常常用来指酒鬼，因为罗马元老院在公元前 186 年“残酷镇压”[69]酒神崇拜这个团体时，就这么称呼他们——显然这是莫须有的罪名[70][71]。不幸的是，很多研究罗马宗教的历史学家基本根据两个资料来阐释这一事件。第一个资料来自李维（Livy），他的报告书更像小说而非历史：一个好孩子是如何被邪恶的妈妈带入这个可怕的团体[72][73]。第二个资料是元老院颁发的谴责该团体并发布条例责其遵守的法令。根据李维的记录，可以说这个团体实施了所有的犯罪行为：人祭、强奸、性放纵、酗酒，等等。根据李维的说法，犯罪至少涉及 7000 人，其中包括“某些贵族，有男人，也有女人”。因此，该团体的男性领导人遭到逮捕并被处以死刑，另有一些人自杀，“妇女作为惩罚被移交给其亲戚”[74][75]。如果这些判决真有其事，并且所指控的罪名确凿无疑，那么元老院的法令则到了荒诞的地步。

元老院的法令起始于禁止供奉酒神神龛（接到命令后十日内必须拆除）。但该团体本身没有被取缔，只是其聚会的规模和功能受到了限制。元老院指令，他们的聚会人数不能超过五人（其中男性不能超过两人），他们不能拥有共同基金，不能有相互义务方面的誓言。此外，还禁止他们秘密举行庆祝仪式，男性不能当祭祀。仅此而已！禁止强奸、酗酒、群交或人祭等传言都是无中生有，很显然，这些传言是个别元老院议员“为了给这个有争议的决定提供借口而产生的奇思怪想”[76]。

一个同样虚假的说法是，这个突然出现的团体是罗马土生土长的，在罗马元老院采取行动之前酒神节已经举办了一段时间，时间之长足以在全罗马吸引大量信徒。[77]-[79]此外，酒神崇拜并非肇始于罗马；它是来自“东边”希腊的舶来品，甚至连李维都因此而谴责一个无名的希腊祭祀和传教士[80]。所以，我们无须从李维的字里行间或者元老院的布告中去寻找该团体的起源，去了解它所涉及的内部问题。我们需要重新发现这段历史。人们已经发现了大量的有关酒神的文献，包括很多有重大发现的最新报道。[81]

根据这一文献可以考察两个根本问题。这一运动的真相是什么？是什么促使元老院做出如此有限却激烈的反应？

酒神信仰特别明确地许诺那些新入教的人，他们在死后可以进入极乐世界，那些先入教的教友在那里与他为伴。已发现的一个常青藤叶子形状的金盘铭刻着这样的文字，“要告诉普西芬尼，酒神已经让你自由了”[82]。常人只需入教并奉献给酒神，即可逃离传统罗马宗教所赋于的来世的凄凉生活，享受永久的欢乐：“此刻你已经死亡，但此刻你又重生，再三祝福，就在今日。”[83]这是一个显著的变革，让每一个人，无论穷富都有充足的入教理由。

充满诱惑的来世是酒神教独有的特性，可以说，罗马元老院对此似乎视而不见——事实上在几十年中他们始终如此。但对皈依者更具吸引力的是，酒神崇拜使其成员陷身于无比强烈的团体生活之中。起初在希腊，它只是一个仅限于女性的团体，随后成为男性和女性分别活动的团体，转移到罗马后，成为混合的团体。此外，这种聚会不像在希腊时一年仅几次，现在酒神教至少每周聚会一次。为了不干扰其他事物，他们在自己的神庙或神殿中夜间聚会。要入教，就必须参加团体的神秘仪式并庄重宣誓自己的热诚和忠心[84]。

这些事实告诉我们，酒神教信徒不是一些偶尔参加定期祭祀节庆的人——他们是紧密团结成一个热情的、有强烈自我意识的群体。正是这一点导致了元老院的反对。无疑，关于他们张扬的活动的传说（对其他还没流行开的宗教团体也有类似的说法）也激发了元老院的恐惧，但罗马元老院真正要镇压的是这个团体的集会性质——其定期的聚会、正式的组织结构、成员之间密切的联系、在一个男女都有的团体中女性突出的作用以及最重要的——成员很高的奉献程度。元老院正是把这些东西看作一种威胁，而且“必欲铲除而后快”[85]，而不是吵吵闹闹的欢宴。

西布莉到来

因为历史没有记载，西布莉的起源无迹可循。很多学者认为她是从原始宗教中的母亲女神演变而来[86]。在很多传说中，西布莉的神话来源于安那托利亚（Anatolia，小亚细亚古名——译者注）中部的弗里吉亚（Phrygia，位于现在的土耳其）的玛塔尔（Matar）。公元前 8 世纪的考古证据表明，在弗里吉亚，玛塔尔是“最重要的神灵形象”[87]。不幸的是，这些说法既无遗址亦无化石可以佐证，所以关于玛塔尔“神话”我们几乎一无所知。直到她在希腊被称作“凯布莉”（Kybele）和在拉丁文中被称作“西布莉”，她才广为人知。显然有关她的传说大多不是起源于弗里吉亚。在希腊-罗马传说中，西布莉跟阿提斯关系密切，阿提斯的阉割、死亡和重生均与她有关。但阿提斯在弗里吉亚似乎无人知晓，因为玛塔尔通常以单个神的形式被描绘出来，她的男性同伴被刻画得很小，这表明他们只是“随员，而非同等重要之人”[88]。

再回到希腊-罗马的西布莉叙事，我们常读到一个英俊非凡的弗里吉亚牧师——阿提斯（在很多解释中，他是一个超自然形象），他与西布莉坠入爱河。不幸的是，这个年轻人与另一个少女有染被西布莉发现。在极度愤怒中，西布莉弄得阿提斯精神失常，在癫狂迷蒙中他阉割了自己，他失血垂死在一棵松树下。西布莉悲恸欲绝，她让阿提斯重生，此后他成为她的伴侣。在这个神话中阿提斯从未成为主角，仅沦为西布莉的情人——一个配角。但是，他自宫的事成为西布莉崇拜的主要特征。一方面，西布莉崇拜最庄重的仪式就是牛祭（taurobolium），即把牛弄在木板上宰杀，新入教的人要躺在木板下让牛血浸身——这是为了纪念阿提斯的自残。他们相信，牛血洗却了入教者的过去，让他们新生。阿提斯的故事与西布莉崇拜关联起来的一个显著点也许是，“西布莉的祭祀官都是阉人；在狂喜中自宫是入教程序的一部分”[89]。西布莉神话和祭祀自宫可能在希腊得到了发展，因为伟大的母亲神到达罗马时，二者都已经定型。

就像基督教通过让康斯坦丁大帝在米尔维安（Milvian）大桥之战中取胜而获得巨大影响一样，因为特尔斐的先知（oracle at Delphi）证实了西贝林圣书（Sibylline Book）中暗含的预言，即西布莉将使罗马战胜汉尼拔，公元前 204 年元老院一纸敕令将西布莉带入罗马。西布莉进入罗马几个月后，预言应验了。很快，罗马在帕拉坦山顶上就为西布莉建了神庙，并为女神做了银像，脸部用的是陨石，她被正式接纳为罗马之神，并被崇拜了 500 多年。每年 3 月 27 日，西布莉银像都要举行一个重生仪式，她的祭祀将她带到第伯尔河最近的一个支流为其洗澡，然后再带回神庙。

很快，五味杂陈的西布莉使罗马人爱恨交加。西布莉崇拜具有狂野、破坏性。“（西布莉崇拜）热烈的狂喜和阴郁的狂热与官方宗教沉稳和谨严形成了强烈的对比。”[90]她被称作盖利（galli）的祭祀，非常善于让人痴狂。他们不仅在入教时自己痴迷，而且此后还会穿得女里女气、涂脂抹粉、卷曲头发、满身香气，看起来像女人一样。虽然同性恋没有冒犯罗马，但罗马绝对被女人气吓着了。但罗马又不能质疑女神的威力——她刚刚消除了迦太基的威胁。于是他们觉得，在这个宗教感染群众之前先把它隔离起来，但看在女神的面子上，可以让她们的“野蛮”仪式继续举行。于是西布莉一年一度地受到所有罗马人的尊崇，她的“祭祀身着各色衣服、佩戴大量首饰、打着手鼓，在大街上鱼贯而行”[91]。但在其他时间，祭祀们“会被隔离，不能接触罗马人，他们的邪教很多只能在神庙中进行”[92]。此外，法律禁止罗马市民成为西布莉祭祀。

在漫漫时间长河中，西布莉适应了罗马，罗马也适应了西布莉。阿提斯神话逐渐式微，罗马人也能成为祭祀了。一旦解禁，西布莉团体就遍地开花，这再一次触及关键问题，即：热情而活跃的皈依者组成的宗教团体不再是单一的种族或社会阶层，而是根据自由入会原则组织起来的一个混合团体。正是这些宗教团体“使罗马宗教生活发生了最根本的变化”[93]。

而西布莉并不孤单。来自埃及的另一个新女神也迅速吸引了信徒并激怒罗马官方。

爱西丝西行

爱西丝起初是一个司职尼罗河泛滥的埃及自然女神，在亚历山大大帝的战友、埃及的第一个希腊统治者托勒密一世把她擢升为救星女神或“人类救星”之后，她在希腊社会获得了大量的拥趸[94]。

就像希腊其他一些神灵移入罗马一样，爱西丝很快也由希腊商人和水手运进罗马。大约公元前100年为爱西丝而建的第一座神庙在庞贝拔地而起，随后在罗马也有了她的一座神庙。

跟其他新兴宗教相比，爱西丝鼓励集会，信徒们四散各处定期聚会，他们对其他神灵和神庙既不褒贬也不参加他们的活动。官方也注意到了他们的怪癖。公元前 58 年，元老院取缔爱西丝宗教并强令拆除其祭坛和塑像[95]。10 年后他们重申禁令，而且罗马还在帝国全境征求意见，结果得到的反馈是捣毁这个“讨人嫌又无聊的迷信”的爱西丝祭坛[96]。接着，爱西丝教徒“遭到奥古斯都的残酷镇压”[97]，台比留（Tiberius）拆毁了罗马的爱西丝神庙，并将其祭祀钉死在十字架上。卡利古拉并不是一个宽容的人，但正是他破天荒地允许爱西丝神庙建在战神广场（Campus Martius），在公元 3 世纪初期卡拉希勒（Caracella）登基之前，爱西丝神庙就可以矗立于朱比特神庙了（Capitol）[98]。

所以，当爱西丝西进的时候，她遭遇了罗马人对外来神灵的极力反对，特别是从埃及来的。而当官方对爱西丝开始容忍的时候，罗马的知识界仍然对来自埃及的任何事物都愤恨不已，特别是对宗教[99]。

密特拉教

密特拉神（Mithras）经常与波斯的米特拉神（Mitra）混为一谈。密特拉是一个新神，因为他与太阳联系密切，所以有时候被称作“密特拉，无敌太阳神”。密特拉崇拜从罗马城开始采取一种神秘祭祀的形式[100][101]。关于其逐渐发展的过程没有任何记录，公元 90 年，该教存在的证据突然出现在了历史记录中。这导致很多学者都同意马丁·尼尔森的说法，即密特拉教是由“一个未知的宗教天才”一次性创造出来的[102]。虽然仍有学者将密特拉教追溯到公元前 6 世纪的伊朗，但它是“一个在一个特定的历史（特别是罗马）语境中独具价值的独立创造”[103]。密特拉教把自己说成是源于琐罗亚斯德和波斯的智慧，从而导致了该教在起源上的混乱。但这可能是为获得信誉和声望而有意进行的造假[104]，这非常类似于很多现代小教派声称自己传承于各种古代团体的做法，如德鲁伊（Druids）。

作为一个秘密宗教，只有入教成员才有资格知晓密特拉信仰的秘密，或者有资格知晓并参与秘密仪式——每个人都要发誓保密。这个事实使得很多作家制造了大量的无稽之谈，他们认为他们已经破解了“密特拉教秘密”[105]。但事实是，关于密特拉教的教义、神秘仪式，以及他们在秘密集会上的所做所为，我们仍然知之甚少。人们已经发现了密特拉教的场所以及一些壁画，其中包括数目繁多的密特拉神——这些场所都是人工挖凿的山洞供团体聚会时使用。这些场所都整齐划一，典型的密特拉神庙长5~7米，宽3~4米，当然这也就意味着，普通的聚会都不会超过50人[106]。由于这些洞穴没有窗户，任何事都只能在油灯或火炬的光亮下进行，昏暗的屋里光影闪烁，强化了宗教仪式的神秘效果。进入神庙要经过一个迷宫式的地下走廊，它似乎对入教仪式颇有作用[107]。

由于密特拉信仰的一个要点是，有人跳上牛背切断其颈动脉，以此祭祀密特拉神，所以就有人认为，祭祀牛是神秘仪式之内在奥秘的一部分（模仿西布莉信仰）。另有人则持怀疑态度，特别是考虑到神殿的狭小，他们认为牛祭祀只是一个象征性的形式。众所周知的是，每一个密特拉神庙都兼做餐厅，每次聚会都提供圣餐。据说他们的伙食类似于基督教的圣餐。基于成员借机重生的信念大家分享面包和葡萄酒，也许用餐的祭辞与基督教大同小异（宗教初创时，他们很容易模仿基督教）。贾斯汀殉道士（Justin Martyr）在成为基督徒之前就拥有关于密特拉教的第一手知识，他对这两个仪式之间的相似性了如指掌，以至他相信，这是恶魔的杰作。特土良（Tertullian）的解释也持此观点。

也许是因为这两个杰出的早期基督徒注意到了类似的宗教密特拉，所以很多现代学者都把它当作早期教会的主要竞争者。19世纪法国著名历史学家欧内斯特·勒南（Ernest Renan）写道：“如果基督教的发展因为某些致命的弊端而受到抑制，那就会成为密特拉教的天下。”[108]这种情况出现过多次[109]-[112]。但情况并非如此，只要瞥一眼已知的密特拉分布图就一目了然[113]，每一个地点的连线很好地勾勒出了罗马帝国的边界轮廓。何以如此？因为总的来说，密特拉是一个军队宗教，其大多数所在地都是旧军营和要塞，它们当然在边境线上了。此时罗马军队还不是全民皆兵，而主要是职业化军队。它不能体现人口特征（已经有大量的日耳曼兵员），与民间几乎没有社会联系——任何军队信仰都不会成为民众运动。

士兵们何以痴迷于密特拉教，可能有很多原因。虽然它不是一个真正的东方宗教，但那些东方宗教大多数引人注目的特征它都有。入教仪式和祈祷仪式似乎激发了信仰者内心深处的情感，它非常强调洗却个人的罪恶。密特拉教有书面经文——可惜都遗失了，但它造就了一些具有强烈奉献精神的小规模的教众聚会，他们频繁聚会，彼此之间建立了密切的关系。密特拉教与真正的东方宗教的不同之处在于它完全排斥女人。这可能与军团有关，但这注定了密特拉教仅仅是一个外围运动。

罗马的反犹太运动

怪异的意识形态驱使当代学者们断言，基督教起源于反犹太运动，如罗斯玛丽·卢瑟（Rosemary Ruether）[114]、朱以撒（Isaac Jules）[115][116]和约翰·盖杰（John Gager）[117]。基于此，他们特别看重《新约》中那些批评犹太人排斥基督以及基督教传教士的段落，尽管他们深知对于敌视犹太人现象在耶稣诞生之前就已经遍及罗马，但这些修正主义者对这些明显的事实避而不谈，却大玩文字游戏。因此，人们承认，古人有时会对犹太人心怀敌意，但这完全是因为政治斗争，如马卡比（Maccabean）家族叛乱——战争常使人们成为铁石心肠。人们认为，这些“偶尔爆发”的愤怒无论是在其基础上还是在其危害性上与反犹太运动都大相径庭，后者完全是一个新生事物，它由基督教引入，因基督教的傲慢和野心而生。如果这是真的，那么很多杰出的罗马知识分子都将是基督徒，尽管其中很多人在耶稣之前就已经有雄文在世了！

罗马伟大的哲学家和政治家吕齐乌斯·安涅·塞涅卡（Lucius Annaeus Seneca）曾指责犹太人是“被诅咒的民族”（引自 Augustine, City of God，6：11）并贬低他们的影响；罗马伟大的辩论家马库斯·图留斯·西塞罗控诉犹太人的礼拜和庆典仪式，说他们“与我们帝国的荣耀与我们名字的尊严格格不入”。（Cicero，Pro Flacco，8：69）；罗马历史学家科内留斯·塔西佗（Cornelius Tacitus）抱怨犹太人“蔑视神灵”，称他们的宗教行为“阴险而恶心”。情况还不止于此，塔西佗认为犹太人已经“深陷于邪恶之中”，并通过彼此之间“固执的忠诚”而“增加财富”，“他们所仇视的世界正成为他们的敌人”[Tacitus，The Histories，5：1~13（The Jews）]。塔西佗的控诉与19~20世纪欧洲流行的反犹太人运动何其相似。

不仅仅是口水仗。罗马人因犹太人试图“将自己的惯例”引入罗马从而“有伤罗马风尚”，于公元前139年驱逐犹太人离开罗马[118]。然后在公元1世纪，罗马皇帝台比留敕令罗马犹太人烧毁自己的宗教服饰，并将所有适龄犹太男丁派往撒丁岛镇压劫掠活动，据塔西佗说，“如果他们因那里的瘟疫气候而死亡，损失会比较小”（Tacitus，Annales，2：85）。此外，所有剩余的犹太人不仅被逐出城市，而且被逐出罗马，“如果抗命不遵则终生为奴”，保林·苏埃托尼乌斯（Paulinus Suetonius）写道：公元70年，罗马皇帝维斯帕先（Vespasian）对帝国内所有犹太人征税，把他们每年交给耶路撒冷神庙的献祭收入囊中。据卡西乌斯·迪奥（Cassius Dio）研究，公元95年，罗马皇帝图密善（Domitianus）因“堕入犹太风尚”之罪名而处死了他的堂弟弗拉菲乌斯·克莱门斯（Flavius Clemens）和另外许多人。

毫无疑问，因犹太人视神灵为幻觉、视神庙为亵渎神灵之地而招致罗马人的憎恶，但是，政府反对他们的原因可能很普通：担心并反对紧密联结的团体。因此，犹太人最大的原罪很可能是牢固、组织良好而分立的社团，这种做法与对酒神信徒以及爱西丝信徒的迫害毫无二致。密特拉教的这个特点被忽略了，显然这是因为皇帝不想冒险与军队发生不必要的冲突。至于西布莉，她被引入罗马作为官方提倡的宗教之后，元老院不得不设法将这个女神与公众隔离开来。

基督徒殉教士

当基督教以类似于犹太教、酒神教以及爱西丝教所采用的热烈、活跃、独立的组织方式出现在罗马时，它遭到的镇压应该是不难预见的。正如吉本（Gibbon）所言，与志愿消防队此类的东西相比，基督徒组织“显得并不是那么清白无辜：他们原则上讲是非法的，而且其后果也是危险的……”（Gibbon，The Decline and Fall…，Book Ⅰ，Chapter ⅩⅥ）。罗马官方喜欢的是那种仅仅满足于不时聚餐的随和的宗教。

公元64年，作为人类火炬的基督徒们的记录消失了，这些文件在尼禄花园被付之一炬。此后基督教被非法化，但禁令并不畅通。在两个世纪中，迫害仅仅是局部的[119][120]。到德西乌斯执政并进行全面迫害时已为时过晚，这时的基督教不再是一个小教派，已拥有大约2%的罗马人口，他们几乎都居住在大城市，这使他们的影响得以放大[121]。基督徒们不仅大量招募奴隶和穷人，他们还努力打入上流社会，这使得他们的成长不仅引人注目，而且影响深远[122]。至此，基督徒已经是数量庞大、组织良好且勇于奉献的社团，镇压已经难以共事——特别是罗马当局错误地采取了自上而下的措施，屠杀主教及其教会领袖，认为群龙无首，教会便会自行消亡。但实际上此时的基督教是一个自下而上的运动，一个主教被杀，大量的候选人又替而代之。

最后的结果当然是传统的神庙在自由市场上无力维持。公元313年，当最后的迫害结束时，基督徒已经增长到罗马全部人口的15%，在很多大城市中都已经成为多数。到了世纪中叶，他们的数量已达到罗马人口的一半，成为城市的主导，巩固了其国家教会的地位，其结果使罗马生气勃勃、相互竞争的宗教经济走到了尽头。

这些宗教冲突和迫害的历史是对罗马所谓持续几个世纪的宗教宽容论的一个有力反驳。这种无稽之谈可能肇始于吉本，他称赞“古代的和润精神”，与此相对应的是犹太教徒的“褊狭而孤僻的精神……（及）偏执无趣”（见 Gibbon，The Decline and Fall…，Vol. Ⅰ：2 and 14），以及基督教“褊隘的狂热”（见 Gibbon，The Decline and Fall…，Vol. Ⅰ：15）。罗马宽容而基督徒和犹太教徒褊狭的说法一再出现，以至到最近的1990年，还有一个著名的历史学家认为“多神教顾名思义就是宽容且包容”[123]。Jonathan Kirsch 也认为：“在古代，没有比罗马帝国的（宗教政策）更开明的了。”[124]为了支持自己的说法，Kirsch 引用了 Ramsay MacMullen “异教徒无非是宽容与传统的海绵体”的说法[125]。Kirsch 还痛惜朱利安大帝未能废止康斯坦丁鼓吹基督教并恢复帝国的异教：“想一想朱利安是如此接近于将敬重与宽容精神带回罗马政体，从而回归西方文明之本，是多么令人神往啊！更令人神往的是，如果他成功做到这一点，我们这个蒙昧的世界该是一个怎样的不同面貌啊！”[126]但是，是谁将基督徒丢给狮子、将爱希斯祭祀钉在十字架上、处决犹太教的皈依者呢？

奉　献

宗教市场论认为，宗教竞争提高了全体居民的总体宗教虔诚程度。一个自然的结论是，由于被补贴的垄断宗教不会受益于群众支持，他们就不会取悦公众——在很多拥有国家寺庙的社会中，大多数人甚至都不允许观看宗教仪式，更不用说参与了。但这并不意味着大多数像苏美尔人或埃及人这样的人不信宗教。但这的确说明，他们要求不高而且不一定实现的愿望——从民间宗教获取满足的愿望——被国家寺庙放弃了[127]。相反，罗马有机会拥有相对热烈而又有竞争性的宗教团体来获取民众支持。但罗马有反应吗？普通罗马人对宗教的热忱是否比拥有垄断性的政府寺庙更高呢？由于没有民意调查，这个问题很难回答。不过，虽然相关事实不多，但这些事实都可以证实这样的说法，即罗马人的宗教热忱度很高。罗马公共生活中奇高的宗教参与度的一个明显的标志，也许是当他们试图将神灵带回罗马时，德西乌斯和戴克里先两位皇帝都认为，让每个人都参与复活运动至关重要，所以他们敕令每个人都获得一个见证供品的官方证书（所以当基督徒拒绝参加时就引发了危机）。无论苏美尔王还是埃及法老，都认为没有理由介入公众祈求神灵之事——他们甚至不允许公众看到神灵或参与神庙仪式。一个合理的推论是，皇帝的包容政策反映了不同的宗教观，即仅有祭祀举办相关仪式是不够的，公众参与范围也很重要——如果社会整体需要神灵保佑，每个人都应该参加祭礼。

这直接导向第二个理由来推断罗马在宗教热忱方面一枝独秀，希腊知识分子对此有所记载。在公元前2世纪中叶，波利比奥斯[128]写道："罗马政府的凝聚力"来自统治阶级，其成员非常在意公众的虔敬，因而在"普通民众"中激发了强烈的宗教情怀。波利比奥斯认为这很重要，因为跟希腊不同，罗马一直无法建立一个由"智者"统治的国家，因此，必须让大众保持"不合理的激情和强烈的怒火"，以审视宗教"看不见的恐惧"。李贝舒茨（Liebeschuetz）认为，罗马人中的这种虔敬"是希腊同类所无法匹敌的"[129]。

衡量公众虔敬程度的第三个标志，是成功的宗教群众运动。西布莉和爱西丝以及酒神教并不仅仅是祭祀组织。每个宗教都吸引了大量的勇于奉献而踊跃的平民信徒。密特拉教也是这样。仅此就使得罗马宗教经济与拥有垄断性国家神庙的经济大为不同。此外，还有几百万的犹太教徒和几百万的基督徒。到公元1世纪，犹太教徒增加到占罗马人口的10%～15%[130]-[132]。早期的基督教并不是穷人和无产者的宗教，对上层经济也有很大吸引力，得益于基督教的宗教动员性，它在各个社会阶层都吸引了大量追随者。实际上，到公元4世纪中叶，至少一半的罗马人口以及城市中一半以上的人口，都成了基督徒。

当然，引证群众运动的成功作为罗马民众宗教参与度高的证据近乎循环论证——相当于这样的主张，即因为一系列不同的竞争行为的存在，多元化和竞争导致了更多的参与。但从概念上看并非如此：这些竞争行为也可能是软弱无力的，从而无法动员公众支持它们。这样行为就失去了意义。

还有一些有形的证据可供引用。关于不同寻常的宗教参与的最有说服力的“真凭实据”是，很多普通的罗马人，甚至很多穷人和奴隶，都参与集资建立神庙，这可以从现在神庙中保存的碑文所列捐资人名单中得到佐证[133]。一个早期研究发现，在罗马为“东方神灵”捐款的人中，有16%可以确认是自由人和奴隶[134]。显然，这个比重高于这些人在城市总人口中所占比重。但考虑到他们的处境，这似乎有很大的代表性。而古代社会的国家神庙却不存在这样的情况。

此外，在西布莉神庙的废墟中，考古学家发现了一个很大的存有她的伴侣阿提斯的红陶塑像的暗窖，这些塑像是从希腊运来献给女神的。重要的是，“这些劣质红陶说明，这些祭品是由贫穷的信徒捐献的”[135]。幸存的记录也证明，罗马人信奉西布莉的行为一旦合法化，很多做祭祀的人都是以前的奴隶[136]。

应当承认，证据并不充分。但也许足够了，因为没有明显的证据来推翻它。

结　语

在社会科学中，理论要想获得广泛的应用，只能用当代事实加以检验——很多时候只能用当代美国的事实。利用任何可能的机会将这些理论应用于截然不同的时代和文化，这是很重要的。本文的主要目的也在于此：宗教经济的市场理论与罗马的宗教生活是如此契合。但还有一个具体的发现，在这个特定的时间和空间，它也许更重要：宗教镇压和迫害的事实，不仅针对犹太教徒和基督徒，还有很多其他的“新兴”异教。这不仅仅是一神论问题，或者对于他们抵制罗马的多神论从而使犹太教徒和基督徒与罗马人发生了不愉快，因为西布莉、爱西丝和酒神教的信徒也有很大的麻烦。这些团体共同的问题是他们对联系紧密的宗教组织的高度奉献。这使罗马精英们感到沮丧。当这些热情的团体日益壮大，而且对它们的镇压一次又一次失败的时候，他们的确感到了恐惧。

参考文献

[1] [3] [4] [5] [6] [7] [41] [128] [129] J. H. W. G. Liebeschuetz, *Continuity and Change in Roman Religion*, (Oxford: Clarendon Press, 1979).

[2] J. North, "Conservatism and Change in Roman Religion," Papers of the British School in Rome (44) 1974: 1-12.

[8] [11] G. Lang, S. C. Chan, L. Ragvald, "Temples and the Chinese Religious Economy," Interdisciplinary Journal of Religious Research (1) 2005, Article 4: www. religjournal. com.

[9] [127] R. Stark, *Discovering God: A New Look at the Origins of the Great Religions*, (San Francisco: Harper San Francisco, 2007).

[10] M. Introvigne, "Niches in the Islamic Religious Market and Fundamentalism," *Interdisiplinary Journal of Research on Religion* (1) 2005: www. religjournal. com.

[12] L. Beamon, "The Myth of Pluralism, Diversity, and Vigor: The Constiutional Privilage of Protestantism in the United States and Canada," *Journal for the Scientific Study of Religion* (42) 2003: 311-325.

[13] [17] H. W. F. Saggs, *The Encounter with the Divine in Mesopotamia and Israel* (London: The Athlone Press of the University of London, 1978).

[14] C. Geertz, "Religion as a Cultural System," In *Anthropological Approaches to the Study of Religion*, edited by Michael Banton, London: Tavistock Publications, 1966: 1-46.

[15] M. Douglas, "The Effects of Modernization on Religious Change," In Religion and America: Spirituality in a Secular Age, edited by Mary Douglas and Steven M. Tipton, Boston: Beacon Press, 1982: 25-43.

[16] [28] [133] R. MacMullen, *Paganism in the Roman Empire* (New Haven: Yale University Press, 1981).

[18] [19] [21] [22] [23] [36] [44] [46] [48] [51] [60] [61] [62] [69] [70] [78] [85] [92] [93] [104] [135] [136] M. Beard, J. North,

S. Price, *Religions of Rome* (*Volume* 1): *A History*. Cambridge (Cambridge University Press, 1998).

[20] [66] [72] M. Beard, J. North, S. Price, *Religions of Rome* (*Volume* 2): *A Sourcebook*, (Cambridge: Cambridge University Press, 1998).

[24] [25] P. Brown, *The Making of Late Antiquity* (Cambridge: Harvard University Press, 1978).

[26] M. Rostovtzeff, *The Social and Economic History of the Roman Empire*, (Oxford: Clarendon Press, 1926).

[27] [33] [121] [131] R. Stark, *Cities of God*: *The Real Story of How Christianity Became and Urban Movement and Conquored Rome* (San Francisco: HarperSanFrancisco, 2006).

[29] J. Scheid, "Graeco Ritu: A Typically Roman Way of Honoring the Gods," *Harvard Studies in Classical Philology* 97 (1995): 15-31.

[30] J. M. Barclay, *Jews in the Mediterranean Diaspora* (Berkeley: University of California Press, 1996).

[31] [132] A. Harnack, *The Expansion of Christianity in the First Three Centuries* (*V*. 1) (New York: G. P. Putnam's Sons, 1904).

[32] [49] [122] [130] R. Stark, *The Rise of Christianity* (Princeton: Princeton University Press, 1996).

[34] [100] [102] [103] [108] [113] M. Clauss, *The Roman Cult of Mithras*, (New York: Routledge, 2000).

[35] [39] [42] [45] [47] [90] [91] F. Cumont, *Oriental Religions in Roman Paganism* (New York: Dover, [1906] 1956).

[37] W. Burkert, *Greek Religion* (Cambridge: Harvard University Press, 1985).

[38] W. Burkert, *Ancient Mystery Cults* (Cambridge: Harvard University Press, 1987).

[40] [43] R. Pettazzoni, *Essays on the History of Religions* (Leiden: E. J. Brill, 1954).

[50] [52] [57] R. S. Kraemer, *Her Share of the Blessings*: *Women's Religions among Pagans*, *Jews*, *and Christians in the Greco-Roman World* (Oxford: Oxford University Press, 1992).

[53] [86] [87] [88] L. Roller, *In Search of God the Mother*: *The Cult of Anatolian Cybele* (Berkeley: University of California Press, 1999).

[54] [99] M. D. Donalson, *The Cult of Isis in the Roman Empire* (Lewiston, ME:

Edwin Mellen Press, 2003).

[55] S. K. Heyob, *The Cult of Isis among Women in the Greco-Roman World*, (Leiden: E. J. Brill, 1975).

[56] B. Brooten, *Women Leaders in the Ancient Synagogue* (Chico, C. A.: Scholars Press, 1982).

[58] P. Tribilco, *Jewish Communities in Asia Minor* (Cambridge: Cambridge University Press, 1991).

[59] R. M. Grant, *Augustus to Constantine: The Rise and Triumph of Christainity in the Roman World* (San Francisco: HarperSanFranciso, [1970] 1990).

[63] [76] [77] [80] [84] J. North, "Religious Toleration in Republican Rome," *Proceedings of the Cambridge Philological Society* (25) 1979: 85-103.

[64] J. North, "Rome" in *Religions of the Ancient World: A Guide*, Edited by Sarah Iles Johnston (Cambridge: Belknap Press of Harvard University Press), 2004.

[65] R. Stark, R. Finke, *Acts of Faith: Explaining the Human Side of Religion* (Berkeley: University of California Press, 2000).

[67] O. Gierke, *Associations and Law: The Classical and Early Christian Stages* (Toronto: University of Toronto Press, [1873] 1977).

[68] S. Price, *Religions of the Ancient Greeks* (Cambridge: Cambridge University Press, 1999).

[71] H-J. Klauck, *The Religious Context of Early Christianity* (Minneapolis: Fortress Press, 2003).

[73] [74] V. M. Warrior, *Roman Religion: A Sourcebook* (Newburyport, M. A.: Focus Publishing, 2002).

[75] K. Hopkins, "Controlling Religion: Rome" in *Religions of the Ancient World: A Guide*, edited by Sarah Iles Johnston, Cambridge: Belknap Press of Harvard University Press, 2004.

[79] [81] [82] [83] W. Burkert, *Babylon, Memphis, Persepolis: Eastern Contexts of GreekCulture* (Cambridge, M. A.: Harvard University Press, 2004).

[89] J. Ferguson, *The Religions of the Roman Empire* (Ithaca, N. Y.: Cornell University Press, 1970).

[94] [95] [97] [98] C. Bailey, *Phases in the Religion of Ancient Rome*,

(Berkeley: University of California Press, 1933).

[96] R. M. Grant, *Gods and the One God* (Philadelphia: Westminster Press, 1986).

[101] [106] [111] R. Merkelbach, "Mithra, Mithraism," in *The Anchor Bible Dictionary*, edited by David Noel Freedman, New York: Doubleday, 1992.

[105] [109] D. J. Cooper, *Mithras: Mysteries and Initiation Rediscovered* (York Beach, ME: Weiser Books, 1996).

[107] R. Merkelbach, " Mithraism," In *Encyclopedia Britannica*, Chicago: University of Chicago Press, 1981.

[110] [117] J. G. Gager, *Kingdom and Community: The Social World of Early Christianity*, (Englewood Cliffs, N. J.: Prentice-Hall, 1975).

[112] L. M. White, "Mithraism," in *Encyclopedia of Early Christianity*, edited by Everett Ferguson, New York: Garland, 1990.

[114] R. Ruether, *Faith and Fratricide: The Theological Roots of Anti-Semitism* (New York: Seabury Press, 1974).

[115] J. Isaac, *The Teaching of Contempt: Christian Roots of Anti-Semitism* (New York: Holt, Rinehart, and Winston, 1964).

[116] J. Isaac, *Jesus and Israel* (New York: Holt, Rinehart, and Winston, 1971).

[118] E. M. Smallwood, *The Jews Under Roman Rule* (Leiden: E. J. Brill, 1981).

[119] G. E. M. de Ste. Croix, "Why Were the Early Christians Persecuted? " *Past and Present* (26) 1963: 6-38.

[120] J. B. Rives, "The Decree of Decius and the Religion of Rome," *The Journal of Roman Studies* (89) 1999: 135-154.

[123] G. W. Bowersock, *Hellenism in Late Antiquity* (Ann Arbor, MI: University of Michigan Press, 1990).

[124] [126] J. Kirsch, *God Against the Gods: The History of the War Between Monotheism and Polytheism* (New York: Viking, 2004).

[125] R. MacMullen, *Christianity and Paganism in the Fourth to Eighth Centuries* (New Haven: Yale University Press, 1997).

[134] D. N. Robinson, "A Study of the Social Position of the Devotees of the Oriental Cults in the Western World, Based on the Inscriptions," *Transactions and Proceedings of the American Philological Association* (44) 1913: 151-161.

（责任编辑：程臻宇）

农村经济

基于第三方评估的精准扶贫绩效分析*

——以甘肃省东乡县毛沟村为例

王建兵　胡　苗**

摘　要　"十三五"规划提出今后一段时期国家和地方各级政府扶贫工作的重点转向精准扶贫。对精准扶贫工作效果进行科学评估、提出相应的策略调整，对加快中国反贫困事业将起到积极的推进作用。本文通过对一个典型的贫困村的调查，运用综合评价指标对精准扶贫政策实施进行评估，最后针对分析的问题提出对策建议。

关键词　精准扶贫　贫困村　第三方评估

习近平总书记强调要科学谋划好"十三五"时期扶贫开发工作，确保贫困人口到2020年如期脱贫，并提出扶贫开发"贵在精准，重在精准，成败之举在于精准"[1]。甘肃省委省政府积极行动，出台实施了"1+17"精准扶贫工作意见，并将精准扶贫与"1236"扶贫攻坚行动、"双联"行动深度融合，扶贫开发取得阶段性成果，农村贫困人口如期脱贫、贫困县全部摘帽。解决区域性整体贫困，是全面建成小康社会的底线任务。因此，总结已有的扶贫成果，发现存在的问题，有利于我们更好地推进精准扶贫、精准脱贫，确保如期实现脱贫攻坚目标。第三方评估是一种有效的

* 本文系国家社科基金"民族地区特困人群生存现状调查与研究"(14XSH016)资助项目成果。

** 王建兵（1971~），甘肃省社会科学院农村发展研究所所长，研究员，研究领域：为农业经济与农村发展；胡苗，甘肃省社会科学院农村发展研究所助理研究员。

外部制衡机制，是对政府自我评估的有效补充，在促进管理型政府向服务型政府转变方面有着积极作用[2]。

一 贫困村贫困现状的调查与分析

甘肃省东乡县东塬乡毛沟村位于东乡县中部干旱山区，距离县城东北16公里，离乡镇政府驻地有2.5公里，是东乡县最贫困、最干旱的山区村之一。全村辖8个社，271户，1356人。总耕地面积1246亩，人均0.9亩。境内群山起伏，沟壑纵横，植被稀疏，十年九旱，灾害频繁，群众生产生活条件极其艰苦。

（一）自然环境艰苦，缺乏增收渠道

受地理环境影响，毛沟村常年干旱缺水，土地贫瘠，耕地主要以山地为主，农业机械化水平较低，只有少数农户通过政府扶持发展了家庭小规模养殖，走上了脱贫致富道路，但大多数农户家庭生活仍然贫困。从家庭收入水平看，越贫困的农户家庭经营收入所占比重越高。从事非农业经营的农户，虽然收入水平较高，但由于其经营状况易受各类因素的影响，呈现很大的波动性。对于缺少资金和技术，只能在当地或者外出务工的农户，他们的收入水平相对较低，但相对稳定[3]。从致贫原因看，没有致富技术和致富途径是主要的原因，占61.54%，农民发展种植业、养殖业主要是依靠传统的经验，缺少专业的技术指导，收益较低。其次是因病、缺劳动力致贫，分别占30.7%、23.08%。①

（二）受教育程度低，缺乏增收技能

贫困村农户受教育水平较低，大多为小学文化程度，年龄较长的80%左右为文盲或半文盲，95%左右的妇女没有上过学。当地75%以上的农户家中没有电视机，村民反映由于不识字所以从来不看杂志不读书也不会上网，平时是通过亲戚朋友或者村委会宣传才获取一些外界信息，信息来源单一。从参加培训的情况看，有16.22%的调查农户参加过牛肉拉面

① 编者注：各项之间有交叉。

这一类型的劳务技能培训，27.03%的参加过与养牛羊、种植玉米相关的新型职业农民培训，但没有参加过任何培训的调查户占到56.75%。由于受伊斯兰宗教文化的熏陶，东乡族妇女不外出务工，家庭收入主要靠丈夫外出务工所得。他们中大部分都没有接受过技能培训，就业渠道狭窄，没有竞争优势，工资水平较低，但是参加技能培训的意愿强烈。

（三）“等、靠、要”的思想比较严重，缺乏自我发展的主动性

转移性收入（低保收入）在农户收入中所占比例较高。在毛沟村，大多数村民的生活主要依靠政府的各类补贴和救助，政策性扶贫户占到85%。在调查过程中发现，村民极力表明家庭贫困，期待政府出台更多的帮扶措施，以便自己受益更多，但自我发展缺乏主动性，“等、靠、要”的思想比较严重。同时还有部分村民认为扶贫工作是政府的事，与自己的关系不大。对于实施精准扶贫，85.46%的农户认为精准扶贫能有效提高收入，且收入可提高20%~30%，对于目前的收入水平，绝大多数农户表示比较满意或非常满意。62.16%的农户对到2017年底农村居民人均可支配收入达7000元的信心不足。

（四）发展资金不足，缺乏发展动力

金融扶持贷款门槛降低是农户取得资金最受欢迎的方式。据调查，贫困户中有53.85%获得过金融扶持，而非贫困户中获得贷款的比例为63.64%。由于受小农思想的影响，一部分农户认为贷款可以不需要还，反正都是国家的东西，较差的信用环境给小额贷款经营带来了很大的风险。农户对加大精准扶贫的管理期望较高，尤其是对资金的使用情况以及资金管理情况等方面有较高期待。大多数农户认为农村低保的实施基本是公平的，但也有29.73%的没享受低保或享受低保标准低的农户认为不公平，存在暗箱操作的可能。

（五）认可精准扶贫政策，但缺乏深入了解

认为扶贫项目能增加收入、改善生活条件的农户占43.24%。95.46%的农户对技能培训有很大需求，认为对种植、养殖、就业有很大帮助。92.46%的农户对精准扶贫政策缺乏了解，不知道它与以往扶贫政策的区

别。大多数农户认为扶贫项目对本村农民生活提高、基础设施改变效果明显。在满意度测评中，贫困户对低保的满意度最高，对危房改造和修建新房补助的期待较高，表示非常愿意参加该项目。56.76%的农户认为村文化活动在很大程度上满足不了需求，农闲时的业余活动主要是聊天。78.38%的农户愿意到村卫生室看病。对教育条件、基础设施的满意度较高，达到95%以上。

二　精准扶贫政策实施的绩效评估

（一）评估指标体系构建

1. 政策设计

主要评估政策设计是否与反贫困理论研究一致，是否与国家政策一致，是否符合政策实施地域情况；考察执行机构、人员、工作机制等。政策设计的二级指标包括合理性和可行性，前者主要有两个三级指标：理论一致性、政策一致性；后者包括实践一致性和政府执行力两个三级指标。

2. 政策实施

主要探讨政策实施是否与本地区经济社会发展水平相适应，是否超越本地区财力，是否超越大多数群众的承受能力，是否能实现预期目标，体现政策的价值，考察政策主体对该政策的看法和满意程度。因此，政策实施评估分为保障性、公平性、满意度、支持度、规范性五个二级指标。三级指标主要包括：政策保障性即投入的财力、物力、人力等；政策公平性即政策结果的公平性；农户满意度即农户对扶贫政策实施过程的满意程度；农户、干部支持度即农户、县乡村干部对政策实施的支持程度；政策规范性即政策实施、评价、监督、经费使用情况的规范程度。

3. 政策效果性

精准扶贫政策评估中的效果有以下几种类型。一是直接效果，指政策要解决的扶贫问题和目标群体所产生的作用。扶贫政策的目的是增加农户收入、改善生产生活环境。二是潜在效果，有些扶贫政策的效果需要长时间之后才能表现出来，短时间不易引起注意，可能会给社会带来长期的效果和影响。因此，政策效果评估分为基础设施、产业政策、农民收入、劳动力素质四个二级指标。分别从道路、饮水、农田水利、公共设施、互助基金、惠农贷款、农民人均收入、经营性收入、农业技术、劳务输出、技能培训 11 个三级指标来说明。

4. 政策效率性

在政策评估中，政策效果和效率评估是两个相互联系而又相互区别的概念，政策效果好，政策效率不一定高，但是对于高质量的公共政策而言，则要求政策效果和政策效率的考察结果都应是一致的。因此，政策效率评估分为脱贫效率和收入效率两个二级指标。分别通过脱贫率、返贫率；扶贫资金到位率、扶贫资金对收入的促进效应来反映。

5. 政策可持续性

政策可持续性主要评估政策实施是否能按既定的目标完成，并产生较好的经济、社会、环境等方面的效益。可持续性评估主要包括四个方面：经济发展、社会发展、环境发展、个人发展。主要通过总收入、产业发展、义务教育、新农合、新农保、村民管理、自然灾害、森林覆盖率、环境治理、个人能力、就业机会 11 个指标来反映。（见表 1）

表 1　精准扶贫政策评估指标构建

一级指标	二级指标	三级指标	评估标准
政策设计	合理性	理论一致性	与反贫困理论研究是否一致
		政策一致性	与国家政策是否一致
	可行性	实践一致性	政策设计与所实施地域情况是否符合
		政府执行力	考察执行机构、人员、工作机制等
政策实施	保障性	政策保障性	投入的财力、物力、人力等
	公平性	政策公平性	扶贫政策结果的公平性
	满意度	农户满意度	农户对扶贫政策实施过程的满意程度
	支持度	农户支持度	农户对政策实施的支持程度
		干部支持度	县、乡、村干部对政策实施的支持程度
	规范性	政策规范性	政策实施、评价、监督、经费使用等是否规范

续表

一级指标	二级指标	三级指标	评估标准
政策效果	基础设施	道路	村内已硬化道路总里程数/全村道路总里程数×100%
		饮水	项目实施期间投入使用的人畜饮水工程比例
		农田水利	项目实施期间修建的小型水利工程比例
		公共设施	项目实施期间实际修建的公共设施比例
	产业政策	互助基金	互助金政策实施效率
		惠农贷款	惠农贷款政策实施效率
	农民收入	农民人均收入	（本年农民人均纯收入-上年农民人均纯收入）/农民人均纯收入×100%
		经营性收入	经营性收入/人均纯收入×100%
	劳动力素质	农业技术	全村掌握一门以上实用技术农户/全村总户数
		劳务输出	全村劳务输出人口总数/全村劳动力总数×100%
		技能培训	“一村一名大学生”“两后生”培训实际培训人数
政策效率	脱贫效率	脱贫率	贫困人口变化率
		返贫率	正常年份15%，灾害年份30%
	收入效率	到位率	扶贫资金到位率
		促进效应	扶贫资金对收入的促进效应
政策可持续性	经济发展	总收入	（本年总收入-上年总收入）/上年总收入×100%
		产业发展	抽样村固定时间内种植业、养殖业发展状况
			抽样村固定时间内产业化项目状况
	社会发展	义务教育	普及义务教育的总人口/农村总人口×100%
		新农合	新型合作医疗参保人数/农村总人口×100%
		新农保	农村最低生活参保人数/农村总人口×100%
		村民管理	抽样村村民对村内民主管理的满意度
	环境发展	自然灾害	抽样村固定时间内发生自然灾害的比例
		森林覆盖率	森林面积/土地总面积×100%
		环境治理	抽样村村民对村内生态环境治理的满意度
	个人发展	个人能力	个人发展能力
		就业机会	村民就业机会

（二）政策评估方法与结果

针对精准扶贫政策的实施，在构建评价指标的基础上，采用合理的评估方法，用专家评分法对各指标的权重进行打分，并通过评估模型进行计算汇总。评估模型的建立是在已经确定的各因素权重基础上，以数学表达式的形式将评估结果展现出来，并用于实际计算。根据评估等级（5，4，3，2，1）来评判优秀、良好、一般、较差、差五个等级。运用层次分析法计算得出一级、二级指标的权重、综合得分和实现程度。

针对精准扶贫政策的实施，在构建评价指标的基础上，通过评估模型进行计算汇总，计算综合得分和实现程度。通过计算，精准扶贫效果评价总体得分为 3.02 分，整体上绩效评估综合得分“良好”，实现程度“良好”。其中，精准扶贫实施过程中评价“良好”的是政策设计、政策效率和政策效果三项，另外两项政策实施和政策可持续性的评价结果偏低。

分项来看，政策设计综合评价为“优秀”，其中，政策合理性得分 4.5 分、可行性综合得分 3.75 分；政策实施综合评价为“一般”，其中，政策的保障性得分为 3 分、政策的公平性得分为 3 分、群众对政策的满意度为 4.5 分、群众对政策的支持度为 4 分、政策的规范性为 2 分；政策效率综合评级为“良好”，其中脱贫效率得分为 3.15 分、收入效率得分为 3.75；政策效果综合评级为“良好”，其中基础设施得分为 3.27 分、产业政策得分为 3.1 分、农民收入得分为 3.25 分、劳动力素质得分为 2.98 分；政策可持续性综合评级为“一般”，其中，经济发展得分为 2.15 分、社会发展得分为 2.08 分、环境发展得分为 2.35 分、个人发展得分为 1.98 分。[2]（见表 2）

表 2　评价等级计算

一级指标			二级指标	
	得分	评价等级		得分
政策设计	4.125	优秀	合理性	4.5
			可行性	3.75

续表

一级指标			二级指标	
	得分	评价等级		得分
政策实施	2.84	一般	保障性	3
			公平性	3
			满意度	4.5
			支持度	4
			规范性	2
政策效率	3.454	良好	脱贫效率	3.15
			收入效率	3.75
政策效果	3.15	良好	基础设施	3.27
			产业政策	3.1
			农民收入	3.25
			劳动力素质	2.98
政策可持续性	2.135	一般	经济发展	2.15
			社会发展	2.08
			环境发展	2.35
			个人发展	1.98

随着扶贫开发工作的深入，精准扶贫的工作重点也发生了转移，从最初的精准识别、精准帮扶，向精准退出和稳定退出转移。大部分有生产能力的贫困户通过一系列的帮扶措施都实现了自我发展，但还有一部分低收入农户还处于贫困的边缘，政策性脱贫的痕迹还很明显，由于自然因素和自身因素影响，极易出现新的返贫。如何现实低收入人群的稳定脱贫是下一阶段精准扶贫需要关注的重点。

三 对策与建议

（一）调动农户主动性，提高精准识别准确度

一是要建立农户财产申报识别体系，农户根据自己的实际情况提交家庭收入情况、家庭支出情况以及脱贫致富的计划等申报材料，驻村干部或

村委会应通过组织专家评估考核，逐户确定贫困户；二是进行民主评议、公开公示，对于隐瞒情况、弄虚作假的申报户要有相应的惩戒制度，体现制度的公平与公正；三是运用多维度贫困识别指标，从因病、因灾、因学、因嫁娶等方面确定贫困类型，以便精准施策和精准帮扶；四是进一步细化贫困标准，综合分析距贫指数，充分了解贫困面、贫困深度和贫困强度，为下一步的分类管理提供依据；五是对识别出来的贫困村和贫困户按一定的周期进行动态调整管理。

（二）实施分类管理，提高因户施策的目的性

要实现真正的精准扶贫，就必须对贫困村实施分类管理、对贫困户实施分类帮扶。对部分有残疾人、体弱或年老丧失劳动能力的贫困户来说，由于很难通过自己的努力脱贫，就是脱了贫也容易返贫，需要建立长效的救助机制，坚持“输血”与“造血”、精准救助和精准扶贫相衔接，使其通过扶贫支持和社会救助这两条路径实现脱贫致富；对部分有发展能力的贫困农户，通过自己的脱贫致富计划，帮扶部门可以协调不同的部门进行资金、技术、信息等方面的有针对性的帮扶活动；对部分由于短期或暂时性的自然灾害、子女上学、疾病等原因造成贫困的农户，不仅要提供增收项目，还要提供健康医疗和子女教育等社会保障。

（三）建立贫困农民的自我发展能力提升机制

在联村单位、企业的扶持资金及县域重点产业设立培训奖励资金，鼓励企业和大户积极吸纳贫困户就业，并对贫困户进行资金、技术、市场、信息方面帮扶和指导。努力提高农民文化素质，加大教育投入力度，普及农村九年义务教育，减少农村青少年辍学现象。大力发展劳动力技能培训扶持，依靠各类农业技术培训机构，满足贫困农户自我发展的要求，为扶贫对象提供实用科技知识培训、农村实用技术培训和职业技能培训。

（四）着力健全完善精准管理机制

一是要建立起贫困村、户的信息管理系统，将扶贫对象的基本资料、动态情况录入系统，实施动态管理。通过数据平台实时对贫困数据进行监测评估，按贫困类型及时识别贫困扶持对象，启动精准扶贫程序。二是扶

贫资金的使用要差别化对待，因地制宜，因产制宜，国家的专项扶贫资金主要的作用是扶持贫困户发展产业，实现贫困户自我发展能力提升。建立扶贫资金信息披露制度以及扶贫对象、扶贫项目公告公示公开制度，将筛选确立扶贫对象的全过程公开，避免暗箱操作导致的应扶未扶，保证财政专项扶贫资金在阳光下进行。三是建立第三方精准扶贫的评估体系。由第三方不定期对各类扶贫资源到村到户、贫困村经济社会发展、扶贫对象教育培训就业增收情况、产业发展、基础设施建设、公共服务和社会保障等情况进行监测。对扶贫责任落实情况、计划推进情况、结对帮扶干部管理情况和群众满意度等方面进行评估。

（五）加大精准扶贫工作宣传力度

一是应加大宣传力度，强化扶贫宣传组织领导。把精准扶贫精准脱贫工作的宣传报道摆上重要工作日程，确定专职信息员，经常进村入户采集精准扶贫工作最新动态。二是创新扶贫宣传方式方法。通过张贴宣传标语，发放扶贫资料，招开广播会、党员会、群众代表大会等方式，向群众大力宣传精准扶贫、脱贫最新政策，确保家喻户晓、人人皆知。三是推介扶贫工作典型经验。大力宣传精准扶贫精准脱贫工作政策措施、扶贫攻坚一线进展情况以及典型经验，特别是做好重要节点、重要内容以及重大成果的宣传报道，吸引更多社会力量积极参与扶贫项目建设。

（六）营造良好氛围，大力发展县域经济

实现就业和增加收入是贫困地区脱贫致富的基本途径。首先要把发展民营经济作为“强县富民”的主战略来抓，建立健全中小企业和民营经济支持服务体系，最大限度地激发全民创业热情。通过本地产业发展解决部分农民就业问题，实现劳动力在产业间的正常转移。其次建立稳定有序的多元投资机制，鼓励除了政府对农村投资外的其他组织和个人对农村和农业的投资，各地要以合理优惠的政策吸引力和经济手段驱动力来引导、鼓励农民和干部个人、集体单位、社会法人、企业等对农村项目的投入。三是大力强化制度建设、营造软环境。全力打造服务型政府，营造严明规范的法治环境，加大依法力度，整顿和规范市场经济秩序。建立健全社会诚信体系，为企业和投资者创造公平有序、安全稳定的发展环境。

参考文献

[1] 汪三贵、刘未：《“六个精准”是精准扶贫的本质要求——习近平精准扶贫系列论述探析》，《毛泽东邓小平理论研究》2016 年第 1 期。

[2] 汪三贵、曾小溪、殷浩栋：《中国扶贫开发绩效第三方评估简论——基于中国人民大学反贫困问题研究中心的实践》，《湖南农业大学学报》（社会科学版）2016 年第 3 期。

[3] 陈新、沈扬扬：《新时期中国农村贫困状况与政府反贫困政策效果评估——以天津市农村为案例的分析》，《南开经济研究》2014 年第 3 期。

[4] 王福生：《对精准扶贫实施情况的阶段性评估及建议》，《甘肃日报》2015 年 10 月 19 日。

（责任编辑：樊祥成）

农业价值经济范式与现代化探讨

王向成*

摘　要　农业现代化不仅指农业传统产业技术条件的改造和创新，而且还要求具有现代化的生产效率和价值经济的运作范式。农业价值经济范式是农业与市场经济和城市经济一体化的中间必经路径。应当逐步建立起农业价值经济的自生运作机制和良性循环发展机制，培育独立农业经济实体，实现农业经济的政企分开。在农业资源配给方式上引入竞争机制以提高土地使用效率。在分清土地保障和发展两个基本功能的基础上，转变农村低保方式，给农业与资本结合的条件和机会。通过实现人地分离的法治化、常规化，实现土地规模化经营这一农业现代化的必要条件。

关键词　农业现代化　土地细碎化　价值范式　低保方式　农业实体

对于农业现代化的定义和理解可以分为狭义和广义两个类型：狭义现代化是相对于农业的产业形态和物质条件提出的，认为农业现代化就是农业机械化、化肥化、水利化、生物工程化和信息化等。广义现代化是对农业的生产模式和基于对农业的价值分析而提出的。狭义定义主要针对发达国家把工业和科技高速发展的成果运用于农业，形成科技型农业产业的大环境下，传统农业在产业形态和科技含量方面发展缓慢或相对滞后的状态。广义定义则注重农业生产经营价值范式和生产要素聚合效率方面，相

*　王向成（1963~），山东财经大学期刊编辑部，副编审。

对于国民经济其他部门而存在的效率差距。因而，广义农业现代化不仅包括而且超出农业产业形态现代化的含义，涉及农业与国民经济其他领域产业关系和市场经济运作体系以及城市经济的一体化概念。本文将从广义农业现代化出发，阐述改造传统农业经济形态基础从而建立农业经济价值生产方式和价值运作方式的现代化范式含义及其农业要素的构成条件和实体措施。

一 农业经济价值范式分析

价值经济范式是现代化社会经济发展和运作的基本范式，是市场经济高度发达而产生的经济运作模式。传统经济范式注重的是产品数量和增速，而价值生产和价值范式注重的是价值形态的扩张和效率。农业现代化的提出确立了农业向现代化产业的基础性转变。同时应当区分农业物质技术形态的革新与农业价值生产范式的创立，它们是农业经济现代化两个不同构成层次。简单的物质技术层次的提高，并不能解决农业与其他国民经济产业市场化机制的融合问题。农业的产业形态的滞后和落伍，其实质反映的是农业生产和运作范式与其他产业高度市场化范式之间的距离和隔阂。下面通过对农业的价值含量进行分析，来阐述农业价值生产机制存在的问题。

（一）农业经济增量和速度

从表面看，农业经济虽然和其他产业一样保持一定的发展速度，但是经过对农业经济发展增量与国内生产总值增量对比，可以发现农业经济长期存在增量不足，对国内生产总值增量贡献率下降的情况。

从图 1 曲线可以看出，在 1991~2014 年的 23 年时间里，农业（第一次产业）经济虽然增量贡献率起伏变化，但是总体处于下降态势。农业对国民生产总值贡献率偏低虽然符合库兹涅茨产业发展规律，但也可以从相反的角度说明农业相对于其他行业的发展是滞后的。沈立早、胡言[1]认为，农业国民生产总值贡献率低是农业产业对市场经济不敏感、不活跃的结果。农业生产总值增长缓慢直接制约了农业利润的增长空间，限制了农业劳动力的生产效率以及各项农业要素的产出效益。

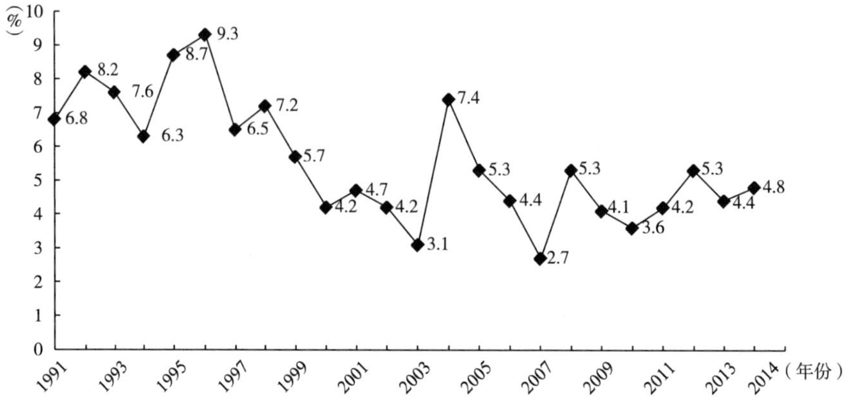

图1 第一次产业（农业）对国内生产总值的贡献率

说明：贡献率指产业或行业增加值增量与GDP增量之比。

数据来源：《2015中国统计年鉴》，中国统计出版社，2015，第69页。

（二）农业与发达国家经济范式存在差距

农业价值增量的缓慢是农业处于传统产业状态和生产方式相对滞后的必然反映。在引进和利用国外发达国家先进科技和经济范式方面，国内农业相对于其他国民经济部门存在明显差距。国内与国际农产品价格倒挂、某一些农产品进口增加、农民收入过低现象，[2]反映出农业规模化生产不够，导致成本过高这一制约农业现代化的关键问题，长期没有得到有效的解决。李燕凌、汤庆熹[3]认为，中国农业在劳动生产率、水利和土地等资源的利用效率，对科学技术和能源资源的利用，与发达国家相比存在较大差距，迫切需要一个实现现代化的过程。周维俊、黄志英[4]认为，改造落后的传统农业是提升农业产品供给能力的必然要求。如果农业经济不能实现更为有效的资源整合和利用，则势必影响和制约国民经济的全面发展。赵京献、苑彩虹等[5]认为，西方农业属于集中相关各类资源要素的综合农业，而中国的农业仍然属于传统的低端农业，不仅非人力因素的利用程度低，能源、交通设施配置差，而且土地和环境资源损耗大，其带来的消极作用限制了农业的可持续发展。

二　农业生产效率

农业体制在提高现存农业资源条件存量和生产效率方面，仍然存在许多固化体制因素，农业资源流转速度和效率选择对农业经济的引导作用不够显著，直接限制了农业市场化经济的发展。

（一）粮食的劳动生产率

劳动生产率是衡量一个生产性产业或者机构的内在运行效率的主要机制指标之一。农业劳动生产率一般是指农业劳动产出量的人均水平。但是，产值人均水平的劳动生产率受到粮食价格的影响比较大，如果用粮食产量人均水平来表示农业劳动生产率，则可以不受粮食物价水平的干扰，可以客观地反映农业劳动生产率的真实情况（见图2）。

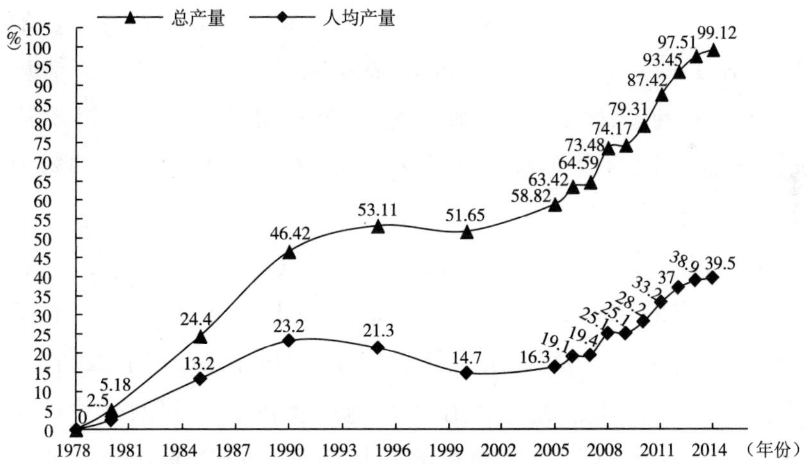

图2　1978～2014年中国粮食总产量与人均粮食产量增长速度对比

说明：粮食总产量增长率=（当年粮食总产量-基年粮食总产量）/基年粮食总产量。人均粮食产量增长率=（当年人均粮食产量-基年人均粮食产量）/基年人均粮食产量。

数据来源：《2015中国统计年鉴》，中国统计出版社，2015，第407、418页。

图2数据显示，1978～2014年的36年间，粮食总产量增长99.12%。但是，人均粮食产量的增长速度却只有39.5%。或者说，粮食产量的增长

与劳动生产效率的增长并不同步，劳动生产的效率明显低于粮食产量的增长速度。这种利用简单要素来推动产品增量提高的办法是传统农业或者一切传统产业的基本生产机制特征。

汪小平[6]认为，农业劳动生产率是传统农业向现代农业转化的重要指标。提高农业劳动生产率是实现农业现代化的必经途径。高帆[7]认为，中国农业劳动生产率低于国际水平，按照2000年价格计算，中国农业的增加值在128个国家中排名第106位，大约相当于日、美水平的1/10。可见，提高农业的劳动生产率是实现农业现代化的重要任务。

（二）农业劳动生产率与土地小块化

实现农村经济改革以来，土地家庭承包体制一直是作为农村农业生产的基本模式而维持不变。目前相当多的观点认为土地承包制是最为适合中国国情的土地分配方式，不仅有利于稳定粮食生产，同时也有利于稳定农村居民的基本生活。同时，也有观点认为承包制的实行并没有改变农业生产的传统模式，对于农业生产效率的提高起到的作用非常有限。农业生产效率的提高和土地产出效率的提高，必须实现一定程度的土地规模化经营，而这个要求与农户土地的细碎化、小块化存在抵触和矛盾。由于《中国统计年鉴》没有公布最近年份农村地区人均承包土地的数据，本文只引用2011年数据加以论述。

从表1可以看出，承包土地面积人均数值1亩以下的省份共有6个，约占31个省区市的19%；人均承包土地面积1.5亩以下的共有13个，约占31个省区市的42%；人均承包不足2亩地的省份共有22个，约占31个省区市的70%。人均承包土地在5亩地以上的省份只有4个，大都在边疆偏远地区。从人均承包土地面积的具体数值，可以看出土地承包小块化的严重程度，小块化最严重的北京市、上海市农村地区人均甚至不到0.5亩，而且国内大部分农村地区均处于人均承包土地不足2亩地的状态。

谭淑豪、曲福田等[8]认为，中国、缅甸等发展中国家农业都存在土地细碎化现象，这是妨碍农业生产效率提高的主要障碍，同时还造成了土地资源的巨大浪费。连雪君、毛雁冰等[9]从土地产权和土地交易成本角度，分析了土地细碎化对提高农业生产效率起到的限制作用，认为小块化土地形成的田埂穿插及空间分割和时间浪费，致使管理烦琐和种植决策受到影响。刘涛、曲福田等[10]认为，土地细碎化带来的问题是：土地面积越小，土地的耕种成本相对越高，导致土地复耕指数下降乃至耕地废弃。土地产出效率的负增长，才是导致耕地保护制度失效的根本原因。陈培勇、陈风波[11]认为，土地细碎化并没有具体的量化标准，不同国家和地区的土地细碎化也无法比较。从土地历史和制度方面来看，欧洲、非洲和亚洲各地造成土地细碎化的原因各不相同，但是当前中国土地细碎化的成因主要来自土地承包是毫无疑问的。

表 1　2011 年中国 31 省区市农村人均经营耕地亩数排序

排序	省区市	亩/人	排序	省区市	亩/人
1	黑龙江	12.85	17	江西	1.52
2	内蒙古	10.72	18	陕西	1.52
3	吉林	8.34	19	天津	1.41
4	新疆	5.73	20	广西	1.30
5	辽宁	3.73	21	重庆	1.27
6	宁夏	3.47	22	江苏	1.22
7	甘肃	2.73	23	湖南	1.18
8	山西	2.60	24	四川	1.15
9	青海	2.40	25	贵州	1.10
10	安徽	1.87	26	海南	0.74
11	河北	1.87	27	福建	0.71
12	西藏	1.79	28	广东	0.53
13	湖北	1.62	29	浙江	0.52
14	山东	1.60	30	北京	0.48
15	云南	1.56	31	上海	0.26
16	河南	1.53			

数据来源：《2012 中国统计年鉴》，中国统计出版社，2012，第 474 页。

三 土地保障功能减弱

30多年来，土地承包制的实行解决了农民的温饱，同时也加剧了土地细碎化的程度。在土地的生产功能和保障功能之间，单纯突出其保障功能而忽略其生产功能，其结果就是保障功能的不断弱化。

（一）土地小块化的延续

从相关调查和研究可以发现，土地细碎化是土地承包制实行以来，承包地块一再调整的结果。朱根荣[12]以对全国17个省份的调查结果为依据，说明首次承包以来大多数村落对承包土地至少进行过一次调整。丰雷、蒋研等[13]引用的2010年调查数据表明，10年以上没有调整过土地的村落只占调查样本的1/4，大部分村落2~5年即调整一次土地，有的做出局部的小调整，有的甚至将大部分土地集中起来进行大调整。土地调整的原因主要是根据人口的变动情况，保证农村土地的集体性质和村集体成员都能够得到土地的公平分配。各个地区的农户支持承包期内调整土地的和反对调整土地的比例差距很大——有的地方支持调地的少，反对调地的多；而有的地方则支持调地的多，反对调地的少。

（二）土地保障功能衰减和消失

在土地小块化最为严重的农村地区，土地当初设想的生活保障功能越发减弱。如果人均只有0.5亩地，扣除农业生产的前期投入，口粮的生产显然是在亏本条件下运作的。这就是农民有土地但是温饱仍然是问题，以及有土地却宁愿不耕种的原因。陈莉霞、曲宁[14]认为，农村土地保障功能在逐渐弱化，人地矛盾日益突出。联合国规定的人均耕地警戒线是0.053公顷（约合530平方米），中国已经有666个县低于这个标准，463个县低于0.033公顷（约合330平方米）的危险警戒线。邱幼云[15]从对福建闽西地区某县的具体调查作为实证样本，阐述了部分人均土地面积低于国际标准，由于产出效率低、农作物种植风险和资金匮乏，造成土地出现保障功能和养老功能趋于减弱甚至消失，以至农民不得不放弃土地经营的状况。由此可见，土地小块化并不只是一个简单的现象，它所直接导致的后果是土地保障功能逐渐减弱以至最后消失。农村居民在以生活保障为目的分得土地的情况下，经过多年的土地调整和小块化的加剧，生活保障再次成为问题。

四 土地分配机制与人口控制失效

通过对土地的效率、保障功能等问题的探讨可以看出，小块化与农村人口的净增长有直接关系。土地调整的主因是人口压力的增加。假如农村人口是零增长，就不会发生土地的调整，也就不会产生土地小块化加剧和失去保障功能的现象。

（一）农村人口的增长

但是，我国农村地区的人口一直处于增长状态，而且农村人口的增长速度一直高于城市。如图 3 数据所示，在 1978～1999 年的 21 年时间里，县以下单位人口出生率一直高于市镇以上单位，农村人口的出生率明显高于城市 2～6 个百分点。

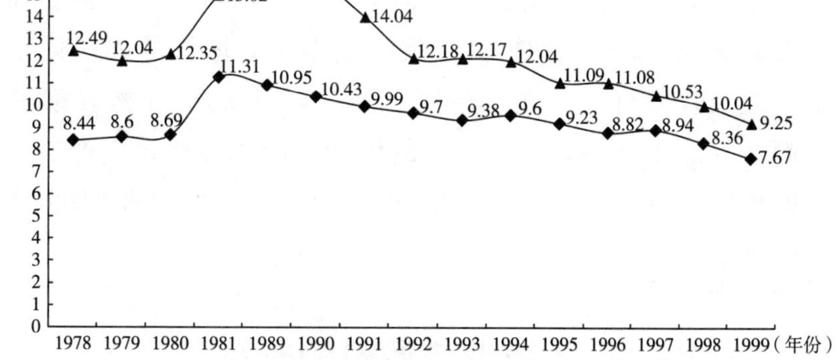

图 3 1978～1999 年中国城乡人口自然增长率对比

说明：1982～1988 年数据阙如。

数据来源：《2001 中国统计年鉴》，中国统计出版社，2001，第 91 页。

由此可见，中国施行的严苛的人口行政和法律手段，尤其是在1980年后施行的计划生育政策，在农村地区取得的人口控制效果不甚理想。决定人口增长的因素分为刺激性质和限制性质。如果人口在限制措施非常严苛的情况下仍然持续增长，就说明刺激因素比限制因素起到更为强劲的作用。无偿分配土地给每一个新出生的人口，从政府角度为新人口提供基本的生存保障，显然属于刺激人口增长的因素。同时，承包土地类似私有制下的法定继承关系，也为人口的出生提供了意愿。可见，土地分配政策与计划生育政策是互相矛盾的。

（二）土地无偿分配机制与人口增长

虽然许多研究认为习俗和传统是激励人口增长的主要因素，但是也有许多研究者认为体制和社会条件同样是人口增长的激励因素。贺铁英[16]的研究认为，土地集体占有和自发调整可以使人口超量增长；土地调整的结果使土地向人口更多的家庭集中，势必对多生育的家庭有利，致使一些农民家庭选择高生育率。尽管他认为这种土地调整对人口的扩张效果是有限度的，但是他并没有给出具体的限度在哪里。高伟、李学迎[17]的研究认为，如果调整土地给人口增加的农户家庭，人口增长和重分土地的实惠归农户个体占有，而地块缩小的外部性成本由社会承担，从而降低了家庭人口生育的成本，对多生育的家庭有利。由此不难看出，土地无偿分配是除了各种其他因素之外最为有力的刺激因素。政府针对土地调整而制定的地权稳定政策要求“增人不增地”，就是说不给新增加的人口以土地分配权。但是，这个政策与《土地承包法》规定的土地小调整政策是互相抵触的。因而，人地矛盾越突出，土地的保障功能越强化，生产功能就越下降。这样就形成了调地—刺激人口增加—人均面积缩小—农业生产效率下降的恶性循环。

五 农业与政府的关系

市场经济改革的主要特点是实行政府与经济实体的脱钩，或者说，某一个行业或者产业的市场化程度，可以通过其与政府的关联紧密的程度来分析。在大多数情况下，政府与产业实体关系紧密的结果，是经济机构的行政化和运作方式的非经济化。

（一）免税和补贴成为农业行业性权利

如果将农业作为一般经济产业与普通工商业对比可以发现，农业享有长期的免税和政府补贴政策，成为特殊保障性产业。自从1978年实行土地承包制以来，国家并没有减少对农业的资金支持力度。而且，2006年全国人大通过立法废止了1958年的《农业税条例》[18]，取消了占农业产值15.5%的农业税和农林特产税，农业成了免税行业。

图4数据显示，2000~2014年的15年，政府给予农业的财政扶持一直是稳中有升，2009年以后给予农业的净支出接近同年财政支出的8%，农业成了标准的政府政策性产业。但是，政府给予农业如此高水平的补贴并没有换来农业的繁荣，农业的低效率状态依然存在。王欧、杨进[19]的研究认为，政府给予农业的支持就是给予农民以直接补贴，种粮、良种、农机具和农业生产资料“四补贴”直接以现金方式打入农民个人的“一卡通”，结果却是在种粮赔本和外出打工的名目下，补贴现金直接被当作生活费消费掉从而没有达到提振农业生产的目标。

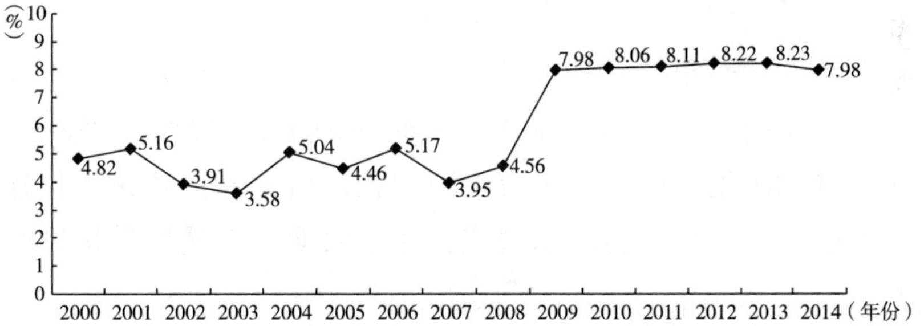

图4 2000~2014年中国农业财政净投入率

说明：“中央和地方一般公共预算主要支出项目”中年度总支出数据和农林水支出数据，“各项税收”中农业各税和2008年（含2008年）以后的耕地占用税数据。农业财政净投入率=［农林水支出-农业各税（耕地占用税）］/年度总支出。

数据来源：2001~2015年《中国统计年鉴》（中国统计出版社）。

（二）农业对政府的体制依赖

农业的高补贴和减免税政策反映了农业相对于其他产业与政府的关系

更加紧密。这一政策是基于新农村建设的“工业反哺农业”的以工补农政策，其目的是借鉴发达国家利用工业高速发达形成的积累来支持农业发展的经验，改变中国农业经济落后的状况。但是，这个给予农业以特殊性的政策存在规避农业体制性滞后的问题，而且使农业与政府的关系更加密切和具有依赖性，而不是像市场化改革要求的那样适当拉开产业与政府的关系。李强、王钊[20]的研究认为，首先应当看到中国与发达国家对农业的反哺政策背景的不同，尤其是农业体制的不同。其次，应当看到可以采取反哺政策的国民经济具体指标条件，并不存在明确的启动补贴的阈值。再次，应当看到政府支农支出水平过高将挤占其他建设支出，对总体经济发展有牵制作用。最后，农业最终的出路是实现农业现代化，政府补贴只能作为临时措施，不是长久之计。可见，长时间政府补贴农业的政策，可以在一定时间段里稳定农业，但是并不能将农业带出增长的低谷。随着时间的延长和物价的升高，补贴效果逐渐式微。同时，在城市经济出现波动的情况下，以工哺农有可能变成损工哺农，出现零竞合的结果[21]。

六　政策建议

从对农业各方面相关研究可以得出一个基本的结论，土地承包经营责任制并不是农业现代化的标准模式，长时间的承包制加深了农业低效率，农业必须通过现代化来提高生产力水平。在以效率和产业化为目标的基础上，逐步采取农业现代化的改革措施，建立农业的自然增长机制和良性循环模式。

（一）把生产功能和价值功能作为土地的第一功能

承包制和土地细碎化把土地的保障功能与生产功能混淆了，用非竞争的方式把土地作为生活保障分配给农民。福利式配给模式的边际结果是效用递减最后归零。要实现土地的生产功能就要取消土地非竞争的无偿性分配模式，采取竞争和有偿的模式配给土地，把土地的价值功能体现在土地的配置模式过程当中。

（二）人地分离原则常规化、法制化

承包制存在的一个最大问题就是人必有地原则。凡是农村出生的人口自然拥有农民身份，同时在农村集体土地当中自然获得一份土地。在土地细碎化到无可分地的情况下，人必有地的政策已经没有实际意义。1993年政府提出“增人不增地，减人不减地”的人地分离原则[22]，终结了此时间节点以后出生人口获得保障性配给土地的权利，但是并没有取消此前人口取得保障性土地的模式，造成了不同时间段出生的人口土地权利的不平等。为了维护公平和平等，人地分离原则应当适用于每一个农村集体和农民个人，废除人人必有半亩地的思想，逐渐推行竞争式取得土地经营权的模式。

（三）改变农村生活保障方式

人头福利性配给土地的模式掩盖了长期以来农村地区劳动力过剩的状况。如果将目前人均承包地面积提高1倍，则有1/2农村人口成为剩余人口。据测算，至2020年我国农村有近3.5亿人口需要向城市转移，约占当前农村人口的1/2，这是现有城市规模承受不了的[23]。所以，必须改变当前将土地作为生活保障的分配方式，把货币现金作为农村人口的生活补贴。实行现金补贴的方式，一方面可以为土地规模化经营创造条件；另一方面可以将农村形成的剩余人口就地安置，避免给城市带来过头的压力。实际上，每年政府给农业的大量补贴，有很多都被作为生活费消费掉，不如将效果不佳的生产补贴转化为生活补贴，既可以实现农业资源的整合，同时又不增加政府支出。

（四）催生农业经济实体

有许多研究认为农村土地产权明晰化，是促进农业现代化的关键。但是，假如以土地产权作为农村实现现代化经营的主要线索，则必须触动当前的土地所有权体制，实践难度很大。

所以，应当把经营模式的改革作为农业现代化的首要考虑，在不改变农村土地村社集体所有制的前提下，鼓励大宗土地的集体承包、转包。目前我国存在的农村经济实体基本都是政府主办的事业单位，尚且不是以土地经营为目的能够自负盈亏的标准农业实体。现代化农业需要的是不与政府具有依附关系且能够按照商业规律自行运作的经济体，它不仅能够进行农业价值生产，而且能够将土地经营作为经济实体的运作基础。因而，政府要为农业经济实体的形成和产生创造体制和制度模式的条件，把更多的生产和经营权利给予农业经济实体，尤其要把大宗土地承包权让渡给拥有雄厚资本和科技力量的机构，允许城市资本下乡包地，催生农业土地、资本和科技一体化实体的自主运行，借以推动农业经济价值运作范式的形成和产业现代化的实现。

参考文献

[1] 沈立早、胡燕：《我国农业产业的市场绩效分析》，《人力资源管理》2011年第3期。

[2] 国务院：《国务院关于印发〈全国农业现代化规划（2016—2020年）〉的通知》，网址：http：//www.gov.cn/zhengce/content/2016-10/20/content_5122217.htm，最后访问日期：2016年12月19日。

[3] 李燕凌、汤庆熹：《我国现代农业发展现状及其战略对策研究》，《农业现代化研究》2009年第11期。

[4] 周维俊、黄志英：《农业现代化研究与对策》，《价值工程》2012年第3期。

[5] 赵京献、苑彩虹、于新华、张增利：《农业现代化的发展模式与可持续性》，《河北林业科技》2015年第12期。

[6] 汪小平：《中国农业劳动生产率增长的特点与路径分析》，《数量经济技术经济研究》2007年第4期。

[7] 高帆：《农业劳动生产率提高的国际经验与中国的选择》，《复旦学报》2015年第1期。

[8] 谭淑豪、曲福田、尼克·哈瑞柯：《土地细碎化的成因及其影响因素分析》，《中国农村观察》2003年第6期。

[9] 连雪君、毛雁冰、王红丽：《细碎化土地产权、交易成本与农业生产》，《中国人口·资源与环境》2014年第4期。

[10] 刘涛、曲福田、金晶、石晓平：《土地细碎化、土地流转对农户土地利用效率的影响》，《资源科学》2008年第10期。

[11] 陈培勇、陈风波：《土地细碎化的成因及其影响的综合研究》，《中国土地科学》2011 年第 9 期。
[12] 朱根荣：《论农村承包土地的两重性及其引发的矛盾》，《嘉兴学院学报》2001 年第 7 期。
[13] 丰雷、蒋研、叶剑平：《诱致性制度变迁还是强制性制度变迁》，《经济研究》2013 年第 6 期。
[14] 陈莉霞、曲宁：《我国农村土地保障陷入困境分析》，《科技创业月刊》2006 年第 12 期。
[15] 邱幼云：《从土地抛荒看土地保障功能的弱化》，《理论月刊》2014 年第 12 期。
[16] 贺铁英：《人口增长与土地调整的关系：一个理论推导》，《中国农村观察》2004 年第 4 期。
[17] 高伟、李学迎：《公平观念、控制权收益与土地调整》，《中央财经大学学报》2009 年第 7 期。
[18]《中华人民共和国农业税条例》，百度·百科，网址：http：//baike. baidu. com/link？ url = tAWD2TnV6awIN7EZ5rbV-fynT8Uu2fiS3h1LETJUy8tg34O3zl5fpymLPtkHr-rd-h6NlF4xREwHNrVeOwrEK5lAApeZPDS0QL7xG9LRnh 85iJ_ n5OPMNp2QkgGPxtg_ GvdEPzZJStVVsppp2NuqJru8XITteWSz1l3LIY xp_ DAUpmLdbV5OmUnrgv-YJbTVlDyGY0iuFqb5-Yu78RRS8Fs5U0VBu 23aY _ eXZseYIeG，最后访问日期：2016 年 11 月 28 日。
[19] 王欧、杨进：《农业补贴对农户粮食生产的影响》，《中国农村经济》2014 年第 5 期。
[20] 李强、王钊：《“以工补农”问题解析及其政策思路探讨》，《农业现代化研究》2008 年第 1 期。
[21] 邓大才：《以工补农的政策研究》，《学术探索》2003 年第 10 期。
[22] 中共中央、国务院：《中共中央、国务院关于当前农业和农村经济发展的若干政策措施》，网址：http：//sifaku. com/falvfagui/111/8p8zp3a6ec0c. htm，最后访问日期：2016 年 11 月 28 日。
[23] 欧阳春陶：《我国快速城市化过程中的农村剩余人口转移问题》，《特区经济》2010 年第 6 期。

（责任编辑：樊祥成）

中国食品安全法的演变过程及发展趋势探析

张秀芳*

摘　要　中国食品安全法经历了一个漫长的发展阶段，而每个阶段的发展规划都是应时代要求而制定的。本文首先梳理了中国食品安全法的历史演变轨迹，划分为准备阶段、发展阶段和成熟阶段。其次，从三个方面分析了中国食品安全法的变迁原因：监管对象的变动是政策变迁的主要原因；不同利益主体间的动态博弈是政策变迁的根本原因；既定目标的实现是政策变迁的直接原因。最后，从建立风险评估与预警应急制度、加强监督制度和建立严格的法律责任制度方面揭示了中国新的《食品安全法》的发展趋势。

关键词　《食品安全法》　历史演进　变迁动因

一　引言

新中国建立60多年来，中国食品安全法经历了一个漫长的发展阶段，而每个阶段的发展规划都是应时代要求而制定的，换言之，每个阶段的发展规划都有一定的变迁动因。2009年2月28日《中华人民共和国食品安全法》在第十一届全国人大常委会第七次会议上获得通过，该法的出台

---

* 张秀芳（1979~），山东农业大学经济管理学院国贸系主任，副教授，硕士研究生导师，管理学博士。主要研究方向：农产品贸易、食品安全。

是对中国食品安全法律制度的根本性重塑。党的十八大以来，党中央、国务院进一步改革完善中国食品安全监管体制，着力建立最严格的食品安全监管制度，积极推进食品安全社会共治格局[1]。为此，修改现行食品安全法势在必行。2014 年 7 月 1 日，第十二届全国人大常委会第九次会议初次审议了《中华人民共和国食品安全法（修订草案）》。2015 年 4 月 24 日第十二届全国人民代表大会常务委员会第十四次会议通过新的《食品安全法》。面对这样的一种大环境，梳理中国食品安全法的历史演进过程，分析其变迁动因，探求新阶段食品安全法的发展趋势问题显得尤其重要。

针对食品安全法这一热门领域，中国学术界已做了很多研究，首先，从监管视角进行了相关的研究。如王卫东、赵世琪从中国食品安全监管体制的发展过程出发，指出原来监管体制中存在的问题，并结合《食品安全法》的内容及实施，构建了科学安全的食品安全监管新体制[2]；郭永清、冯诗景从食品市场与行政管制制度的特点出发，剖析了美国食品管制制度的设计思路，并尝试对《食品安全法》制度设计的得失进行探讨[3]。其次，从法律视角进行了相关的研究。如王晓芬、邓三对《食品安全法》实施中的若干法律问题进行了探讨[4]；舒洪水、李亚梅以中国《刑法》与《食品安全法》的对接为视角，探讨了食品安全犯罪的刑事立法问题[5]；孙效敏分析了《食品安全法》的立法理念之不足，并提出相应的对策[6]；余帅对中国《食品安全法》的立法宗旨进行了研究[7]。最后，从经济学视角进行了相关的研究。如周显以小微食品经营者为例对立法进行经济学分析[8]。本文将系统地把握中国食品安全法的历史演变轨迹、变迁原因，在此基础上分析中国新的食品安全法的发展趋势。

二　中国食品安全法的历史演进

新中国建立 60 多年来，中国持续推动食品安全领域的立法工作，切实解决了食品安全领域的突出问题，保障了公众身体健康和生命安全。倪楠、徐德敏[9]将食品安全法的历史演变进程划分为三个阶段：第一个阶段（1949~1963），是食品安全法的萌芽阶段；第二个阶段（1964~1979），是食品安全法的发展时期；第三个阶段（1981~2009），是食品安全法走向成熟阶段。韩杨、李成贵[10]将食品安全法的发展历程追溯到改革开放之后，将其划分为四个阶段：第一个阶段是食品安全萌芽期（1979～1989）；第二个阶段是食品安全起步期（1990～2000）；第三个阶段是食品安全发展期（2001～2008）；第四个阶段是食品安全完善期（2009 年至今）。在借鉴以上学者对食品安全法历史演进过程划分的基础上，本文将食品安全法的发展轨迹划分三个阶段。

（一）准备阶段（1949～1978）

这一阶段中国处于计划经济时代，是食品安全法制建设的准备阶段。这一阶段又可以细分为两个阶段。

1. 萌芽阶段（1949～1963）

新中国成立初期，立法的重点在于为建设新政权而提供基本的国家制度，而不在于食品安全方面的法制建设[9]。在此阶段，经历了三年自然灾害（1959～1961），人们首先考虑的是温饱问题，对现代意义上的食品安全还没有明显的需求，而且当时的国企并非以盈利为唯一目标，即使在缺乏对食品安全监管的情况下，假冒伪劣商品也十分罕见。在此期间，国家主要通过发布一些单项规章和标准对有关食品卫生和食品中毒的突出问题进行监督管理。如 1953 年卫生部颁布了《关于统一调味粉含麸酸钠标准的通知》和《清凉饮食物管理暂行办法》，这大概是新中国成立后的第一批食品卫生规章。1954 年卫生部下发了《关于食品中使用糖精含量的规定》，1957 年又下发了《关于酱油中使用防腐剂问题》。

2. 准备阶段（1964～1978）

这一阶段可以被视为中国食品安全管理迈向正规化、法制化的前期准备阶段。在此期间，中国经历了国民经济调整时期（1963～1965）、十年“文革”时期（1966～1976）和经济建设恢复期（1977～1978）。这一时期的食品质量和中毒事件，主要是因为受到当时生产、经营和技术等客观条件的限制和人们对饮食卫生知识的缺乏。1964 年国务院转发了卫生部、商业部等五部委发布的《中华人民共和国食品卫生管理试行条例》，这标志着中国食品卫生管理从原有的单项管理转为全面管理，向法制化管理迈进了一步。

（二）发展阶段（1979 ~1992）

这一阶段中国处于经济转轨期，是食品安全法制建设的发展阶段。改革开放之后，随着经济政策的调整，食品工业也推行“多成分、多渠道、多形式”的原则，实行国营、集体、个体共发展的策略，新出现的集体和私营企业开始以追求商业利润为主要目标，食品质量安全风险凸显出来。该阶段中国食品工业基本由过去的供不应求、凭票供应，发展为供求状况大致平衡，人们也开始慢慢关注食品质量问题。在监管方面，中国政府初步提出“在保障食品供给，解决温饱问题的基础上，保障食品的质量安全”。

在此经济背景下，1979 年，国务院正式颁布了《中华人民共和国食品卫生管理条例》，这表明中国在不断加强食品卫生法制化管理的力度[11]。同年，国务院又颁布了《中华人民共和国标准化管理条例》，规定了标准化的方针、政策、任务、机构和工作方法，标志着中国食品安全管理法制建设迈上了新台阶。之后，又有大量的食品卫生及相关法律出台。1982 年第五届全国人大常委会第二十五次会议通过的《中华人民共和国食品卫生法（试行）》，标志着中国食品卫生管理全面步入法制化、规范化的轨道。

（三）成熟阶段（1993 年至今）

这一阶段中国处于市场经济体制期，是食品安全法制建设的成熟阶段。这一阶段政府不再过多干预食品生产经营企业的经营行为，而只需对其生产产品的质量和安全进行监督管理，这也标志着食品安全管理体制中政企关系在体制上的正式分离，标志着食品安全管理体制正式转变为外部型、第三方的监管型体制[12]。1990 年，中国开始推行“绿色食品工程”。2001 年，中国农业部推行“无公害食品行动计划”，开始了中国食品安全的全面发展。

在新的经济背景下，1995 年 10 月 30 日第八届全国人大常委会第十六次会议正式通过《中华人民共和国食品卫生法》，新中国诞生了第一部食品卫生法律，从而形成了由食品卫生法律、行政规章、地方性法规、食品卫生标准以及其他规范性文件有机联系的食品卫生法律制度体系。为保障农产品质量安全，维护公众健康，促进农业和农村经济发展，2006 年 4 月 29 日，十届全国人大常委会第二十一次会议表决通过了《中华人民共和国农产品质量安全法》。2009 年 2 月 28 日十一届全国人大常委会第七次会议通过了《中华人民共和国食品安全法》，标志着中国的食品安全进入了一个崭新的时期。为了更好地解决食品安全工作出现的新情况、新问题，2014 年 7 月 1 日，第十二届全国人大常委会第九次会议初次审议了《中华人民共和国食品安全法（修订草案）》。2015 年 4 月 24 日第十二届全国人大常务委员会第十四次会议修订通过了新的《中华人民共和国食品安全法》。

三 中国食品安全法的变迁动因

（一）监管对象的变动是政策变迁的主要原因

在中国食品安全法的历史演进过程中，监管主体、主要的政策工具等是不断变化的，其原因主要源于监管对象的变化。换言之，监管对象的变动是中国食品安全法政策变迁的主要原因。不同阶段监管对象的主要特征如下：第一阶段（1949~1978），其主要特征是“公私合营、政企合一、财政预算软约束、前市场风险”；第二阶段（1979~1992），其主要特征是“所有制非国有化、政企开始分离、财政硬约束、混合风险（前市场与市场风险）”；第三阶段（1993 年至今），其主要特征是“所有制多元化、政企完全分离、财政硬约束、由单一环节的食品卫生过渡到全过程的食品安全、以市场风险为主”。食品监管由仅限于事后消费环节的食品卫生管理逐步转向贯穿于事前、事中、事后，从农田到餐桌的全过程食品安全风险监管，食品监管对象的覆盖范围和复杂程度大大增加[13]。

（二）不同利益主体间的动态博弈是政策变迁的根本原因

制度变迁总是按照“不均衡—均衡—不均衡”这样的规律循环往复。从本质上来说，这实际上是一种利益博弈的过程[14]。就中国食品安全法而言，其政策演变过程经历了一个从不均衡到均衡的反复调整过程，其中涉及政府管理者、生产者（包括种植、养殖）、加工经营者、储存运输者、批发零售商、消费者等多方利益主体的动态博弈。在复杂的利益关系网中，政府、生产经营者和消费者这三个维度之间的利益博弈，成为中国食品安全法政策变迁的最主要动力。所以，中国的食品安全管理政策主要在均衡企业的经济利润、消费者的健康与安全及国家利益中不断动态调整。

（三）既定目标的实现是政策变迁的直接原因

如前所述，新中国成立至今中国食品安全法共经历了三个基本发展阶段，每个阶段的政策出台都是根据时代要求和变化而制定的，旨在解决当时的新情况、新问题。在不同发展阶段，中国面临着不同的食品安全问题，从而政策目标有所不同：第一阶段（1949~1978），其政策目标是“粮食安全，解决温饱”；第二阶段（1979~1992），其政策目标是“粮食安全，解决温饱，逐步保障食品安全”；第三阶段（1993年至今），其政策目标是“粮食安全与食品安全”。所以，中国的食品安全法在第一阶段更多地侧重消费环节，第二阶段侧重生产、加工环节，第三阶段，侧重生产、加工、流通、销售与消费一体化的监管模式。

四　新阶段中国食品安全法的发展趋势

通过梳理新中国建立以来中国食品安全法的历史演变轨迹，分析其政策变迁的原因，可以明确地把握新阶段中国食品安全法的发展趋势。

虽然现行《中华人民共和国食品安全法》对规范食品生产经营活动、保障食品安全发挥了重要作用，食品安全整体水平得到提升，食品安全形势总体稳中向好，但与此同时，中国食品企业违法生产经营现象依然存在，食品安全事件时有发生，监管体制、手段和制度等尚不能完全适应食品安全需要，法律责任偏轻、治乱威慑作用没有得到充分发挥，食品安全形势依然严峻[15]。2014年的《中华人民共和国食品安全法（修订草案）》修订的总体思路是：更加突出预防为主、风险防范；建立最严格的全过程监管制度；建立最严格的各方法律责任制度；实行食品安全社会共治。2015年最新的《食品安全法》在建立风险评估与预警应急制度、加强监督制度和建立严格的法律责任制度方面体现出新的变化。

（一）建立科学风险评估与预警应急制度

风险评估是整个食品安全风险分析体系的核心和基础。通过风险信息交流制度，在整个风险分析过程中，相关人员（政府、企业、消费者、媒体等）可以对风险的认知交换信息和意见，交流内容包括对风险管理的解释和风险管理决策的依据，为什么制定标准等。在风险评估和预警应急制度方面加强两项工作。（1）强化预防为主和全程控制，有效防范食品安全事故。在《食品安全法》中，第三条规定“食品安全工作实行预防为主、风险管理、全程控制、社会共治，建立科学、严格的监督管理制度”。第十六条强化了食品安全风险检测结果的使用，第十八条强化了食品安全风险评估，列举了六种必须进行风险评估的情形。（2）增设食品安全风险交流制度（第二十三条）。按照科学、客观、及时、公开的原则，组织食品生产经营者、食品检验机构、认证机构、食品行业协会、消费者协会以及新闻媒体等，就食品安全风险评估信息和食品安全监督管理信息进行交流沟通。

（二）进一步加强监管制度

第一，将食品安全企业标准适用于《食品安全法》。《食品安全法》对食品安全企业标准进行了重大修改，规定：“国家鼓励食品生产企业制定严于食品安全国家标准或者地方标准的企业标准，在本企业适用，并报省、自治区、直辖市人民政府卫生行政部门备案。”这一规定体现了对食品安全企业标准的新认识和新定位，也反映了监管思路、管理机制和方式的转变。《食品安全法》第二十七条强化了食品安全标准制定和食品安全监管之间的紧密衔接。

第二，设立最严格的全过程监管法律制度。主要体现在两个方面。其一，从田间到餐桌，加强产业链管理。（1）在食品生产环节，强化食品生产经营者主体责任（第四条、第四十四条）。强化小作坊、食品摊贩等的监管（第三十六条）。（2）在食品流通环节，增设食品安全过程控制要求。增加生产经营过程管理环节；增设食品生产经营企业应当配备专职或者兼职的食品安全管理人员等（第四十四条）；增加生产企业制定并实施原料控制、生产关键环节控制、检验控制、运输和交付控制等管理要求

（第四十六条）。其二，增设食品安全全程追溯制度。规定国家层面、食品生产经营者层面和部门协作层面都建立食品安全全程追溯制度（第四十二条）。

第三，监管方式方法创新。（1）增设风险分级管理制度（第一百零九条）。（2）增设责任约谈制度（第一百一十四、一百一十七条）。（3）实行食品安全信用档案公开和通报制度（第一百一十三条）。（4）增设临时限量值和临时检验方法制度（第一百一十一条），解决了非标检验方法的合法性问题。（5）强化新闻核实引导（第一百一十八条）。

第四，完善召回制度。增设了食品经营者召回义务；增加了召回产品的范围；强化退市食品处置等问题（第六十三条）。

第五，实行食品安全管理责任制（第七条），制定食品安全年度监督管理计划（第一百零九条）。

第六，完善食品安全社会共治。除了强化行业自律、消费者协会监督、群众举报投诉，新法中增设了食品安全责任保险制度（第四十三条），规定国家鼓励食品生产经营企业参加食品安全责任保险。

（三）建立最严格的法律责任制度

《食品安全法》将建立最严格的法律责任制度，坚持“重典治乱”，大幅提高企业违法成本，政府失职将被问责等，主要从三个方面着手。

第一，行政责任方面。（1）增加了行政拘留（第一百二十三条），并且提高了行政罚款的额度，如货值金额不足一万元的，并处十万元以上十五万元以下罚款；货值金额一万元以上的，并处货值金额十五倍以上三十倍以下罚款。（2）强化资格罚。因食品安全犯罪被判处有期徒刑以上刑罚的，终身不得从事食品生产经营的管理工作（第一百三十五条）。（3）增加了为违法行为非法提供场所和条件的法律责任（第一百二十二、一百二十三条）。（4）增补了部分违法行为的法律责任（第一百二十四条）。（5）强化检验机构和认证机构法律责任（第一百三十八、一百三十九条）。（6）增加对行政累犯的处罚（第一百三十四条）。（7）增加了对拒绝、阻挠、干涉执法的处罚（第一百三十三条）。

第二，刑事责任方面，进一步完善了行刑衔接机制（第一百二十一条）。

第三，民事责任方面。（1）规定了消费者赔偿首负责任制。接到消费者赔偿要求的生产经营者，应当实行首负责任制，先行赔付，不得推诿（第一百四十八条）。（2）完善了惩罚性赔偿制度和最低额赔偿制度（第一百四十八条）。（3）增设了五种连带责任（第一百三十、一百三十一、一百三十八、一百三十九、一百四十条）。其中，增设网络食品交易第三方平台法律义务。网络食品交易第三方平台提供者应当对入网食品经营者进行实名登记；在民事责任承担方面，不能提供入网食品经营者的真实名称、地址和有效联系方式的，由网络食品交易第三方平台承担连带责任（第六十二条）。（4）强化对虚假食品安全信息发布者的民事责任（第一百四十一条）。（5）严惩重处，兼顾过罚相当（第一百二十五、一百三十六条）。

参考文献

［1］王东海：《史上最严，打响“舌尖安全”保卫战——新修订〈食品安全法〉深度解读》，《中国食品药品监管》2015 年第 5 期。

［2］王卫东等：《从〈食品安全法〉看我国食品安全监管体制的完善》，《中国调味品》2010 年第 6 期。

［3］郭永清、冯诗景：《对我国食品安全管制制度设计的思考——兼评新〈食品安全法〉》，《内蒙古农业大学学报》（社会科学版）2016 年第 12 期。

［4］王晓芬等：《〈食品安全法〉实施中的若干法律问题探讨》，《行政与法》2009 年第 8 期。

［5］舒洪水、李亚梅：《食品安全犯罪的刑事立法问题——以我国〈刑法〉与〈食品安全法〉的对接为视角》，《法学杂志》2014 年第 5 期。

［6］孙效敏：《论〈食品安全法〉立法理念之不足及其对策》，《法学论坛》2010 年第 1 期。

［7］余帅：《我国食品安全法的立法宗旨研究》，博士学位论文，华中师范大学，2014。

［8］周显：《〈食品安全法〉的经济学分析——以“重典治乱”背景下的小微食品经营者为例》，湖北省法学会法经济学研究会 2016 年学术年会论文集，2016 年 11 月。

[9] 倪楠等:《新中国食品安全法法制建设的历史演进及其启示》,《理论导刊》2012年第11期。
[10] 韩杨等:《中国食品安全的过去、现在与未来》,《经济研究参考》2011年第45期。
[11] 孙婧:《聚焦食品安全立法历程》,《中国食品》2010年第10期。
[12] [13] 刘鹏:《中国食品安全监管——基于体制变迁与绩效评估的实证研究》,《公共管理学报》2010年第4期。
[14] 张秀芳:《中国转基因食品安全管理制度变迁研究》,《内蒙古社会科学》(汉文版)2012年第3期。
[15] 陈丽平:《建立最严格食品安全监管制度》,《法制日报》2014年第6期。

(责任编辑:樊祥成)

国际经济

山东对外农业投资合作的进展及发展思路

山东省农业对外经济合作中心课题组*

摘　要：近年来，山东省积极参与农业对外合作，鼓励（涉农）企业到境外进行投资合作，推动农业装备、技术、标准、品牌、服务“走出去”，取得显著成效。本文对2016年度山东对外农业投资企业采集数据进行综合整理和分析，分别从山东省“走出去”企业对外投资的总体特征、全球分布、行业分布等方面进行实证论述，分析企业走出去存在的制约因素，并提出富有建设性的政策建议。

关键词：对外农业投资合作　投资存量　投资流量

一　山东省对外农业投资合作总体情况

据农业信息采集系统，截至2015年底，山东省共有88家企业（以下简称“境内企业”）在境外投资设立了108个农业企业（以下简称“境外企业”），88家境内企业的注册资本总额162.00亿人民币，108家境外企业的注册资本总额19.55亿美元；境内企业的资产总额1733.06亿人民币，境外企业的资产总额13.04亿美元。

* 课题主持人：王子才，课题组成员：弭云禄、周献增、张德新、赵勇。

（一）山东省对外农业投资总量及特征

1. 对外农业投资流量

（1）流量总额。山东省对外农业投资净额（以下简称投资流量）从2014年的15417万美元上升到2015年的18765.38万美元，增幅达21.7%。山东省经济的快速稳定发展和对外投资政策的不断完善，促进了对外农业投资的加速发展（见图1）。

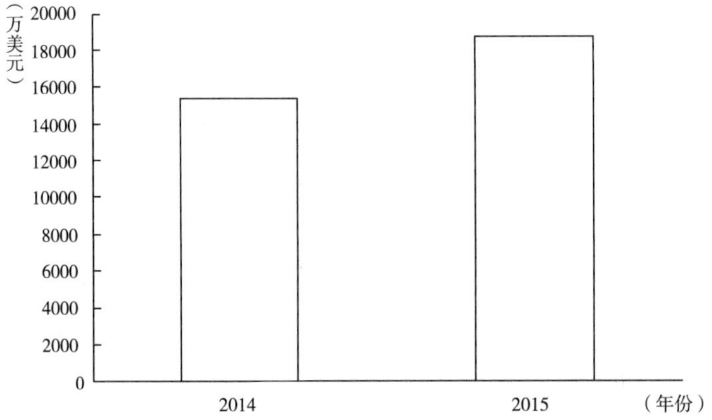

图1 山东省对外农业投资流量变化（2014~2015）

（2）流量区域分布。从投资流量的区域分布来看，对欧洲的投资规模最大，达4492.85万美元，占2015年投资流量总额的23.9%；对亚洲的投资规模位列第二，投资额为3986.25万美元，占投资流量总额的21.2%；对北美洲的投资额为2980万美元，占投资流量总额的15.9%；对南美洲的投资额为2774.39万美元，占投资流量总额的14.8%；对大洋洲的投资额为2413万美元，占投资流量总额的12.9%；对非洲的投资规模最小，投资额为2118.89万美元，占投资流量总额的11.3%（见图2）。欧洲、亚洲是山东省农业对外投资的重点区域，合计占投资流量总额的45.1%。

（3）流量产业分布。2015年，山东省“走出去”企业在境外的农业投资流量总额18765.38万美元。其中农业（主要指种植业，下同）的投资流量5434.42万元美元，占境外投资流量总额的29.0%；林业的投资流

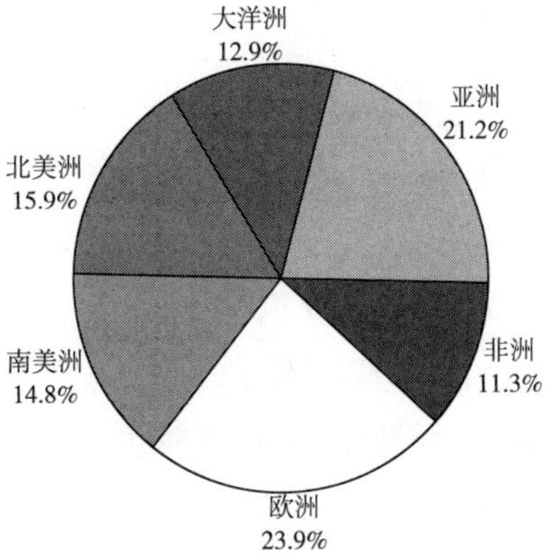

图 2　2015 年山东省对外农业投资流量区域分布

量 413.67 万美元，占比 2.2%；畜牧业的投资流量 1378 万美元，占比 7.3%；渔业的投资流量 4266.92 万美元，占比 22.7%；农副产品加工业的投资流量 6350.53 万美元，占比 33.8%；农林牧渔服务业的投资流量 110 万美元，占比 0.6%；其他产业的投资流量 811.84 万美元，占比 4.3%。农副产品加工业、农业和渔业是山东省对外农业投资流量排名前三位的行业（见图 3）。

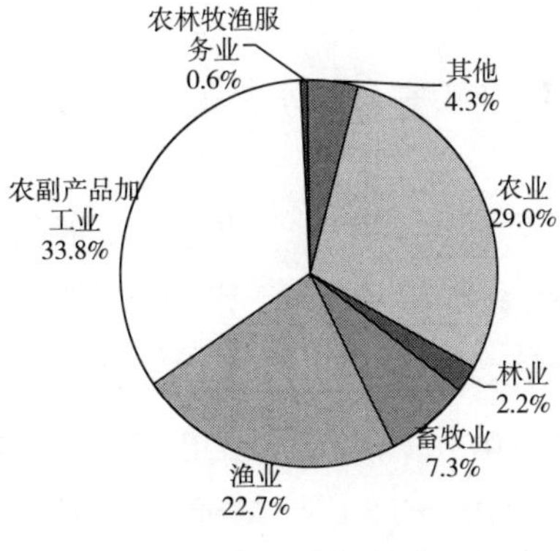

图 3　2015 年山东省“走出去”企业对外农业投资的投资流量分布

2. 对外农业投资存量分析

截至 2015 年底，山东省农业对外累计投资总额（以下简称“投资存量”）99847.46 万美元。

（1）存量区域分布。从投资存量的区域分布来看，主要分布在亚洲、大洋洲、非洲、欧洲、北美洲和南美洲。其中，在亚洲的投资存量最大，为 29246. 62 万美元，占投资存量总额的 29. 3%；在大洋洲的投资存量位列第二，为 22505. 99 万美元，占投资存量总额的 22. 5%；在非洲的投资存量位列第三，为 19425. 93 万美元，占投资存量总额的 19. 5%；在欧洲的投资存量为 13123. 01 万美元，占投资存量总额的 13. 1%；在北美洲的投资存量为 8887 万美元，占投资存量总额的 8. 9%；在南美洲的投资存量最小，为 6658. 91 万美元，占投资存量总额的 6. 7%（见图 4）。山东省农业对外投资存量主要集中在亚洲、大洋洲和非洲，三大洲合计占投资存量总额的 71. 3%。

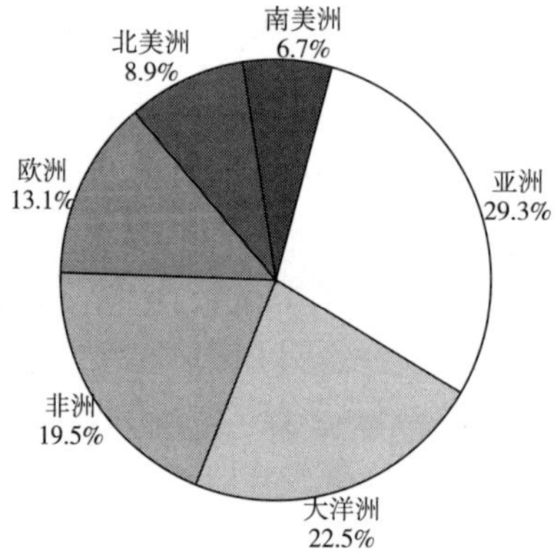

图 4　2015 年山东省对外农业投资存量区域分布

（2）存量产业分布。截至 2015 年底，山东省“走出去”企业在境外农业投资存量总额 99847. 46 万美元。其中，农业的投资存量 44548. 95 万美元，占境外投资存量的 44. 6%；林业的投资存量 16587. 76 万美元，占比 16. 6%；畜牧业的投资存量 5677 万美元，占比 5. 7%；渔业的投资存量 10506. 84 万美元，占比 10. 5%；农副产品加工业的投资存量 13333. 53 万美元，占比 13. 4%；农林牧渔服务业的投资存量 5439. 56 万美元，占比 5. 4%；其他产业的投资存量 3753. 82 万美元，占比 3. 8%。农业、林业和农副产品加工业是山东省对外农业投资存量排名前三位的行业（见图 5）。

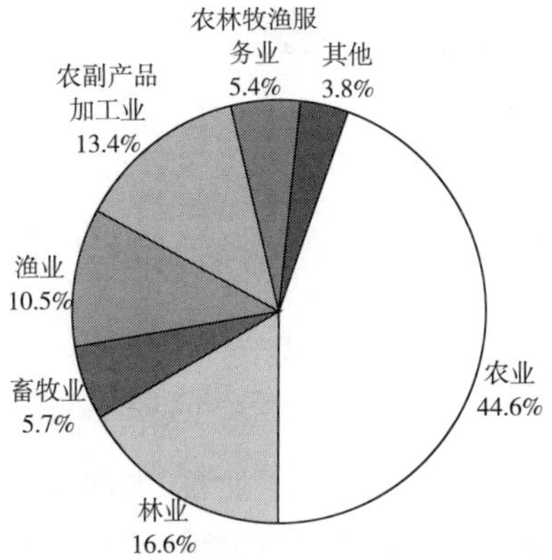

图 5　2015 年山东省“走出去”企业对外农业投资存量的产业分布

（二）境外企业经营状况

1. 资产状况及投资情况

截至 2015 年底，108 家境外企业总资产 13.04 亿美元。其中，资产总额 10000 万美元以上的企业只有 1 家，占企业总数的 0.9%；资产总额为 5001 万～10000 万美元的企业有 3 家，占企业总数的 2.8%；资产总额为 1001 万～5000 万美元的企业有 27 家，占企业总数的 25.0%；资产总额为 501 万～1000 万美元的企业有 15 家，占企业总数的 13.9%；资产总额为 201 万～500 万美元的企业有 17 家，占企业总数的 15.7%；资产总额在 200 万美元以下的企业有 45 家，占企业总数的 41.7%（见表 1）。资产总额在 500 万美元以下的企业 62 家，占企业总数的 57.4%；资产总额在 5000 万美元以上的企业只有 4 家，占企业总数的 3.7%。可见，山东省“走出去”企业的境外企业规模偏小。

表 1　2015 年山东省“走出去”企业的境外企业资产状况

企业总资产	企业数（家）	百分比（%）
10000 万美元以上	1	0.9
5001 万～10000 万美元	3	2.8
1001 万～5000 万美元	27	25.0

续表

企业总资产	企业数（家）	百分比（%）
501 万~1000 万美元	15	13.9
201 万~500 万美元	17	15.7
0~200 万美元	45	41.7
合计	108	100.0

2. 企业类型及现状

截至 2015 年底，从 108 家境外企业的注册类型来看，注册为独资企业的企业有 78 家，占企业总数的 72.2%；注册为合资企业的企业有 27 家，占企业总数的 25.0%；注册为合作企业的企业有 3 家，占企业总数的 2.8%（见图 6）。山东省“走出去”企业在境外投资注册的企业类型主要为独资企业。从不同注册类型企业的地区分布来看，设立在非洲地区、亚太经济合作组织国家的独资企业 47 家，占独资企业总数的 60.3%；设立在 20 国集团成员国家的合资企业有 13 家，占合资企业总数的 48.2%；合作企业主要分布在亚洲地区不甚发达的国家，例如蒙古国。

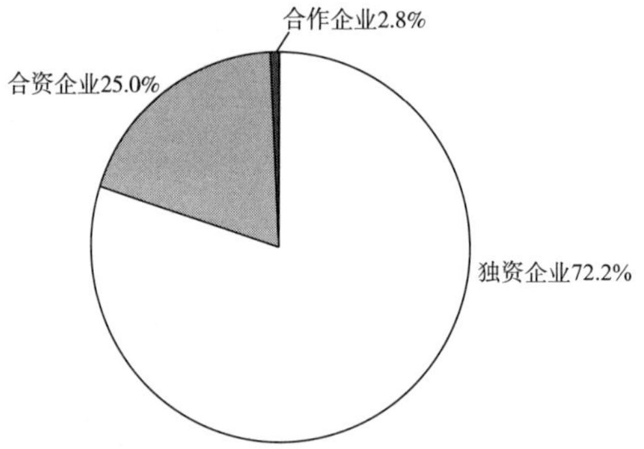

图 6　2015 年山东省 108 家境外企业的注册类型

从境外企业的设立方式来看，在有效填写设立方式的 107 家境外企业中，设立为子公司的企业 81 家，占企业总数的 75.7%；设立为联营公司的企业 19 家，占企业总数的 17.8%；设立为分支机构的企业 7 家，占企业总数的 6.5%（见图 7）。山东省“走出去”企业在境外以设立子公司为主。

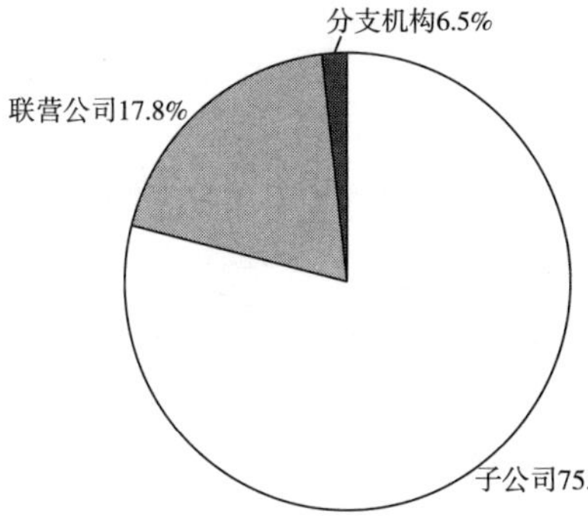

图 7　2015 年山东省 107 家境外企业的设立方式

从 108 家境外企业的经营状态来看，正在经营的企业 81 家，占企业总数的 75.0%。其余企业受自身实力、东道国限制、政治经济风险、文化差异等因素影响，处于筹备设立、暂停经营和注销的状态。其中，正在筹备设立的企业 18 家，占企业总数的 16.7%；暂停经营的企业 9 家，占企业总数的 8.3%（见图 8）。

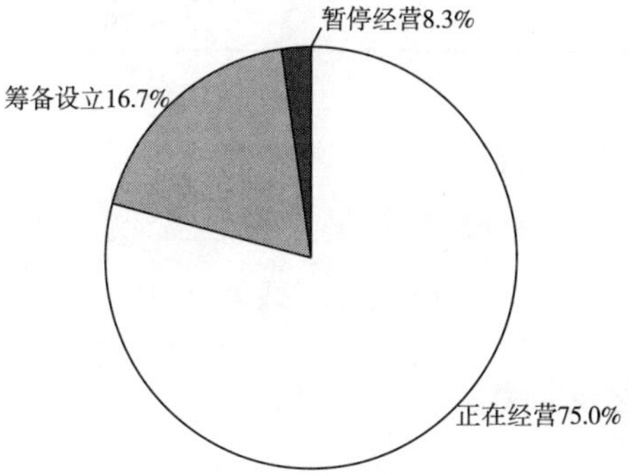

图 8　2015 年山东省 108 家境外企业的经营状态

3. 经营业务

截至 2015 年底，在有效填写经营业务及累计投资规模的 108 家境外企业中，部分企业同时经营两种以上类型的业务活动。其中，从事农业生产业务的企业 54 家，从事加工业务的企业 19 家，从事仓储业务的企业 17 家，从事物流业务的企业 13 家，从事其他业务的企业 45 家。同时经营生产业务、加工业务的企业 2 家，同时经营生产、加工、仓储、物流等业务的企业 9 家。境外企业同时经营多种业务，表明山东省“走出去”的企业在境外高度重视产业链的投资和打造。

4. 从业人员数量

截至 2015 年底，108 家境外企业共有外派的中方员工 1348 人，当地雇佣的东道国员工 6590 人。2015 年，境外企业中外派中方员工的工资总额 3421. 44 万美元，全年平均工资 2. 5 万美元；境外企业在当地雇佣的东道国员工工资总额 4100. 67 万美元，全年平均工资 6222. 6 美元。

2013～2015 年，山东省境内企业的外派中方员工数量呈逐年增长趋势，由 2013 年的 964 人增长到 2015 年的 1348 人；山东省的境外企业在当地雇佣的东道国员工数量呈逐年递减趋势，由 2013 年的 8725 人减少到 2015 年的 6590 人（见表 2）。

表 2　2013～2015 年山东省 108 家境外企业中的员工来源结构

单位：人

年份	中方人员	东道国人员	合计
2013	964	8725	9689
2014	1170	7089	8259
2015	1348	6590	7938

5. 社会效益和经营情况

2015 年，山东省 108 家境外企业实现营业收入 71887. 07 万美元，指导当地农民开展农业生产共计 26453 人，共向东道国缴纳税金 1786. 34 万美元。

（三）产业链建设情况

从 108 家境外企业的产业链建设情况来看，截至 2015 年底，不同产业链环节业务的累计投资额 99747. 46 万美元，比上年同期增长 52. 7%。其中，境外企业在生产环节的投资金额最大，共计 68198. 32 万美元，占投资总额的 68. 4%；在加工环节的投资金额位列第二，共计 10792. 8 万美元，占投资总额的 10. 8%；在仓储环节的投资金额为 1845. 25 万美元，占投资总额的 1. 8%；在物流环节的投资金额为 2097. 3 万美元，占投资总额的 2. 1%；在其他业务环节的投资金额为 16813. 79 万美元，占投资总额的 16. 9%（见图 9）。

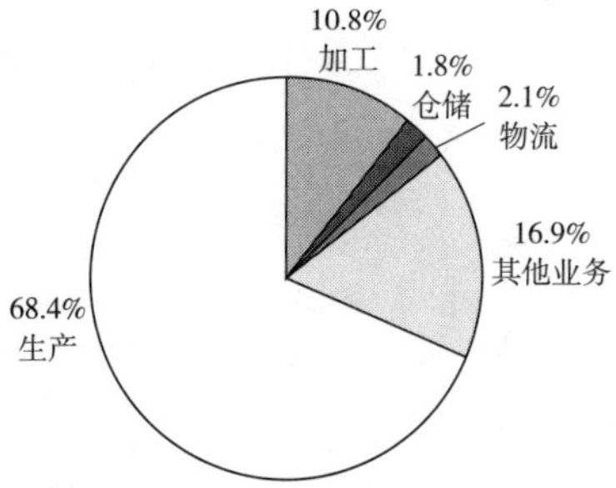

图 9　山东省 108 家境外企业的产业链建设及业务类别

总体来看，山东省境外企业在海外的农业投资主要集中在生产、加工等农业产业链的低端环节，而在仓储、物流等环节的业务较少。这表明，山东省境外企业在农业产业链的高端环节有待突破。

二　山东省对外农业投资的全球分布

截至 2015 年底，山东省“走出去”企业已在全球 41 个国家或地区进行海外农业投资，国别投资覆盖率 18.5%（见图 10、图 11、图 12、图 14）。

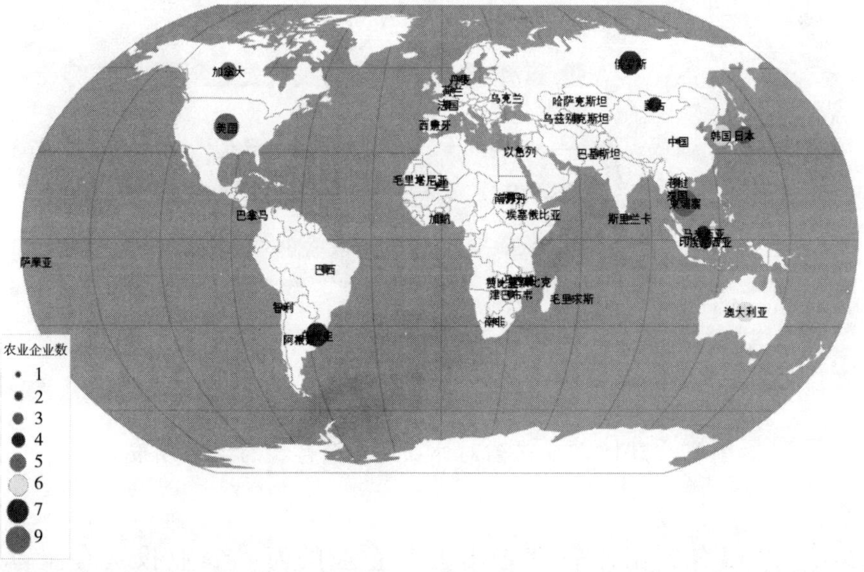

图 10　2015 年山东省对外农业投资境外企业的全球分布

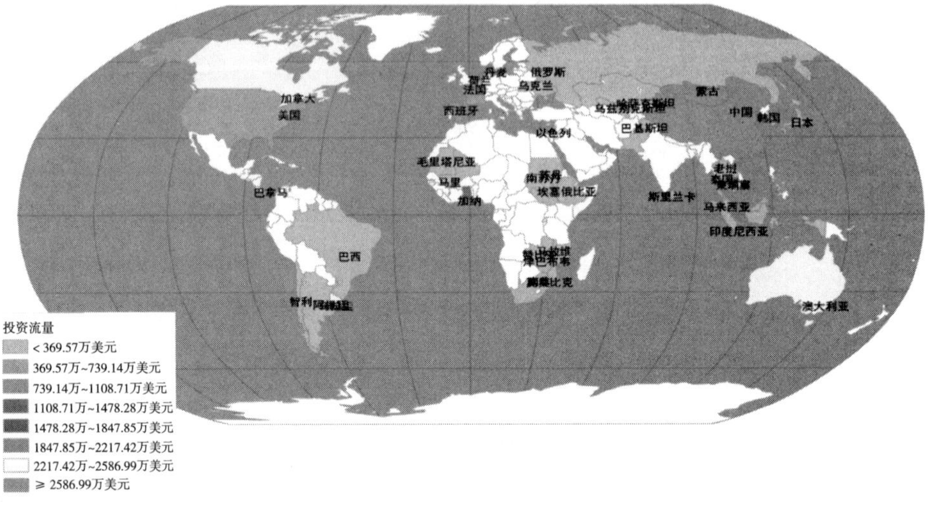

图 11　2015 年山东省对外农业投资流量的全球分布

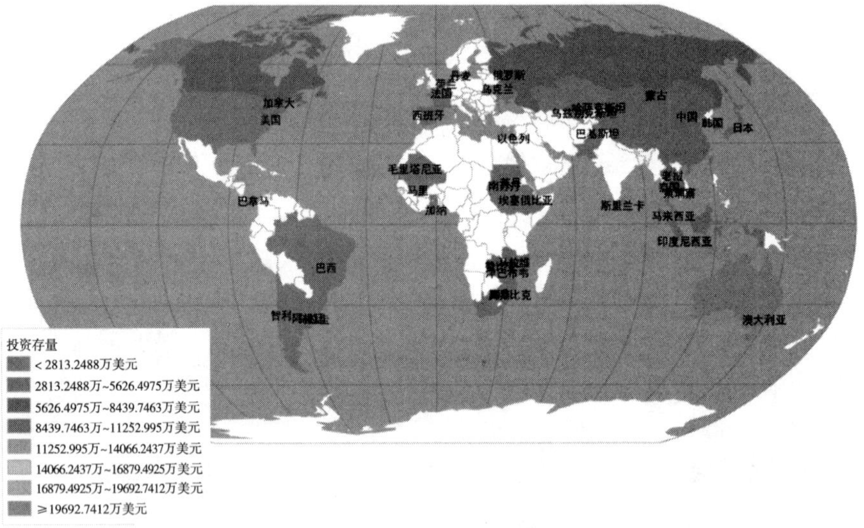

图 12　2015 年山东省对外农业投资存量的全球分布

2013~2014 年，山东省“走出去”企业的海外农业投资存量基本持平；2015 年，投资存量快速增长，比上年增长 21.3%。从投资存量在各洲的分布来看，2015 年，亚洲以绝对优势占据第一位，吸引了山东省“走出去”企业的绝大部分投资；其次是大洋洲；投资存量最小的是南美洲。从投资存量的增长速度来看，2015 年，山东省“走出去”企业对亚洲、非洲和南美洲的投资增长迅速。(见图 13)

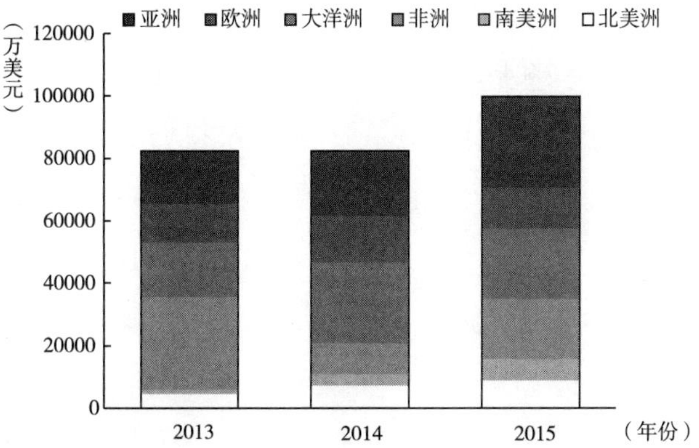

图 13　2013~2015 年山东省对外农业投资存量区域构成

山东省对外农业投资主要集中在发展中国家和发达国家。2015 年，山东省“走出去”企业在境外设立企业数量排名前五位的国家分别是柬埔寨、美国、俄罗斯、乌拉圭和澳大利亚。

（一）投资的区域分布

截至 2015 年底，山东省对外农业投资存量 9.98 亿美元。从表 3 可以看出，山东省对外农业投资存量主要集中在亚洲和大洋洲。其中，在亚洲的投资存量 2.92 亿美元，占投资存量总额的 29.3%，主要分布在老挝（投资存量为 1.01 亿美元）；在大洋洲的投资存量 2.25 亿美元，占投资存量总额的 22.5%，主要分布在澳大利亚（投资存量为 2.25 亿美元）；在非洲的投资存量 1.94 亿美元，占投资存量总额的 19.5%，主要分布在津巴布韦（投资存量为 0.45 亿美元）；在欧洲的投资存量 1.31 亿美元，占投资存量总额的 13.1%，主要分布在俄罗斯（投资存量为 0.72 亿美元）；在北美洲的投资存量 0.89 亿美元，占投资存量总额的 8.9%，主要分布在加拿大（投资存量为 0.75 亿美元）；在南美洲的投资存量 0.67 亿美元，占投资存量总额的 6.7%，主要分布在乌拉

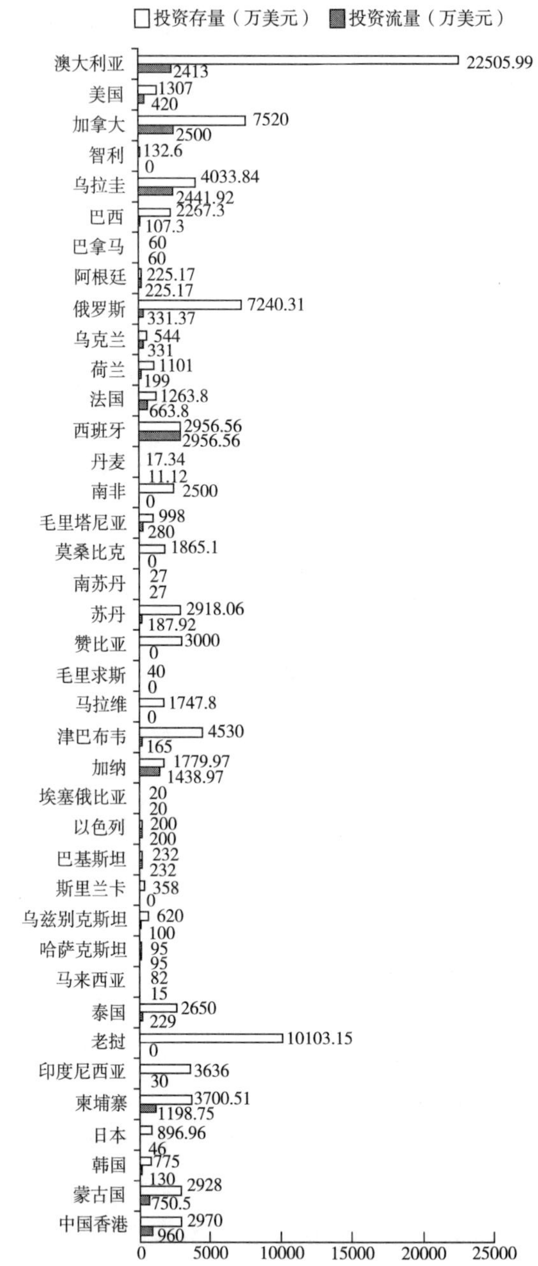

图 14　2015 年山东省对外农业投资存量、投资流量的国家（地区）分布

圭（投资存量为 0.4 亿美元）。

表 3　2015 年山东省对外农业投资流量、投资存量的地区和重点国家分布

所在洲	国家（地区）	投资流量（万美元）	投资存量（万美元）
亚洲	柬埔寨	1198.75	3700.51
	蒙古国	750.50	2928.00
	泰国	229.00	2650.00
	老挝	0.00	10103.15
欧洲	西班牙	2956.56	2956.56
	俄罗斯	331.37	7240.31
北美洲	加拿大	2500.00	7520.00
	美国	420.00	1307.00
南美洲	乌拉圭	2441.92	4033.84
	巴西	107.30	2267.30
大洋洲	澳大利亚	2413.00	22505.99
非洲	加纳	1438.97	1779.97
	苏丹	187.92	2918.06
	津巴布韦	165.00	4530.00

（二）境外企业的区域分布

从境外企业在各洲的分布来看，山东省 108 家境外企业主要设立在亚洲、非洲和北美洲。其中，在亚洲设立的企业 44 家，占企业总数的 40.8%；在非洲设立的企业 17 家，占企业总数的 15.7%；在北美洲设立的企业 15 家，占企业总数的 13.9%；在欧洲设立的企业 14 家，占企业总数的 13%；在南美洲设立的企业 11 家，占企业总数的 10.2%；在大洋洲设立的企业 7 家，占企业总数的 6.4%（见图 15）。从境外企业在各国的

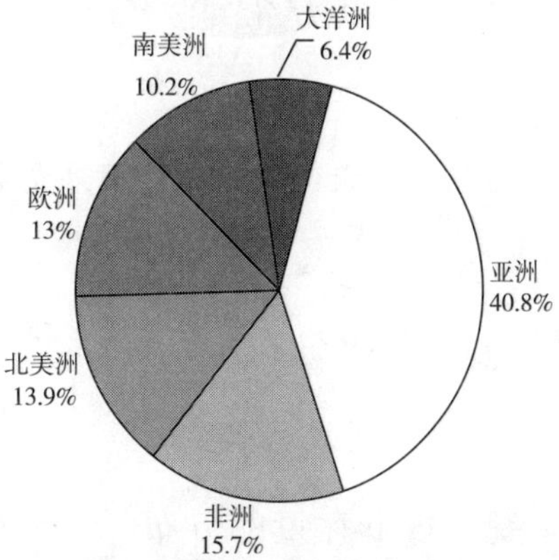

图 15　2015 年山东省 108 家境外企业的区域分布

分布来看，山东省108家境外企业主要在柬埔寨（9家企业）、美国（9家企业）、俄罗斯（7家企业）、乌拉圭（7家企业）和澳大利亚（6家企业）等。

三　山东省对外农业投资的行业分布

（一）对外农业投资行业分布总体情况

截至2015年底，山东省“走出去”企业在境外投资设立了108家境外企业。其中，农业企业共33家，占108家境外企业总数的30.6%；林业企业12家，占比11.1%；畜牧业企业7家，占比6.5%；渔业企业18家，占比16.7%；农副产品加工业13家，占比12.0%；农林牧渔服务业11家，占比10.2%；其他产业14家，占比13.0%。农业、渔业和农副产品加工业为山东省“走出去”企业在境外进行投资的前三位行业（见图16）。

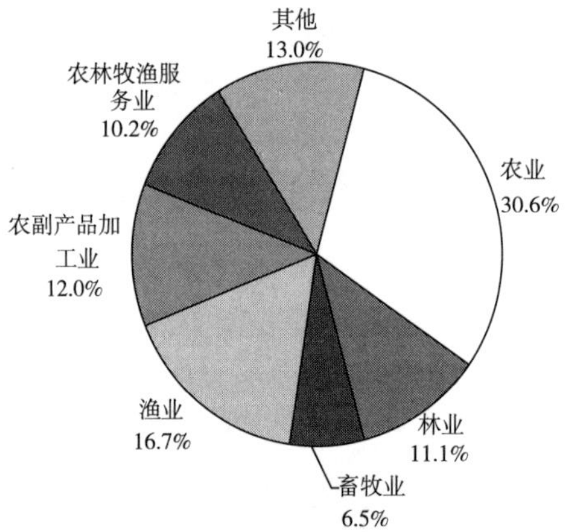

图16　2015年山东省“走出去”企业境外企业的产业分布

（二）对外农业投资的产业分布

1. 对农业的投资

（1）对农业投资流量、投资存量的分布

截至2015年底，在山东省“走出去”企业的33家境外农业企业中，在亚洲的农业企业 12 家，占 33 家境外农业企业总数的 36.4%；在欧洲的农业企业 4 家，占比 12.1%；在非洲的农业企业 10 家，占比 30.3%；在南美洲的农业企业 1 家，占比 3.0%；在北美洲的农业企业 4 家，占比 12.1%；在大洋洲的农业企业 2 家，占比 6.1%（见表 4）。

截至 2015 年底，从山东省在境外对农业投资的存量来看，在亚洲的对农业投资存量 5684.2 万美元，占山东省“走出去”企业对农业投资存量总额的 12.7%；在欧洲的对农业投资存量 2008.8 万美元，占比 4.5%；在非洲的对农业投资存量 13607.96 万美元，占比 30.5%；在南美洲的对农业投资存量 2000 万美元，占比 4.5%；在北美洲的对农业投资存量 545 万美元，占比 1.2%；在大洋洲的对农业投资存量 20702.99 万美元，占比 46.5%（见表 4）。

表 4　2015 年山东省“走出去”企业对农业投资的分布

投资区域	境外农业企业数（家）	投资存量（万美元）	投资流量（万美元）	对农业投资的国家
亚洲	12	5684.2	1939.7	印度尼西亚、马来西亚、韩国、蒙古国、日本、柬埔寨
欧洲	4	2008.8	893.8	俄罗斯、乌克兰、荷兰
非洲	10	13607.96	399.92	埃塞俄比亚、马拉维、马里、津巴布韦、莫桑比克、赞比亚、南苏丹
南美洲	1	2000	45	巴西
北美洲	4	545	161	美国
大洋洲	2	20702.99	1995	澳大利亚

（2）对农业投资的农作物类型

2015 年，在山东省“走出去”的 33 家境外企业中，从事谷物及其他作物种植的境外农业企业 23 家，占 33 家境外企业总数的 69.7%；从事蔬菜、园艺作物种植的境外农业企业 7 家，占比 21.2%；从事水果、坚果、香料作物种植的境外企业 3 家，占比 9.1%。可见，33 家境外企业主要从事谷物、蔬菜、园艺作物的种植（见图 17）。

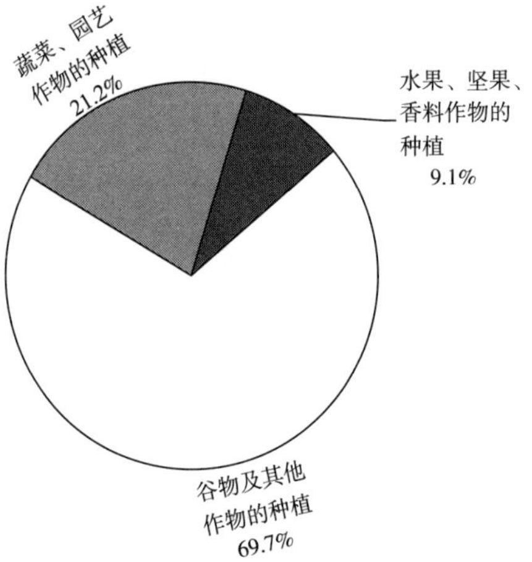

图 17　2015 年山东省对种植业作物投资类型

2. 对畜牧业的投资

截至 2015 年底，在山东省“走出去”企业的 7 家境外畜牧业企业中，在亚洲的畜牧业企业 5 家，占境外畜牧业企业总数的 71. 4%；在大洋洲的畜牧业企业 2 家，占境外畜牧业企业总数的 28. 6%（见表 5）。

截至 2015 年底，从山东省在境外对畜牧业投资的存量来看，在亚洲的畜牧业投资存量 4299 万美元，占山东省“走出去”企业对畜牧业投资存量总额的 74%；在大洋洲的畜牧业投资存量 1378 万美元，占比 26%。总的来看，亚洲是畜牧业的主要投资区域（见表 5）。

表 5　2015 年山东省“走出去”企业对畜牧业投资的洲分布

投资区域	境外畜牧业企业数（家）	投资存量（万美元）	投资流量（万美元）	对畜牧业投资的分布
亚洲	5	4299	960	蒙古国、中国香港、乌兹别克斯坦、柬埔寨
大洋洲	2	1378	418	澳大利亚

3. 对渔业的投资

截至 2015 年底，山东省“走出去”企业的 18 家境外渔业企业中，在亚洲的渔业企业 6 家，占境外渔业企业总数的 33. 3%；在非洲的渔业企业2家，占比11.1%；在欧洲的渔业企业1家，占比5.6%；在南美洲的渔业企业7家，占比38.9%；在大洋洲的渔业企业2家，占比11.1%。由此可见，亚洲和南美洲依然是渔业投资的主要区域（见表6）。

截至2015年底，从山东省在境外对渔业投资的存量来看，在亚洲的对渔业投资存量为4175万美元，占山东省"走出去"企业对渔业投资存量总额的39.7%；在非洲的对渔业投资存量2298万美元，占比21.9%；在南美洲的对渔业投资存量4033.84万美元，占比38.4%（见表6）。同样，在欧洲和大洋洲的对渔业投资存量为0，这与境外企业当前状态有关。

表6　2015年山东省"走出去"企业对外渔业投资的洲分布

投资区域	境外渔业企业数（家）	投资存量（万美元）	投资流量（万美元）	对渔业投资的国家分布
亚洲	6	4175	245	印度尼西亚、斯里兰卡、乌兹别克斯坦
非洲	2	2298	1580	毛里塔尼亚、加纳
欧洲	1	0	0	西班牙
南美洲	7	4033.84	2441.92	乌拉圭
大洋洲	2	0	0	澳大利亚、萨摩亚

4. 对林业的投资

截至2015年底，在山东省"走出去"企业的12家境外林业企业中，在亚洲的林业企业3家，在欧洲的林业企业5家，在南美洲的林业企业1家，在北美洲的林业企业3家。由此可见，亚洲和欧洲依然是林业投资的主要区域（见表7）。

截至2015年底，从山东省在境外对林业投资的存量来看，在亚洲的对林业投资存量12103.15万美元，占山东省"走出去"企业对林业投资存量总额的73.0%；在欧洲的对林业投资存量2934.31万美元，占比17.7%；在南美洲的对林业投资存量267.3万美元，占比16.1%；在北美洲的对林业投资存量1283万美元，占比7.7%（见表7）。

表 7 2015 年山东省“走出去”企业对林业投资的洲分布

投资区域	境外林业企业数（家）	投资存量（万美元）	投资流量（万美元）	对林业投资的国家分布
亚洲	3	12103.15	0	老挝
欧洲	5	2934.31	331.37	俄罗斯
南美洲	1	267.3	62.3	巴西
北美洲	3	1283	20	加拿大

5. 对农副产品加工业的投资

截至 2015 年底，在山东省“走出去”企业的 13 家境外农副产品加工业企业中，在亚洲的农副产品加工业企业 6 家；在非洲的农副产品加工业企业 2 家；在欧洲的农副产品加工业企业 2 家；在南美洲的农副产品加工业企业 1 家；在北美洲的农副产品加工业企业 2 家（见表 8）。

截至 2015 年底，从山东省在境外对农副产品加工业投资的存量来看，在亚洲的对农副产品加工业投资存量为 2078 万美元，占山东省“走出去”企业对农副产品加工业投资存量总额的 15.6%；在非洲的对农副产品加工业投资存量 879.97 万美元，占比 6.6%；在欧洲的对农副产品加工业投资存量 3856.56 万美元，占比 28.9%；在北美洲的对农副产品加工业投资存量 6519 万美元，占比 48.9%（见表 8）。

表 8 2015 年山东省“走出去”企业对农副产品加工业投资的洲分布

投资区域	企业数（家）	投资存量（万美元）	投资流量（万美元）	对农副产品加工业投资的国家
亚洲	6	2078	496	日本、泰国、蒙古国、柬埔寨、日本
非洲	2	879.97	38.97	加纳、莫桑比克
欧洲	2	3856.56	3256.56	丹麦、法国
南美洲	1	—	—	
北美洲	2	6519	2559	加拿大

6. 对农林牧渔服务业的投资

截至 2015 年底，在山东省“走出去”企业的 11 家境外农林牧渔服务业企业中，在亚洲的企业 6 家，占农林牧渔服务业企业总数的 54.5%；在大洋洲、南美洲、北美洲、非洲、欧洲设立的企业各1家，分别占比9.1%（见表9）。

截至2015年底，从山东省在境外对农林牧渔服务业投资的存量来看，在亚洲的对农林牧渔服务业投资存量625.96万美元，占山东省“走出去”企业对农林牧渔服务业投资存量总额的11.5%；在大洋洲的对农林牧渔服务业投资存量325万美元，占比6%；在北美洲的对农林牧渔服务业投资存量10万美元，占比0.2%；在非洲的对农林牧渔服务业投资存量40万美元，占比0.7%；在南美洲的对农林牧渔服务业投资存量132.6万美元，占比2.4%；在欧洲的对农林牧渔服务业投资存量4306万美元，占比79.2%（见表9）。

表9　2015年山东省“走出去”企业对农林牧渔服务业投资的洲分布

投资区域	农林牧渔服务业企业数（家）	投资存量（万美元）	投资流量（万美元）	对农林牧渔服务业投资的国家分布
亚洲	6	625.96	100	日本、马来西亚、哈萨克斯坦、柬埔寨
大洋洲	1	325	0	澳大利亚
北美洲	1	10	10	美国
非洲	1	40	0	毛里求斯
南美洲	1	132.6	0	智利
欧洲	1	4306	0	俄罗斯

四　山东省对外农业投资的制约因素

（一）国内政策方面

一是政策措施及扶持力度不够。虽然国家陆续出台了系列支持企业“走出去”的政策，但惠及面偏窄、资金扶持额度少、综合配套措施不完善，特别是缺乏针对农业行业特点（境内企业规模小、民营企业为主导、“走出去”起步晚、投资周期长而收效慢等）给予的扶持措施。

二是融资难的问题突出。国家开发银行、中国进出口银行作为国家扶持企业“走出去”、进出口贸易的政策性或专业性银行，受各种条件的制约，企业争取到贷款扶持并不容易。企业认为门槛偏高。其他商业银行也存在着贷款难、利率较高、海外分支机构偏少等问题，不能满足境外中资企业的融资需求。虽然一些中资企业在境外资产已达一定规模，但受政策限制难以抵押贷款，致使一些“走出去”的企业发展后劲不足。

三是缺乏权威境外投资服务体系。境外投资与国内投资不同，除对投资行业情况熟悉以外，还需要对投资目标国投资政策、法律法规和风土人情等多方面的深入了解。需要由权威的社会中介组织提供法律、投资等综合性的咨询、评估服务，但目前这类服务机构发育尚不成熟。许多想对外投资的企业疑虑重重，不敢贸然“走出去”。

（二）外部环境制约

一是海外竞争加剧。随着中国经济的崛起和世界各国对粮食安全的高度关注，一些国家试图通过推动新的国际经贸规则和协定掌握主导权，并加快向东盟、非洲、拉美等中国传统投资合作的重点区域渗透，纷纷加快推进境外农业资源合作开发步伐。日本已在境外开发农田 1200 万公顷，是其国内耕地的三倍，韩国在海外购买和租赁农田 243 万公顷。

二是东道国政策多变及政局不稳。印尼、赞比亚在矿产资源开发，巴西、柬埔寨在土地租售等方面出现政策调整，一些国家出台政策限制外国人拥有本国土地。政策连续性差，给外资企业带来了投资损失。如巴西 2010~2011 年相继出台法令，对外国人、外国企业或外资控股企业购买或租赁本国土地做出限制。近年来发生的越南骚乱、非洲疫情以及伊拉克、乌克兰武装冲突等不稳定因素也给我国境外企业带来了损失。

三是外派管理和劳务人员及用工问题。许多企业反映，外派管理及劳务人员的工作签证受限，多是持商务、旅游签证，三个月至半年就得回国，造成人员往来频繁，不仅增加了企业的经济负担，而且影响了项目的顺利实施。有些资源丰富但欠发达国家，熟练技术人员严重不足，对境外企业发展有较大影响。

（三）企业自身的问题

一是企业实力不强。中国从事境外农业投资开发的经营主体大多为中小型企业，大型集团和跨国公司较少，抗御各种风险的能力较弱。在境内外信贷难度都很大的情况下，进行农业开发的前期投资多、收益慢，一旦出现资金困难、市场波动或其他危机，就会面临投资失败的危险。

二是投资的盲目性。有些企业对外投资的决策存在盲目性，缺乏科学、全面的评估和对国内外有关政策的了解，不熟悉国外的情况和风土人情。前期的准备不充分，投资后就可能遇到政策限制或出现“水土不服”问题。

三是缺乏长远规划和国际化经营管理水平。一些农业“走出去”的企业缺乏成熟跨国公司的全局和中长期战略谋划，存在投资的短期行为，只顾眼前利益；有的企业与当地融合不够、属地化程度不高，经营上遇到很多困难；有的企业缺乏跨国公司的专业管理人员，海外管理经验不足，不能很好理顺总部与海外的关系，对境外企业缺乏有效的管理。同时，尽管中国在种植、养殖等诸多方面的技术水平已处于国际先进行列，但多数企业还没有建立起完整的自主技术研发、推广和营销体系，也严重影响了中国在境外的各种农业经济活动。

四是人才缺乏。跨国投资和经营不仅需要专业技术人才，更需要精通当地语言、了解当地情况的人才，这方面的人才缺口往往很大。

五　山东省对外农业投资的政策建议

农业“走出去”是农业对外开放发展到一定阶段的产物，对于拓展农业发展空间、促进农业转型升级、培育农业跨国企业、缓解资源环境压力、保障农产品供给都有重大意义。做好农业“走出去”工作，农业部门责无旁贷。

（一）搞好顶层设计和总体谋划

推进农业“走出去”，首先要搞好总体设计，内外统筹、科学谋划。一是国家层面上战略性、全局性的统筹规划，包括区域投资规划、产业投资规划和重点产品投资规划。二是通过加快双边、多边投资协定谈判，为企业“走出去”创造良好的国际环境。

（二）加大政策扶持力度

企业“走出去”，政府考虑的是民生，企业考虑的是利益。如何把政府的意志转化为企业的行为，必须用好经济的杠杆。同时，还应考虑到农业行业的特点和战略意义。虽然近几年国家对农业“走出去”制定了一些政策，但真正实施起来，还有困难。建议财税、商务、海关、金融、进出口等部门及时制定出台符合农业特点的支持农业“走出去”的政策措施，并加大落实力度，促进“走出去”农业健康发展。

（三）健全管理服务体系

国家层面已建立农业对外合作部际联席制度，农业部为召集人，并成立了农业对外合作部际联席会议办公室，这将对中国农业“走出去”工作产生巨大的推动作用。建议以农业部文件形式要求各省，尤其是重点省份，要按国家层面的形式建立相应机构，负责各省农业“走出去”的工作管理。搞好部门分工，明确职责，使涉及农业“走出去”的有关部门各负其责、提高效能，切实营造有利的国内环境。同时，还要健全服务体系。一是建设平台，加强农业“走出去”政策、信息的宣传。二是培植中介服务机构，形成“政府扶持中介，中介为企业服务”的工作机制。三是加强人员培训，对“走出去”企业管理和技术人员进行培训。

（四）强化境外园区建设

农业园区建设是促进农业“走出去”的重要手段和措施，建议在农业对外合作部际联席会议制度下，设立国家级境外农业产业园区评审机制，并由农业部牵头组织相关工作，参考“以省包国”战略部署和重点省份对外农业投资所瞄准的重点国家，每个重点国家设立一个国家级境外农业产业园区，充分发挥园区的平台和示范带动作用，形成企业在投资目标国进行农业投资的集聚优势和全产业链功能。

（责任编辑：顾春太）

新形势下山东对韩国经贸合作面临的不确定性及政策调整建议

——基于非政治因素考量的研究

顾春太*

摘　要　在政治因素之外，目前中韩两国经贸合作的内在基础正面临着深层次的问题亟待解决，具体表现为随着产业交流的进展，产业落差正在缩小，现有的产业合作模式需要转型升级，合作方向外化，外部区域竞争明显，经贸合作的路径面临创新。为推动山东对韩国经贸合作的稳定、健康发展，建议着力推动以下转变：着眼产业平行转移，大力发展“产业链经济”；推进外资政策调整，大力发展总部经济；以提升影响力为目标，积极发展物流经济。

关键词　山东对韩国经贸合作　产业转型　产业合作

2015年6月，中韩两国签订自贸协定，该自贸协定被认为是中国目前达成的“覆盖领域最广、涉及国别贸易额最大的自贸区”[1]，社会各界由此对中韩经贸合作给予了诸多乐观的预测。然而，仅仅一年之后，萨德事件持续发酵，对中韩两国合作造成了消极影响。一时间，“韩流”变“寒流”，中韩两国经贸合作的发展方向再次受到世人关注。中韩两国人文相通，经贸合作源远流长，自贸协定的签署对推动两国经济一体化产生了重要的推动作用，但也要看到，随着交往的进展，中韩两国经贸合作面

* 顾春太（1971~），山东社会科学院国际经济研究所副所长，副研究员。主要研究领域：国际经济合作。

临着一系列深层次矛盾亟待解决，目前的合作模式需要转型升级。受益于地缘优势的影响，山东是中国对韩合作的先行地区，也是受到各种不确定性影响最大的地区。本文以山东为例，剖析双方在合作中面临的问题以及由此带来的不确定性，并提出未来的政策调整建议。

一　新形势下山东对韩经贸合作面临的问题以及由此带来的不确定性

近年来，世界经济进入深度调整期，不均衡态势日趋明显，经济增长变数增多，国际贸易、国际投资、国际金融、国际产业转移呈现出多样化、复杂化的发展趋势，新一轮科技革命催生了大量的新技术、新业态和新模式。时移世易，国际环境的变化发展要求中韩双方做出相应的调整与改变。但从目前山东省与韩国经贸合作的现实看，还存在一系列的矛盾与问题。

（一）合作模式固化，转型升级面临考验

与国家总体对外开放的发展路径基本相同，山东对韩经济合作也带有产业链条低端嵌入的显著特征。在过去的 30 多年中，山东逐步形成了以劳动密集型产品、资源密集型产品出口韩国和吸收韩国资金、接受韩国夕阳产业转移为主的开放模式。对于处在发展中阶段的国家或地区来说，这种开放模式在一定时期内是参与国际经济合作的必然选择，在实践中也对山东省经济增长，特别是外向型经济的形成发展产生了极大的推动作用。但随着山东省参与国际生产大循环的不断加深，现有开放模式逐渐暴露出边际收益递减、效益低下等问题。突出表现在两个方面。

一是贸易结构不合理、贸易效益提升困难。尽管近年来，山东省对韩出口贸易不断增长，但在产品构成上长期以劳动密集型和资源密集型产品为主。即使是山东省东部沿海地区对韩合作先进地区的贸易结构也仍然具有这方面的显著特征。例如，韩资在中国落地最早的烟台市，加工贸易一直是双方合作的主要领域，但在贸易构成上，加工贸易一直占据主要位置。2015 年，烟台市对韩加工贸易占该市对韩贸易总额的近八成，且贸易伙伴主要集中于“乐金显示”等十余户企业，市场风险较大。在距离韩国地理位置最近的威海市，出口韩国的商品以电子电器、电线电缆、机

械设备、水海产品、纺织服装为主，而自韩国进口的商品主要包括电子电器、机械设备、钢材、塑料原料、计算机、金属制品等。表1给出国际金融危机以来山东对韩进出口贸易结构的变动情况。从表中可以看出，山东对韩贸易品的构成已经进入了相对固定的阶段。特别是主要贸易品，如机电设备、贱金属及其制品、机器设备、塑料及其制品、橡胶及其制品、纺织品、化工制品、矿产品等在山东对韩贸易结构中所占比重一直保持了稳定状态。而精密仪器及设备等高附加值产品也长期维持在6%～8%的水平。

表1　按海关标准分山东对韩贸易结构情况

单位：%

产品分类 \ 年份	2008	2009	2010	2011	2012	2013	2014	2015
活动物；动物产品	1.49	1.5	1.55	1.69	1.36	1.44	1.42	1.38
植物产品	0.77	0.81	1.18	1.16	1.24	1	0.99	1.24
动、植物油、脂及其分解产品；精制的食用油脂；动、植物蜡	0.04	0.02	0.03	0.02	0.02	0.03	0.03	0.03
食品；饮料、酒及醋；烟草及烟草代用品的制品	1.93	1.87	1.87	2.19	2.54	2.84	2.92	2.81
矿产品	4.92	5.2	5.83	8.14	7.09	7.66	5.59	5.35
化学工业及其相关工业的产品	4.26	4.54	4.47	5.67	4.88	5.09	5.37	5.21
塑料及其制品；橡胶及其制品	7.21	7.07	6.75	7.07	6.9	7.05	6.36	5.78
生皮、皮革、毛皮及其制品；鞍具及挽具；旅行用品、手提包及类似容器；动物肠线（蚕胶丝除外）制品	1.92	1.58	1.32	1.3	1.29	1.31	1.33	1.56
木及木制品；木炭；软木及软木制品；稻草、秸秆、针茅或其他编结材料制品；篮筐及柳条编结品	0.37	0.32	0.28	0.43	0.45	0.47	0.48	0.44

续表

产品分类＼年份	2008	2009	2010	2011	2012	2013	2014	2015
木浆及其他纤维状纤维素浆；回收（废碎）纸或纸板；纸、纸板及其制品	0.52	0.47	0.37	0.4	0.38	0.4	0.41	0.38
纺织原料及纺织制品	9.44	8.04	7.41	7.33	6.35	6.44	5.98	7.25
鞋、帽、伞、杖、鞭及其零件；已加工的羽毛及其制品；人造花；人发制品	0.77	0.76	0.67	0.68	0.66	0.66	0.64	0.83
石料、石膏、水泥、石棉、云母及类似材料的制品；陶瓷产品；玻璃及其制品	1.49	1.36	1.26	1.19	1.2	1.31	1.64	1.88
天然或者养殖珍珠、宝石或者半宝石、贵金属、包贵金属及其制品；仿首饰、硬币	0.43	0.36	0.26	0.22	0.18	0.13	0.1	0.1
贱金属及其制品	16.11	11.72	11.57	12.84	12.63	11.19	11.51	10.48
机器、机械器具、电气设备及其零件；录音机及放声机，电视图像、声音的录制和重放设备及其零件	42.63	44.04	42.94	37.26	38.07	39.61	43.03	43.06
车辆、航空器、船舶及有关运输设备	1.33	2.06	2.78	2.58	2.55	3.5	3.46	3.79
光学、照相、电影、计量、检验、医疗或外科用仪器及设备、精密仪器及设备；钟表；乐器；上述物品	3.08	6.89	8.26	8.71	9.32	8.62	7.37	6.49
杂项制品	1.27	1.31	1.12	0.98	2.76	1.2	1.36	1.86
其他类	0.02	0.1	0.08	0.1	0.11	0.07	0.01	0.07

注：产品分类标准按照中国海关现有统计标准划分，产品分类从上至下分别对应HS编码的第一到第二十类，第二十一类、二十二类合并计算，体现在表中的“其他类”。根据国研网国际贸易研究及决策支持系统数据库数据计算。国研网国际贸易研究及决策支持系统：http://trade.drcnet.com.cn/。

二是投资结构不够合理且升级困难。改革开放以来，山东充分发挥地缘优势积极吸收韩国投资，形成了对韩资本合作的先行区域，甚至在一定时期成为中国“吸收韩国投资最密集且效益最好的地区”[2]。但进入21世纪以来韩国对山东投资的质量逐渐滞后于山东对外开放的总体发展趋势。图1描述了从2003年到2015年山东利用外资平均投资规模和韩国对山东投资的平均规模的对比变化情况。从图中可以看出，在21世纪的最初几年，山东吸收韩国投资的平均规模虽然与山东吸收外资的总体平均规模相比略显偏低，但尚能随着山东省利用外资平均规模的扩大而扩大，总体变动趋势是一致的。从2006年开始，韩国对山东的投资规模变动趋势越来越偏离了山东对外投资平均规模变动的发展曲线。到2015年山东吸收韩国投资的平均规模已经不及山东利用外资总体平均规模的一半。

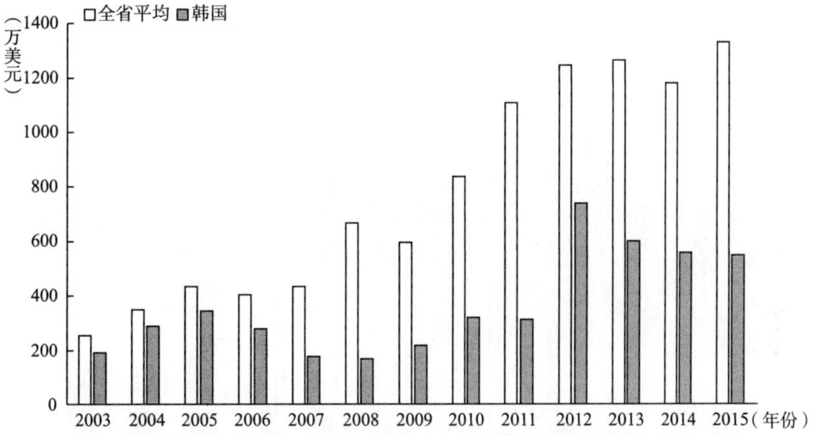

图1　山东吸收外资平均规模与山东吸收韩资平均规模变动情况对比

资料来源：根据《山东统计年鉴》（各年度）数据计算。

（二）合作方向外化，外部区域竞争明显

山东与韩国隔海相望，文化相通，交往历史源远流长。地缘优势和人文优势在推动双方经贸合作发展中产生了重要的影响。近年来，区域经济一体化朝着纵深发展，为企业家拓展合作空间提供了便利条件。从进入21世纪开始，山东对韩经贸虽然不断深化，但与其他地区的合作联系呈现出更快的发展势头。从韩国对外经贸关系的发展趋势看，东南亚在韩国对外经济合作中的地位有了进一步的上升，贸易和投资所占的

比重有所提高。截至 2015 年底，东盟已经成为韩国继中国之后的第二大贸易合作伙伴，韩国企业对东盟的海外直接投资规模仅次于对中国的投资规模。双方合作的体制机制建设也呈现出快速发展的势头。韩国和东盟在 2005 年签署自由贸易协定（FTA）基本协定以后，分别于 2006 年、2007 年和 2009 年签署了 FTA 商品协定、服务协定和投资协定。在韩国经贸合作中，也出现了合作重心南移的发展趋向。长三角、珠三角凭借完善的产业配套和雄厚的经济发展潜力优势，对韩国企业产生了巨大的吸引力。从图 2 可以看出，在 2007 年之前山东在吸收韩国投资方面明显优于作为珠三角经济发展典型的广东和作为长三角经济发展重要省份的江苏。但自从国际金融危机发生后，韩国在广东、江苏投资的增长速度明显加快。

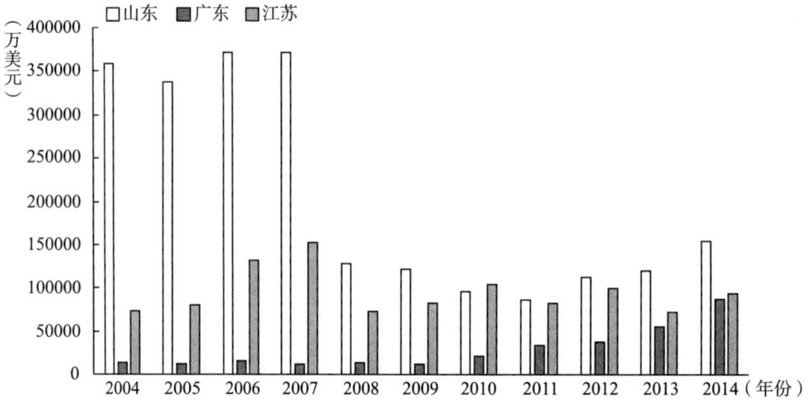

图 2　鲁粤苏三省吸收韩国投资发展态势对比

资料来源：根据《山东统计年鉴》（各年度）、《广东统计年鉴》（各年度）、《江苏统计年鉴》（各年度）数据计算。

山东为推动对外开放持续、稳定、健康发展，也积极实施了市场多元化战略，在巩固原有市场的同时，积极拓展新市场。美国、欧盟、日本在山东对外开放中所占的比重不断上升，而韩国所占比重出现了相反的趋势。2004 年山东实际使用外商投资 70.94 亿美元，其中来自韩国的投资占 40.03%。到 2011 年山东实际使用外商投资 111.60 亿美元，来自韩国的投资所占下降到 7.66%。其后这一比重虽然有所提升，但一直没有恢复到金融危机前的水平（见图3）。在双边贸易发展中同样呈现出上述趋势。这说明，随着经济国际化合作的发展，地缘优势和人文优势在推动经济联系方面发挥的边际效用会呈现出不断下降的趋势，两地需要以新的思维，从新的角度谋划未来经济发展的新路径。

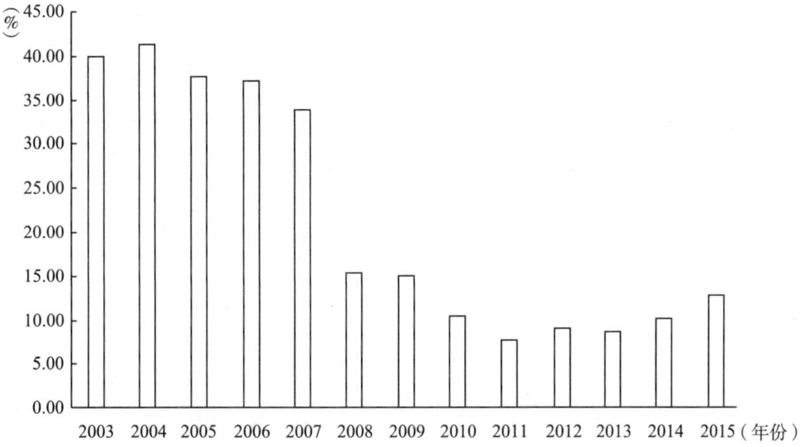

图3　吸收韩国直接投资在山东实际利用外资中的比重

资料来源：根据《山东统计年鉴》（2004～2015年）、山东省商务厅《综合月报》数据计算。

（三）产业落差缩小，合作路径亟待转变

根据传统国际产业转移理论，产业发展不平衡是国际经济合作的前提条件，无论是产品周期理论、“雁行形态理论”还是边际产业扩张理论，均将不同地区间存在的产业发展差距作为逻辑分析起点。20世纪80年代后两地经贸合作也基本遵循了这一路径。从20世纪60年代开始，韩国紧紧抓住世界主要发达国家经济高速发展带来的有利时机，制定了出口导向型国际化发展战略，优化了利用外资的鼓励和限制措施，促进国内产业结构优化调整。通过引进技术的消化和吸收，形成了以劳动密集型和资本密集型为基础的重化工业经济。从20世纪80年代开始，其产业发展重点发生位移，重点推动了技术密集型产业，特别是机械制造业、电子产业、石油化工产业。在中国改革开放初期，韩国已经与新加坡、中国香港和中国台湾一起被称为“亚洲四小龙”或“亚洲四虎”（Four Asian Tiger），成

为新兴经济体之一，在产业发展方面领先于改革开放初期的山东。在其后20多年中，产业互补性或者产业落差成为两地产业合作的重要基础。进入21世纪以来，随着中国改革开放的进展，山东的产业结构调整取得积极的进展，金属矿采选业、食品制造业、纺织业、化工业等产业已经形成了竞争优势，装备制造等产业开始向中高端迈进，其中，新一代信息技术与装备、高档数控机床和机器人、海洋工程装备和高技术船舶、轨道交通装备、汽车及零部件、电力装备、现代农业机械、工程机械、专用设备、节能环保装备等先进产业正在成为当前山东省重点发展的产业。部分产业已经具备了直接从发达国家进行产业对话的能力。鲁韩原有的产业落差呈现出逐步缩小的趋势。国际经济理论界一般用产业内贸易指数来描述特定产业竞争优势的大小。其计算公式为：

$$T=1-|X-M|/(X+M)$$

其中，X 和 M 分别表示某一特定产业或某一类商品的出口额和进口额，$|X-M|$ 表示 $X-M$ 差的绝对值。产业内贸易指数 T 的取值范围为大于等于0小于等于1。当 $T=0$ 时，表示在选定的产业内没有发生产业内贸易，贸易双方在该产业上处于一方具有绝对优势而另一方处于绝对劣势。当 $T=1$ 时，表明产业内进口额与出口额相等，表明双方在该产业发展上势均力敌，开展了产业内分工。因此说，T 值越大，表明贸易双方经济体在产业发展水平上越接近。根据中国海关统计数据，我们选取了山东省与韩国贸易额最大的20大产业进行计算，测算了两地产业内贸易发展水平（见表2）。

表2 鲁韩产业内贸易发展情况

产业＼年份	2008	2009	2010	2011	2012	2013	2014	2015
电机、电气、音像设备及其零附件	0.67	0.64	0.58	0.60	0.68	0.62	0.65	0.65
核反应堆、锅炉、机械器具及零件	0.86	0.87	0.73	0.68	0.99	0.73	0.68	0.70
光学、照相、医疗等设备及零附件	0.20	0.21	0.23	0.29	0.32	0.30	0.31	0.34

续表

产业＼年份	2008	2009	2010	2011	2012	2013	2014	2015
塑料及其制品	0.17	0.14	0.18	0.21	0.29	0.22	0.25	0.31
有机化学品	0.34	0.34	0.35	0.36	0.33	0.28	0.30	0.35
钢铁	0.45	0.97	0.81	0.72	0.71	0.76	0.68	0.70
矿物燃料、矿物油及其产品；沥青等	0.53	0.58	0.40	0.32	0.43	0.32	0.36	0.41
车辆及其零附件（铁道车辆除外）	0.63	0.48	0.44	0.43	0.46	0.45	0.40	0.45
钢铁制品	0.60	0.65	0.63	0.58	0.45	0.62	0.61	0.61
无机化学品；贵金属等的化合物	0.87	0.90	0.85	0.93	0.73	0.69	0.78	0.82
针织或钩编的服装及衣着附件	0.05	0.08	0.10	0.08	0.07	0.07	0.05	0.04
非针织或非钩编的服装及衣着附件	0.08	0.09	0.09	0.11	0.13	0.09	0.07	0.07
杂项化学产品	0.72	0.81	0.89	0.85	0.75	0.70	0.82	0.78
家具；寝具等；灯具；活动房	0.23	0.69	0.88	0.34	0.29	0.30	0.24	0.16
铜及其制品	0.59	0.47	0.30	0.53	0.83	0.37	0.60	0.38
铝及其制品	0.67	0.45	0.86	0.88	0.87	1.00	0.93	0.89
玻璃及其制品	0.75	0.62	0.64	0.70	0.67	0.96	0.92	0.92
矿物材料的制品	0.23	0.19	0.23	0.23	0.23	0.31	0.33	0.25
鱼及其他水生无脊椎动物	0.33	0.24	0.24	0.29	0.22	0.25	0.15	0.15
鞋靴、护腿和类似品及其零件	0.34	0.30	0.22	0.20	0.13	0.14	0.07	0.06

资料来源：根据国研网国际贸易研究及决策支持系统数据库数据计算。国研网国际贸易研究及决策支持系统：http：//trade.drcnet.com.cn/。产品按照海关 HS 编码标准分类。

从表 2 中可以看出，现在两地重点贸易品种，“核反应堆、锅炉、机械器具及零件”“无机化学品；贵金属等的化合物”“铜及其制品”“铝及其制品”“玻璃及其制品”“杂项化学产品”等行业产业内贸易水平已经居于较高水平，“钢铁”“钢铁制品”“电机、电气、音像设备及其零附件”“车辆及其零附件”等产业的产业内贸易水平也超过了0.5，且基本处于逐步增长的状态。这说明当前两地产业合作已经开始超越以产业落差为基础的垂直产业转移的发展阶段。如何在产业发展水平逐渐缩小的情况下定位未来产业合作的发展路径正在成为当前两地经贸合作的新课题。

二 新形势下两地经贸合作转型升级的政策建议

经贸合作的深层次矛盾和问题在很大程度上影响了中韩两国双边关系的稳定性，为中韩两国的前景带来更多的变数。形势越复杂，越需要沉着应对。一方面，应积极克服狂热思维，正确认识中韩合作的未来；另一方面，也应积极克服“无所作为”的思维，充分利用当前合作处于低潮的时机，在全面总结双边合作进程的基础上，理性反思，沉着应对，重新思考，着力调整对韩合作的制度安排，推动山东对韩生产体系的对接，并以生产一体化推动两地乃至中韩命运共同体的形成。

（一）着眼产业平行转移，大力发展“产业链经济”

一是促进双向贸易和双向投资，完善内外互动的一体化生产网络。《中共中央关于制定国民经济和社会发展第十三个五年规划的建议》指出：“必须坚持打开国门搞建设，既立足国内，充分运用中国资源、市场、制度等优势，又重视国内国际经济联动效应”。开放型经济的发展需要更好地利用两个市场、两种资源，共同提升中国的竞争优势。

一是进一步统筹对外贸易发展和经济结构调整，努力提升进出口贸易的溢出效益。积极推动加工贸易，促进加工贸易企业与本土经济之间的联系。鼓励加工贸易企业为本地企业进行生产配套，并通过加工贸易的发展带动本土企业开展对外贸易。支持新兴产业、现代服务业、高附加值产业对韩贸易，利用韩国市场扩大国内上述产业的发展空间，增强其发展动力。结合山东产业结构调整的进展，重点支持集成电路制造设备、高档化纤设备、高性能数控机床等先进设备和重大装备关键件进口，努力提升韩国进口贸易的经济效应。

二是统筹对外投资和利用外资，推动产业链条向韩国延伸，提升跨国公司在产业链条中的影响力。积极推动国际产能合作，以钢铁、有色、建材、铁路、电力、化工、轻纺、汽车、通信、工程机械、航空航天、船舶和海洋工程等行业为重点，推动企业对外合作进程，为企业提升技术、改进质量和提高服务水平、增强整体素质和核心竞争力创造条件。结合“一带一路”重大倡议的发展重点，吸引更高质量外资，积极扩大对“一带一路”沿线国家的投资合作，将山东建设国际产业流转的中转站，在持续地吸引先进产业和对外转移富余产业的过程中提升山东的产业结构。

三是推动境内外园区转型升级，建设内外互补的开放型载体网络。境内经济园区和境外经济园区均是山东开放型经济的重要载体，是提升山东经济开放质量、化解经济发展困境的重要平台，是完善山东对外开放战略布局的重要方面。《中共中央关于制定国民经济和社会发展第十三个五年规划的建议》指出：要“培育有全球影响力的先进制造业基地和经济区。提高边境经济合作区、跨境经济合作区发展水平”。构筑境内经济园区和境外经济园区，并促进二者的相互补充、相互配合的经济联系是新时期山东对外开放发展的重要任务。应积极推动境内经济园区转型升级，使其成为统筹国内经济和国外经济发展的重要抓手。通过实施产业促进战略，大力加强本园区内企业之间的经济联系和分工协作。在充分调研分析的基础上，确立本园区的主导产业，积极引导园区内具有技术条件的其他企业围绕主导产业展开配套。进一步发挥园区内企业的溢出效应，推动园区内外企业间建立起紧密的联系。顺应网络经济条件的要求，进一步促进园区内生产网络与园区外生产网络的构建与互动，促进两大网络的融合。建立健全省内东西部园区间、省内经济园区与国外产业园区，特别是境外经贸合作区之间的互动与协调。通过优化省内园区协作政策，对省内园区之间联动发挥提供财政税收、用地指标、金融信贷、企业用水用电等方面的政策支持，鼓励具有合作潜力的园区之间建立协调机制，打破经济园区之间互不往来、竞争多于合作的局面。抓住韩国“新万金”开放的有利时机，推动省内企业在韩国“新万金”及其他投资集中区域建设企业主导的经济园区，并吸引相关配套企业进入，大胆尝试，累积在较为发达经济体内建设经济园区的经验。

（二）快速推动物流经济，建设强辐射现代物流中心

大力发展集装箱干线运输，积极引进战略合作伙伴，开辟集装箱远洋干线航线和加密航班，开通新的国际集装箱航线和至南亚、欧洲过境集装箱国际联运班列通道，争取建设国家级海铁联运综合试验区，在运价、海铁联运线路开通等方面获得优惠，促进海铁联运发展、扩宽港口腹地。优化内陆“无水港”布局，支持省内中西部有条件的地区建设保税物流中心和保税仓库。以山东第四方物流市场为主体，依托国家交通物流公共信息平台，加快申报海上丝绸之路物流信息互联互通合作项目，推进港口、航运信息交换，形成便捷高效的物流信息走廊。进一步加快推动国际友好港口建设。以青岛港为龙头，日照、烟台、威海等港口为依托，加强与新加坡港、巴生港、胡志明港、林查邦港、雅加达港、马尼拉港等海上丝绸之路沿线港口建立更深层次、更广领域的合作，如港口物流、临港产业、港口管理、人员培训、信息技术、政策互通等，结成“友好港”，搭建起海上桥梁和纽带，提升海上互联互通水平。打造港口战略联盟。在中韩“4+1”港口战略联盟（青岛港、烟台港、威海港、日照港+釜山港）的基础上，增加集装箱运输航线，共同发展集装箱联运与国际中转、物流配送等航运物流业务。提升中韩陆海联运汽车货物运输层次，尽快推动实施整车运输，在现有五条通道的基础上尽快推进烟台—韩国平泽陆海联运通道；积极争取山东港口与日本试点开通陆海联运汽车货物运输项目，实现集装箱货车陆海“一站式”运输。加强港口建设合作。吸引“一带一路”沿线国家的航运公司和物流企业，以合资、合作、BOT、TOT等方式，到山东投资建港、经营码头和开辟航线。争取“中国—东盟投资合作基金”的支持，加强与新加坡、菲律宾、马来西亚、越南、印度尼西亚和文莱等东盟国家的港口基础设施建设合作，鼓励山东企业到东盟国家参股港口建设。

（三）实施招商引资政策转型升级，积极发展总部经济

充分发挥两地地缘相近、源远流长、互动频繁，在鲁韩资企业较多的优势，积极引进韩国企业的在华总部、地区性总部、研发中心、营销中心入驻山东，将山东打造成中韩经贸合作的商贸中心，推动山东从利用韩资

密集区和“制造基地”向“总部基地转化”。进一步细化吸引总部进入的差别性政策，鼓励和协助在鲁注册的韩资企业将其总部转移到山东。在青、烟、威韩资密集地区以及山东省会济南推动中央商务区发展，加大政府公共投资完善基础设施建设，特别是市政工程改造、城市规划、园林绿化等，完善城市的交通运输网络。进一步营造有利于总部经济发展的工作和人才环境。结合金融改革22条，加快金融服务业开放的步伐，积极引进韩资金融服务企业或者与韩国企业建立长期联系，满足韩资企业发展的资金需求。提高各城市的人力素质，制定优惠政策，吸引更多的优秀人才到山东，降低韩资总部发展的人力资源成本。优化山东法律制度环境，完善山东各城市的治安体系、诚信体系、公共医疗卫生服务体系，提高城市文明程度，构建多元包容的文化氛围。

参考文献

[1] 王家辉、徐海静：《中韩、中澳自贸协定正式生效》，新华网，http：//news. xinhuanet. com/fortune/2015-12/20/c_ 1117519514. htm，最后访问时间：2016年1月14日。

[2] 范振洪：《山东吸收韩国投资的现状、前景及对策》，《当代亚太》2007年第12期。

（责任编辑：孙灵燕）

中国对非洲地区出口潜力研究

——基于引力模型的实证分析*

高一鸣　李荣林**

摘　要　本文选用1995~2014年中国对非洲地区的贸易数据描述中—非贸易发展现状，并应用引力模型计算中国对非洲地区的出口贸易潜力。文章得到以下两方面结论：第一，中国对非洲地区出口贸易规模不断增大，环比增速在金融危机后趋缓，中国常年处于逆差国地位，但逆差额于近年急剧减小；第二，中国对非洲地区出口潜力值近20年围绕0.9~1.3波动，而近5年平均值为0.89，意味着中国对非洲地区出口贸易仍有潜力。但中国对非洲南部、东部和中部5年平均出口潜力值均超过1.1，说明针对以上地区进一步发展贸易需要新的增长点。本文还就进一步发展中国对非洲地区的出口贸易提出了建议。

关键词　中非贸易　引力模型　贸易潜力

一　引言

2000年中非合作论坛成立后，中国与非洲地区间货物贸易发展进一

* 本文系中国特色社会主义经济建设协同创新中心资助项目。

** 高一鸣（1993~），南开大学国际经济研究所硕士研究生。主要研究领域：国际贸易学。
李荣林（1957~），南开大学国际经济研究所教授。主要研究领域：国际贸易理论与政策、区域经济一体化。

步加速。自2009年起，中国已成为非洲地区第一大贸易伙伴国，贸易关系也已成为中国南南合作与发展的重要组成部分。现在较多研究都认为中—非贸易增长乏力，但除去因中国政策指向和经济新常态导致的中国从非洲地区进口额减少外，中国对非洲地区的出口是否还有增长的潜力是值得探讨的问题。首先，针对性的研究中国对非洲地区的出口潜力，可以剔除进口方面中国对石油等资源需求的大幅变化所造成的影响，将关注点集中在中国对非洲出口的变化上。其次，中国对非洲地区出口总额占中国对外出口总额的比重不断加大，该比值2014年达到4.5%，① 对非出口是否有较大上升空间对中国对外贸易有较为重要的影响。另外，中国近年对非洲地区提供了较多援助，包括基础设施援建、重债穷国债务减免以及鼓励中国企业去非洲投资设厂。探究中国对非洲地区的出口潜力，也是对以上援助是否对非洲贸易能力有积极的影响，进而带动了非洲对中国出口贸易品的需求的检验。此外，在南南合作不断发展的背景下，探究中国对非洲地区出口贸易潜力情况能为中国进一步制定对非贸易政策提供参考。

中—非贸易近年逐渐成为学者们关心的热点问题。现今，对中国同非洲地区经贸关系的研究主要集中在投资影响因素分析、农业产品贸易和非洲整体贸易展望这三个方向。虽然针对中国向非洲地区出口贸易潜力的研究目前处于空白状态，但是下述关于中—非贸易其他方面的研究也对本文有一定启发。(Elu) 和 (Price)[1]探究了中国与非洲撒哈拉以南地区的贸易是否会带动非洲相应制造企业生产率的提升，并得出非洲地区增加贸易开放程度并不会对企业生产率有积极的影响的结论。张海森和谢杰[2]运用引力模型验证了距离、人口、经济规模以及政策等因素对中—非农产品贸易的影响，并进一步估算了双方农产品贸易潜力。(Adekunle) 和 (Gitau)[3]利用贸易引力模型分析了中国和撒哈拉以南地区间贸易的主要影响因素，并就如何在发展中—非贸易的同时保护非洲本国企业提出建议。(Drummond) 和 (Liu)[4]就中国国内投资增长对撒哈拉以南地区出口产生的影响进行了研究，基于面板数据分析得出中国国内投资每增长1%，撒哈拉以南非洲国家的出口额将增长0.6%。刘爱兰等[5]针对中国对非洲出口贸易结构进行了研究，得出中国对非洲出

① 根据联合国商品贸易统计数据库（UN COMTRADE）计算。

口贸易商品结构受经济和制度因素的影响，且进一步建立面板门限模型验证非正规经济与中国对非洲出口商品结构的非线性关系，并在此基础上就中—非贸易政策提供了建议。

本文所采用的贸易引力模型虽形式简单，但在解释双边贸易影响因素上却有很好的效果。引力模型是基于牛顿万有引力公式建立的一种理论假说，在物理学引力公式中，两物体间引力与各物体质量呈正比，与两物体间距离成反比。(Tinbergen)[6]和 (Poyhonen)[7]最早将引力模型应用到国际贸易领域中，并指出两国间贸易流量与各国经济总量成正比，与两国间距离成反比。另外，(Linnemannn)[8]进一步将人口变量引入模型中，认为人口的多少与贸易流量成正比。此后，引力模型被不断扩充完善，虚拟变量与政策类变量也被逐渐纳入考量，其中虚拟类变量主要指是否同属一个贸易集团，是否拥有共同语言文化等；政策类变量近年倾向于引入量化指标分析政治环境对国际贸易的影响。在贸易引力模型的应用中，国内比较有代表性的研究是盛斌和廖明中[9]，他们从总量和部门两个层次估算了中国对 40 个主要贸易伙伴的出口潜力。罗来军等[10]将方向性引入模型，设计了无方向性的总量贸易模型和有方向性的流量贸易模型。以上文献为本文的研究提供了重要参考。本文将在对中—非贸易现状进行统计分析的基础上，利用扩展的引力模型考察中国对非洲总体和非洲不同地区①的出口贸易潜力。

二　中国与非洲地区间贸易现状分析

中国与非洲地区间货物贸易联系日益密切，贸易总量规模不断扩大，但近年增速趋缓。本部分就 1995~2014 年中国同非洲 55 个②经济体间的贸易数据进行简要描述。

从总体发展趋势来看，除 2009 年因受国际金融危机影响而下降外，中国对非洲地区出口额一直保持着平稳上升趋势，从 1995 年的 18 亿美元

① 按照《2015 年联合国贸发会议统计手册》的分类，非洲按地理位置被分为北部、西部、东部、中部和南部五个地区。

② 按照《2015 年联合国贸发会议统计手册》的统计，非洲共有 56 个经济体，但无圣赫勒拿的相关数据，因此本文只考虑其他 55 个经济体。

增至2014年的1058亿美元，增长了58倍。出口额稳定上升的原因主要有三方面。第一，非洲经济不断发展对进口品需求也相应增加。第二，中国对非洲基础设施建设的援助带动了中国相关基建类产品向非洲输出。第三，中—非经济具有较高的互补性。非洲大部分国家经济结构单一、工业基础薄弱，但其对机电产品和轻工业产品等需求量较大，中国在制成品上较强的出口优势可以满足非洲地区的需求。

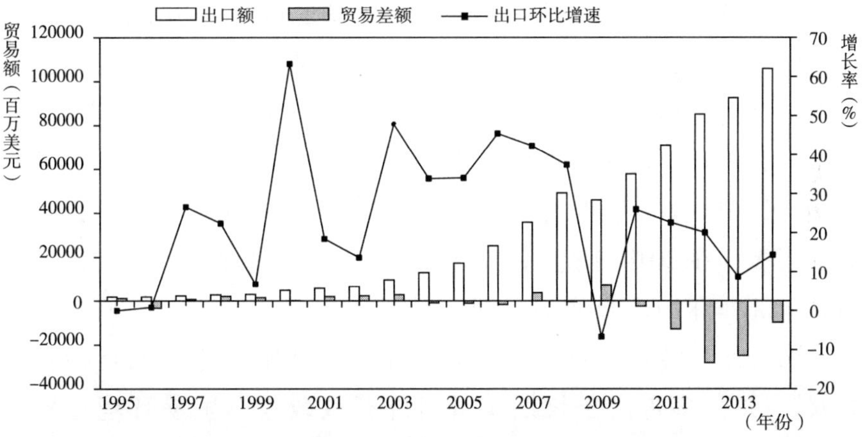

图1　1995~2014年中国—非洲双边贸易增长情况

数据来源：根据联合国商品贸易统计数据库（UN COMTRADE）计算。

观察贸易差额可以发现，2010年以前，中国与非洲国家在贸易上表现为顺逆差交替，但数额和变化幅度都很有限，基本在50亿美元的范围内小幅波动。2009~2012年，中—非贸易差额由浮动转为逆差，从2009年30亿美元顺差变为了2012年281亿美元逆差，2012年之后逆差额又急剧缩小，于2014年回归至100亿美元。2009~2012年出现逆差大幅增加主要是由于中国经济的快速发展加大了对非洲能源类产品的需求。2013~2014年，贸易逆差的急剧缩小，也是由中国对非洲能源类产品需求减少导致。

就增速方面来看，中国对非洲地区出口额环比增速一直处于波动状态，但2009年金融危机爆发前的平均环比增速要大于危机爆发后，前者约为28%，后者为14%。环比增速下降不免意味着存在后劲不足的风险。首先，中国与非洲地区国家均属于发展中国家，短时间内仍以劳动密集型产业为主，较易产生竞争关系。随着中—非贸易规模不断扩大，贸易摩擦和保护主义也会逐渐浮出水面。其次，中国在 2015 年提出“供给侧改革”，钢铁产业产出缩水也将影响相关产业出口。但从长远来看，中—非之间仍有贸易增长点。中国“一带一路”倡议与非洲复兴和发展战略的对接将会进一步扩大非洲的对外贸易额，打通贸易阻碍，促进非洲经济发展，进而增大中国向非洲地区出口的货物贸易额。

观察中国对非洲不同地区出口贸易情况发现，除 2014 年对南部贸易额出现下降外，其他地区均保持稳定上升（见表 1）。其中对北部和西部的出口额由 1995 年约 6.8 亿美元、6.9 亿美元增至 2014 年的 261 亿美元、332 亿美元，分别增长了 37 倍和 47 倍；1995 年中国对中部和东部的出口额较小，分别小于 1 亿美元和 3 亿美元，之后快速增长，于 2014 年分别达到 113 亿美元和 187 亿美元；虽缺乏中国对南部出口贸易额 2000 年之前的数据，但自 2000 年到 2014 年该值也增长了近 16 倍。通过对比较易看出，中国对西部出口额最多，在 2014 年达到 332 亿美元。可见地理位置很大程度上影响了中国对西部非洲的出口贸易。西部地区位处沿海，港口设施较好，交通发达，运输方便，转口贸易活跃。如贝宁，其从中国进口的货物有 70%向其他国家转口，[①] 多哥由于长期实行对外开放政策，贸易环境宽松，形成了不可忽视的转口贸易。

表 1　中国对非洲不同地区出口贸易情况[②]

单位：百万美元

年份	北部	中部	东部	西部	南部
1995	680	90	257	691	—
2000	1405	102	606	1689	1047
2005	5201	780	1931	5387	4012
2010	15582	4367	7157	19265	11487
2011	16631	5621	9008	25302	14365
2012	22727	7444	11660	27238	16068
2013	24155	8383	14146	28316	17576
2014	26141	11313	18662	33186	16537

数据来源：根据联合国商品贸易统计数据库（UN COMTRADE）计算。

① 数据来源：《贝宁中国品牌商品展销中心招商手册（2011 年）》，贝宁中国经济贸易发展中心。

② 联合国商品贸易统计数据库（UN COMTRADE）中未包含南部非洲 2000 年之前的贸易数据。

通过统计描述发现，中国对非洲地区出口贸易发展近年趋缓，不免产生中—非出口贸易是否有进一步扩大的可能的疑问，至今也并无相关文献就此问题进行阐述。因此，本文将通过引力模型探究中国对非洲地区出口贸易潜力，对中国向非洲地区出口是否仍有发展空间这一问题进行解答。

三 实证检验

最基本的国际贸易引力模型的自然对数形式一般表述为：

$$\ln X_{ijt}=\beta_0+\beta_1\ln Y_{it}+\beta_2\ln Y_{jt}+\beta_3\ln D_{ij}+\mu_{ij}$$

根据本文的研究目的，通过引入新的解释变量，得到扩展的引力模型方程为：

$$\ln X_{ijt}=\beta_0+\beta_1\ln Y_{it}+\beta_2\ln Y_{jt}+\beta_3\ln D_{ij}+\beta_4\ln IIT_{ijt}+\beta_5\ln NIV_{jt}+\beta_6\ln POU_{jt}+\beta_7 PV_{jt}+\beta_8 CAC_j+\beta_9 HIPC_j+\beta_{10}Locked_j+\mu_{ij}$$

其中 i 为中国，j 为非洲地区国家。在实证分析中本文一共选取了 10 个变量，其中 3 个为虚拟变量，用于反映非洲国家参与中非合作论坛、作为重债穷国和位处内陆对中国出口贸易的影响，关于解释变量的含义、影响预测及资料来源说明参见表 2。

表 2 变量说明

变量类型	解释变量	含义	预期符号	资料来源
因变量	X_{ijt}	第 t 年 i 向 j 的出口贸易额（美元）		UN COMTRADE 数据库
基本变量	Y_{it}	i 在 t 期的 GDP（美元）	+	世界银行 WDI 数据库
	Y_{jt}	j 在 t 期的 GDP（美元）	+	世界银行 WDI 数据库
	D_{ij}	两国之间距离（公里）	-	CEPII 数据库

续表

变量类型	解释变量	含义	预期符号	资料来源
其他数值变量	IIT_{ijt}	t 期两国人均 GDP 之差的绝对值（美元）	–	世界银行 WDI 数据库
	NIV_{jt}	j 在 t 期新投资流入减去撤资（美元）	+	世界银行 WDI 数据库
	POU_{jt}	j 在 t 期的人口数	+	世界银行 WDI 数据库
	PV_{jt}	政治稳定与无暴力程度，取值介于 0～100 之间，分别代表 t 期 j 情况较差与较好	+	世界银行 WGI 数据库
其他虚拟变量	CAC_{j}	虚拟变量，当 j 属于中非合作论坛参与国时取 1，否则取 0	+	中非合作论坛官方网站
	$HIPC_{j}$	虚拟变量，当 j 属于重债穷国时取 1，否则取 0	–	《2015 年联合国贸易和发展会议统计手册》
	$Locked_{j}$	虚拟变量，当 j 属于内陆国家时取 1，否则取 0	–	CEPII 数据库

在变量选择上，Y_{it}、Y_{jt}和 D_{ij}是引力模型中的基本变量。Y_{it}、Y_{jt}选用的数据为以美元现值计算的 GDP 值，前者体现了中国出口货物的能力，后者反映了非洲地区进口货物的能力，以上两者对贸易都有积极的影响；D_{ij}选取的数据为中国首都北京到各非洲国家首都的距离，反映了货物贸易运输距离，其往往对贸易流量有反向作用。在此基础上，本文依照“偏好相似理论”，即需求结构的重叠面大小取决于两经济体人均收入水平的接近程度，加入了两国人均 GDP 之差的绝对值这一变量。另外，投资因素也将在本文中被考虑。理论上，投资既可以替代贸易也可以促进贸易，考虑现阶段非洲地区发展较为落后且出口品主要集中在资源类产品，本文假定投资对贸易的互补性大于替代性，即中国对非洲的投资主要体现在基建类设施、原材料及零部件的流入，而非洲地区并没有生产出大规模的制成品取代中国出口品。由于本文选用了新投资流入减去撤资，因此在取对数时将忽略个别负值数据。其他变量包括人口和政治稳定性。本文认为人口增加会相应增大对产品与基础设施的需求，进而带动中国出口贸易发展；考虑到非

洲很多地区战乱频发，本文还引入了世界银行发布的 WGI 指数（World Govern Index）中政治稳定与无暴力程度作为变量，考察政治稳定因素对中国出口贸易的影响。同时，中非合作论坛作为现时期中—非主要合作形式对中国向非洲的出口贸易构成重要影响；而过重债务将导致国家政府无法正常运转；作为内陆国家也在一定程度上加大了运输难度，而沿海国家则更具贸易便利性。因此本文将以非洲国家是否加入了中非合作论坛、是否为重债国、是否为内路国家，作为三个重要的虚拟变量。

在数据选择上，本文选取了非洲 55 个经济体 1995~2014 年共 20 年的面板数据，有效样本 1044 个，由于部分数据缺失，数据结构为非平衡面板数据。通过 Hausman 检验和 F 统计量检验确定应建立随机效应模型。

首先就引力模型基本变量进行回归，得出回归结果如表 3 中方程（1）所示，除两国之间距离不显著且与预期符号不同外，其他两个基本变量达到很高显著性。距离变量为正，主要与中国对非洲地区出口贸易现状有很大关系。从国家层面来看，在中国对非洲的出口中，大部分国家呈现出离中国越近，贸易量却越小的趋势，这与中国政策走向、非洲地区发展程度等上述式中未包含且无法量化的因素有极大关系。其次，在罗伯特·C. 芬斯特拉的《高级国际贸易理论与实证》中，最简单的引力模型形式被定义为了两国双边出口仅与它们的 GDP 乘积成正比，而与距离无关。因此就非洲总体来讲，本文采取上述最简单形式的引力模型，在（1）式的基础上剔除距离变量，得到（2）式。接着，在方程（2）基础上将模型解释变量扩展至所有新增变量，得到扩展回归方程（3）。方程（3）整体拟合情况良好，但 HIPC 不具有显著性，重债穷国理论上会影响一国社会发展和贸易水平，但由于中国长期对重债穷国进行援助，因此上述虚拟变量不具有显著性是可以理解的。因此剔除不显著变量，得到方程（4），即，最终用于估计出口贸易理论值的回归方程。

对于随机效应模型，STATA 软件输出的调整后的 R^2 不能反映模型对被解释变量的解释程度。但参考固定效应模型和混合模型，扩展方程（4）调整后的拟合优度分别为 0.89 与 0.81，P 值均为 0.00，表明模型整体回归显著，拟合度良好。全部变量系数与预测均相同，且都在 1% 显著性水平上显著。

通过式（4）发现，当其他条件不变时，中国经济增长对出口贸易的影响系数为 1.14，表明中国 GDP 每增加（或降低）1%，就会使中国向非洲地区出口贸易增长（或减少）1.14%；贸易国经济增长对中国出口贸易的影响力系数为 0.44，即贸易伙伴国 GDP 每增加（减少）1%，中国向该国出口贸易额将增加（减少）0.44%；人均 GDP 差额的绝对值对出口贸易的影响系数为-0.07，表明人均 GDP 差额绝对值每增加（或降低）1%，就会带来中国出口贸易 0.07%的反方向变化；世界对非洲国家的新投资流入减去撤资后的投资存量，对中国出口贸易的影响系数为 0.06，表明投资存量每增加（或降低）1%，就会带来中国出口贸易同向 0.06%的变化；非洲地区人口对中国向非洲出口贸易的影响系数为 0.57，意味着人口每变动 1%，中国向非洲出口贸易额同向变动 0.57%；政治稳定与无暴力程度对出口贸易的影响系数为 0.01，表明政治稳定与无暴力程度上升会带来中国出口贸易同方向变化；参与中非合作论坛对中国出口贸易的影响系数为 0.25，代表参与中非合作论坛对贸易有积极影响；是否为内陆国家系数为-1.33，表明了作为内陆国家对贸易有负面影响。

表 3 非洲总体回归结果分析

变量	基本回归方程		扩展回归方程	
	(1)	(2)	(3)	(4)
Y_{it}	1.1355 (31.14***)	1.1365 (31.36***)	1.1459 (25.58***)	1.1421 (25.79***)
Y_{jt}	0.7603 (15.34***)	0.7588 (15.42***)	0.4308 (7.51***)	0.4388 (7.89***)
D_{ij}	0.4042 (0.39)			
IIT_{ijt}			-0.0669 (-2.97***)	-0.0668 (-2.97***)
NIV_{jt}			0.0577 (4.06***)	0.0581 (4.09***)
POU_{jt}			0.5805 (5.77***)	0.5681 (5.81***)
PV_{jt}			0.0080 (5.27***)	0.0080 (5.26***)
CAC_{j}			0.2484 (4.85***)	0.2495 (4.87***)

续表

变量	基本回归方程		扩展回归方程	
	(1)	(2)	(3)	(4)
$HIPC_j$			-0.1662 (-0.56)	
$Locked_j$			-1.3023 (-4.08***)	-1.332 (-4.28***)

注：括号内为 Z 统计值：***、**、* 分别表示在 1%、5%、10% 的显著性水平上回归系数显著。

四　中国对非洲总体出口潜力估算

上文利用面板数据计算出中国对非洲地区总体出口贸易影响因素及程度。依据上述结果，进一步可以求出理论出口值，并将实际值与理论值相除，得到出口贸易潜力值，结果见表 4。若理论值高于实际值，则现阶段贸易不足，仍有增长潜力；相反则为贸易过度，若保持现有状态，则不再具有增长潜力。贸易潜力值可以进一步细分，若两者比值大于 1.2，则说明两国已经充分利用了贸易潜力，需要新的增长点才可以进一步促进贸易；若比值小于 1.2 且大于 0.8，则表明两国仍有贸易潜力，可以进一步扩大贸易规模；若比值小于 0.8，则贸易潜力巨大，有较大提升空间。

表 4　中国对非洲总体的出口潜力

单位：万美元

年份	实际值	理论值	实际值/理论值	年份	实际值	理论值	实际值/理论值
1995	178015	137490	1.2947	2009	4593184	4570422	1.0050
2000	484885	505601	0.9590	2010	5785883	5780446	1.0009
2005	1730993	1469712	1.1778	2011	7092642	7287260	0.9733
2006	2517451	2019949	1.2463	2012	8513652	88961178	0.9570
2007	3582025	2816439	1.2718	2013	9257640	10711498	0.8643
2008	4921627	4035818	1.2195	2014	10583916	11827270	0.8949

注：个别无理论值的国家用现实值代替进行运算。

资料来源：根据联合国商品贸易统计数据库（UN COMTRADE）和模型输出值计算。

通过表 4 可以看出，中国对非洲总体出口潜力值在 1995~2008 年这个区间中经历了下降、上升、再下降这样一个过程，由 1995 年的 1.29 降至 2000 年的 0.96，继而稳步上升，于 2007 年达到 1.27。2007 年后，潜力值再次下降，于 2014 年降到 0.89，2010~2014 年 5 年平均出口潜力值为 0.95，小于上文所述 1.2，出口贸易仍有潜力。过度出口对中国有很大的负面影响，如资源浪费、成本增加、环境污染以及不断增加的白条外汇。金融危机后，出口潜力值的持续减小在一定程度上反映了中国对过度贸易的纠正，供给侧改革的提出也预示着中国经济将更多依靠内需，而不是出口。但需要注意的是，中国对非洲地区的出口中与基础设施建设相关的机械设备产品占相当比例，中国在基础设施建设上具有技术优势，一带一路的提出与基础设施建设将会对未来中国向非洲地区出口有积极影响，促进新的贸易增长点诞生。

五　中国对非洲各地区出口潜力估算

整体来讲，中—非出口贸易仍具有发展潜力，但通过对中国向非洲不同地区出口潜力的分析，可以进一步探究中国出口贸易过度和贸易不足的非洲区域，以便更具有针对性的制定贸易发展政策。首先，参照中国对非洲总体出口引力模型的构建，可以对非洲不同地区进行实证检验。回归方程同样采取逐步剔除不显著变量的方式得到，最终结果如表 5 所示。利用表 5 的结果估计理论值，可以计算中国对非洲不同地区出口贸易潜力值，结果见表 5。

表 5　非洲不同地区回归结果分析

变量	北部	中部	东部	西部	南部
Y_{it}	0.8013 (8.17***)	1.2737 (11.90***)	1.1878 (15.72***)	1.3754 (11.91***)	0.6442 (5.43***)
Y_{jt}	0.8073 (5.06***)	0.8836 (14.85***)	0.3544 (3.03***)	0.2338 (2.02**)	1.079032 (5.91***)
D_{ij}	−0.4775 (−0.92)	−4.9113 (−1.60)	−0.7170 (−0.29)	−8.6246 (−1.12)	18.9246 (2.19**)

续表

变量	北部	中部	东部	西部	南部
IIT_{ijt}		-0.2555 (-4.41***)		-0.2392 (-3.85***)	
NIV_{jt}	0.0769 (1.99**)	0.1500 (3.2***)	0.0805 (3.98***)		
POU_{it}	0.3100 (3.18***)		0.4800 (3.13***)	0.7937 (4.02***)	
PV_{jt}				0.0069 (2.91***)	
CAC_j	0.4843 (3.43***)		0.2227 (2.97***)	0.4266 (4.98***)	
$HIPC_j$			-1.0659 (-2.33**)		
$Locked_j$		-0.8168 (-2.87***)		-2.0858 (-3.85***)	

注：括号内为 Z 统计值；***、**、*分别表示在1%、5%、10%的显著性水平上回归系数显著。

从表5中可以看出，针对不同地区，各变量在显著性上具有差异。值得注意的是，就非洲南部而言，南非虽距中国最远，但中国对南部出口贸易额约95%集中在南非，因此距离变量为正可以理解。其他非洲地区距离变量为负，但不具有显著性，表明在对中国向非洲地区出口的研究中，距离变量并不起显著作用，其他对非洲地区的实证研究在距离变量上也不具有显著性，如张海森和谢杰（2011）[2]。依据表5，中国GDP每增加1%，中国对非洲各地区出口额增长介于0.80%~1.40%；非洲地区GDP每变动1%，中国对该地区出口贸易额变动介于0.23%~1.08%。其中，在对非洲南部出口贸易中，非洲地区GDP对出口贸易影响大于中国GDP对出口的影响；在对北部非洲出口贸易中，双边GDP对出口影响基本相同；而对其他地区而言，中国GDP对出口额的影响大于贸易国本国GDP对贸易的影响。

就中国对非洲不同地区出口潜力来讲，非洲南部5年平均出口潜力值为1.24，意味着出口贸易过度。南部非洲被认为是非洲最具发展潜力的地区，拥有丰富的矿产资源和良好的基础设施两大优势。但近年石油价格下降，中国对非洲矿物燃料类产品的需求也在逐年下降，这直接导致非洲南部国家收入减少，贸易能力降低。非洲中部和东部的5年平均出口潜力值分别为1.13和1.17，虽仍有贸易潜力，但发挥余地有限。中国对非洲北部、西部有较大出口潜力，其5年平均出口潜力值分别0.86和0.79。非洲西部港口基础设施良好，存在大量转口贸易，对其的贸易成为向非洲其他国家输出货品的重要渠道之一。仍存在较大潜力证明无论是作为真实需求者还是货物转运地，非洲西部地区对中国出口品需求仍有大幅提升空间（见表6）。

表6 中国对非洲不同地区的出口贸易潜力

年份	北部	中部	东部	西部	南部
1995	1.3969	0.9786	1.9599	0.9571	—
2000	0.7217	0.6256	1.2697	0.8878	0.8956
2005	1.1575	0.892	1.5461	1.039	1.1541
2006	1.2316	1.0877	1.5623	1.0748	1.4554
2007	1.2355	1.152	1.5354	1.1353	1.4536
2008	1.117	1.6612	1.5408	1.1222	1.4914
2009	1.0546	1.0612	1.2444	0.9631	1.1637
2010	0.9195	1.1697	1.2087	0.8838	1.1749
2011	0.8851	1.0289	1.1125	0.877	1.1375
2012	0.8709	1.0659	1.1773	0.7931	1.2354
2013	0.8164	1.1054	1.1051	0.6875	1.3654
2014	0.8108	1.2558	1.2334	0.7098	1.2685
平均	0.8606	1.1252	1.1674	0.7903	1.2363

注：表中“平均”指2010~2014年5年平均值，个别无理论值的国家用现实值代替进行运算。

资料来源：根据联合国商品贸易统计数据库（UN COMTRADE）和模型输出值计算。

六 结论与建议

综上所述，中国同非洲地区出口贸易规模不断增大，但增速近年减缓。从贸易差额上看，中国在同非洲地区的贸易中长期处于逆差。从贸易潜力来看，中—非贸易现阶段仍具有潜力，2010~2014年5年平均出口贸易潜力值为0.89。深入探究可以发现，中国对非洲南部、东部和中部5年平均出口潜力值均超过1.1，意味进一步发展对该地区的出口贸易需要新的经济增长点。针对上述情况及实证分析结果，本文对中—非贸易发展提出三点建议。

第一，针对非洲北部和西部重点开展贸易。出口贸易潜力值显示中国对非洲出口贸易仍有较大发展空间，其中，中国对非洲北部、西部5年平均出口潜力值在0.8左右，应针对这一地区重点开展贸易，进一步发挥出口潜力。北部非洲具有人均收入水平较高和基础设施较好的特点，针对这个情况，中国可以适当出口多样化的产品。同时，也可以利用较好的商业和自然环境投资建厂，加速中国产业转型，并带动大型成套设备出口。西部非洲具有贸易潜力则是由于位处沿海，因此可以充分发挥地理优势，加大向西部地区的出口，以满足转口贸易的需求。

第二，将非洲纳入“一带一路”框架。由中国在2013年提出的“一带一路”倡议被誉为有史以来最为宏大的基础设施项目之一，随后由中国倡导成立的亚洲基础设施投资银行也为“一带一路”的建设提供了资金保障。中国在基础设施，尤其是铁路建设上具有技术优势，将非洲纳入“一带一路”框架，意味着中国拥有更多基建类相关产品出口的机会。同时，基础设施的建设也将为中国更多货物出口打通通道，为钢铁行业和建筑业等过剩产能找到出口。另外，加入“一带一路”对非洲经济发展具有推动作用，协助非洲打破基础设施瓶颈，改善非洲民众生活质量。同时，大规模现代化设施、公路和铁路的建设也将推进非洲地区内贸易发展，意味着非洲有望实现区域内互通互联。

第三，积极推进中—非贸易沿线安全保障建设。非洲地区政治动荡，战争频发，这对中国的贸易与投资有极大的负面影响。中国可以利用国际影响力与实力协助非洲国家解决冲突、加快和平进程。同时，国内安保企业应发挥产业集群优势，在“一带一路”沿线和中—非贸易沿路提供安全保障。中国安保产业在此机遇下将有更大的发展，沿线贸易也将得以安全进行，较好的贸易运输环境将有效推动中国贸易品出口。较高的安全保障也将促进我国企业在非洲投资建厂，将先进技术引入非洲，加快非洲地区工业化进程，帮助其发挥比较优势，增加贸易能力，进而对中国货物出口起到积极影响。就现状来看，中国对非洲部分地区出口已出现过度或者已接近过度，但随着非洲各地区贸易能力的提升，中国对非出口贸易仍将有很大发展空间。

参考文献

[1] J. U. Elu, G. N. Price, "Does China transfer productivity enhancing technology to sub - Saharan Africa? Evidence from manufacturing firms," *African Development Review* SUPPL. 22 (2010).

[2] 张海森、谢杰：《中国—非洲农产品贸易的决定因素与潜力——基于引力模型的实证研究》，《国际贸易问题》2011 年第 3 期。

[3] B. Adekunle, C. M. W. Gitau, "Illusion or Reality: Understanding the Trade Flow between China and Sub-Saharan Africa," *Journal of African Business* 14 (2013).

[4] P. Drummond, E. X. Liu, "Africa's Rising Exposure to China: How Large Are Spillovers through Trade?" *International Advances in Economic Research* 21 (2015).

[5] 刘爱兰、王智烜、黄梅波：《新常态下中国对非洲出口贸易商品结构的影响因素研究——基于非正规经济的视角》，《国际贸易问题》2016 年第 2 期。

[6] L. Tinbergen, " An Analysis of World Trade Flows," Shaping the World Economy, Appendix Ⅵ, New York: Twentieth Century Fund, 1962.

[7] P. Poyhonen, "A Tentative Model of the Volume of Trade between Countries," *Weltwirtschaftliches Archiv* 90 (1963).

[8] H. Linnemann, " An Econometric Study of International Trade Flows," Amsterdam: North-Holland Publishing Company, 1966.

[9] 盛斌、廖明中：《中国的贸易流量与出口潜力：引力模型的研究》，《世界经济》2004 年第 2 期。

[10] 罗来军、罗雨泽、刘畅、Saileshsingh、Gunessee：《基于引力模型重新推导的双边国际贸易检验》，《世界经济》2014 年第 12 期。

（责任编辑：顾春太）

产业经济

基于古诺竞争均衡的产业集群探析

王向阳*

摘　要　现代产业布局与集群已经出现了传统区位理论难以解释的现实状况，本文运用双企业古诺模型和多企业古诺模型，从企业竞争均衡的角度探析了现代产业集群产生的内在动因。

关键词　古诺模型　竞争均衡　产业集群

产业集群化是国内外经济发展中的一个亮点。产业集群在现实经济生活中的表现是企业群在地域上的集中布局，通常是指围绕某一特定产业，大量产业联系密切的企业（包括竞争型的同类企业和协作型的共生配套企业）以及相关支撑机构在空间上集聚，并形成强劲、持续竞争优势的现象。也就是说，在一些领域某个主导产业成为核心后，大量的相关企业和辅助机构，与其形成一定的分工，有利于专业化生产的组织合作，行业具有明显的区域分布特性，区域内企业依靠集群形成强大而持续的竞争优势。

产业集群的崛起是产业发展适应经济全球化和竞争日益激烈的新趋势，是为创造竞争优势而形成的一种产业空间组织形式，它具有的群体竞争优势和集聚发展的规模效益是其他产业布局形式无法比拟的。在工业化后期的信息时代，世界各地的产业集群大量崛起，试图利用集群所特有的专业化分工与相互协作功能，加强自身的竞争力，参与全球经济的分工体系，在全球化的市场中占据一席之地。硅谷的软件业、加利福尼亚的多媒

---

* 王向阳（1969~），山东社会科学院经济研究所研究员，管理学博士。主要研究领域：数量经济，产业经济。

体、台湾的新竹工业、米兰的服装业、洛杉矶的影视业等所形成的产业集群，对推动各区域的经济增长起到举足轻重的作用，为全球经济发展提供了一种与大规模经营分庭抗衡的新模式。在全球经济一体化的今天，产业集群化发展已成为全球性经济发展的新趋势，产业集群的架构成为当今世界经济的基本空间构成。目前，有关产业集群成因分析方面的文献有许多，对产业集群形成的根本原因，也有广泛讨论。鉴于产业集群成因的复杂性，本文拟运用古诺竞争模型，从竞争均衡的角度来探析产业集群的形成机制。

一　文献述评

对于产业集群的形成，目前的研究涉及的理论有：产业区位理论、分工理论、外部经济理论和新竞争理论等。对于揭示产业集群的经济本质和竞争优势，这些理论尽管做出较大贡献，但没有对产业集群形成的内在动因做出系统的解释，致使产业集群形成机理的理论分析呈现出一种不完备的状态。

外部经济理论的代表人物是马歇尔（A. Marshall），他认为集聚经济（产业集群的表现形式）的产生是由于外在规模经济的存在。马歇尔最先注意到中小企业群这一经济现象。马歇尔在对英国的工业组织进行分析时，发现许多同类型企业在地理上集中的现象。他在1920年出版的《经济学原理》一书中从企业的外部经济的角度研究企业积聚导致的产业集群现象。他认为，产业区内企业获得外部规模经济主要表现在企业在产业区中获得巨大的劳动力市场，专业化分工机会增加，以及专业化知识、信息的扩散[1]。此后许多经济学家在外在规模经济分析的基础上做了进一步的延伸，认为产业集群的形成是由范围经济的外部性决定的。产业集群的形成确实在一定程度上促使了集聚企业群产生了范围外经济。在同一区域内，如果集聚企业之间的产业种类、品牌存在一定的差异，那么将产生范围外经济，使集聚企业群的总成本随着产品种类的增加而下降，从而在总体上提高企业群的总收益[2]。

根据德国区域经济学家韦伯（A. Weber）提出的产业区位理论，区位因子的合理组合使企业成本和运费最小化，企业按照这样的思路就会将其场所放在生产和流通最节省的地点。韦伯以此解释集群成长的原因，也就是说，随着企业在空间上的集聚，企业可以得到成本节省的好处[3]。后来的一些学者进一步研究认为，当某一产业定位于某一区域时，就极有可能长期定位于此[4]。同类厂商彼此相邻并从事类似的经济活动能够产生巨大的利益，厂商也倾向于选择在具有某种特定技能的劳动力集中的区域设厂，这种就业上的优势同产业在特定区位的集中组合形成制造业的聚集效应，它是该产业成长和区域发展的重要原因[5]。此外，产业集群一旦形成，就有可能形成“马太效应”，产业集群会将集群外相关的物资、技术、人力资源和各种配套服务机构等吸引过来。而且不断延伸产业链，形成更大的产业规模。形成“集群—资源吸引—集群扩张—加速资源吸引”的良性循环，促进集群内企业的迅速成长[6]。

分工理论对揭示产业集群的本质也起到至关重要的作用。分工与专业化生产对产业集群形成的影响是基础性的。国内外许多经济学家从古典经济学、新古典经济学、新兴古典经济学等经济学流派的专业化分工理论出发，论证了产业集群的形成是专业化分工中产业报酬递增的一种空间表现形式[7]。他们认为报酬递增思想对产业集群成长具有解释力，产业集群本身就是在一定的地域范围内，生产某种产品的若干配套的企业与相关的支持服务体系集群在一起而形成的专业化分工网络。分工专业化和产业集群之间具有密切的关联性，分工是促进产业集群形成和发展的重要因素[8]。而产业集群形成以后，又可以通过其集群效应促进分工的进一步发展。产业集群的发展是一个渐进累积和自我增强的系统演化过程，其自我增强的动力机制来源于由专业化分工产生的报酬递增，专业化分工形成的社会化分工网络，把人员的培训、销售网络的建立、运输成本的降低、原材料的供应全部纳入专业化的分工里。这种专业化和社会化的高度发展，就有可能形成地区性的新产品、新技术孵化器，国内外最新的技术就会向该地区聚集，从而形成企业集群发展壮大的良性循环机制[9]。

一些经济学家将产业集群纳入了区域竞争优势的框架，代表人物是提出新竞争理论的波特（Michael. E. Porter），波特等人对产业集群与区域竞争优势的获得、产业集群如何促进创新等进行了分析，对产业集群与管理学、社会经济学、地理学等学科之间的关联进行了理论解析。波特认为，经济地理学和区域科学虽然早就认识到企业集聚现象的存在，但对产业集群的认知范围还比较窄，并没有把这种现象和国际竞争力的成长联系起来。在产业集群内，企业的合作与适度竞争是该集群内单个企业与整个产业集群保持活力与竞争优势的决定性因素[10]。波特是从竞争经济学的角度去研究产业集群问题。他认为产业集群对提高企业竞争力至关重要，这可以使企业与劳动者、公共物品以及相关机构的服务紧密相连，同时有利于企业创新和产品出口。波特认为，产业竞争力的形成和竞争优势的发挥是产业集群的核心内容，也保障了产业集群在市场经济中的生存和发展。

二　问题的提出

尽管目前产业集群经济学解释方面的文献不少，但对推动产业集群形成的内在机理，尤其是某个产业最初形成集群的内在机理方面论述颇少。前面综述里所提到的外部经济理论、产业区位理论、分工理论和新竞争理论对产业集群形成的根本原因的表述都属于相对不完备的。

外部经济理论对产业集群的解释主要侧重于产业集群事后的分析。产业集群所产生的外部规模经济的确是产业集群存在和发展的一个重要优势。外部性的存在将使集群体的集聚力得到进一步的增强[11]。外部经济理论对产业集群的经济论述存在合理的地方。但是就产业集群最初是怎样形成的这一问题而言，外部经济理论无法解释。集群发生前，分散在各地的许多同类企业怎么知道聚集在一起会产生外部规模经济呢？或者说，根据规模经济存在区间的理论，在进入规模经济最优区间之前，企业为何会在区位选择上出现趋同现象？[12]

相比外部经济理论，产业区位理论看上去更加能说明产业集群产生的根本原因。由于企业总是选择在成本（包括运费成本）最少的地方进行生产和经营，当生产某种产品在某一地方的成本最少时，生产这种产品的许多企业都会选择在这一区位经营，从而产生同类产业的集群。这一说法看似有道理，实则不然。产业区位理论论述的是单个企业生产经营的定位选择，按照经济学中的成本最少化理论，企业选择成本最少化的前提条件是产品价格和销售量不变（在产品价格和销售量不变的条件下，成本最少化就是利润最大化）。如果市场中存在许多同类企业的竞争，单个企业保持销售量不变是不可能的，此时决定企业区位选择的就不是成本最少化，而是利润最大化。以甲、乙两个生产同类产品的企业为例，两企业分别在A、B两地生产，甲企业在A地生产产品的单位平均成本为20元，乙企业在B地生产的单位成本是50元，商品价格为100元，按成本最少化理论，乙企业应向A地转移，但如果乙企业在B地生产能占有更大的市场（包括了A、B两地的区域共同市场）份额，只要其销售量是甲企业的1.6倍以上，此时乙企业的利润比甲企业要高，乙企业就不会转移到A地。如山东青岛的家电产业集群，并不是在原材料丰富的地区集聚，却占据了国内外家电市场很大的份额，这得益于海尔、海信等企业多年来在青岛所树立的品牌效应。

分工理论对产业关联度较高的协作型产业集群或综合配套产业集群具有较为切实的解释力。但对竞争型的产业集群，尤其对产业产品单一、差异化较少、处于同业竞争状态下的低关联度（生产同一产品）的产业集群模式，分工理论对此的解释就显得乏力了。换言之，就竞争型的生产同类产品的企业集群而言，吸引它们集聚的并不是分工和专业化程度的提高，应是其他因素推动了同类企业在地理上的集中，本文研究的侧重点也在于此[13]。对于同类企业竞争，本文将运用古诺竞争模型对同类企业的产业集群做出解释。

新竞争理论对产业集群形成的内在机理同样给不出合理的解释，其原因同外部经济理论一样，也是一种事后的分析，该理论的侧重点在于分析产业集群所带来的各种竞争优势，以及对全球经济的影响。

鉴于上述，在理论上对产业集群形成的内在机理进行新的探究是十分必要的，需要我们另辟蹊径来做出合理的解释，从而在现有研究的基础上将产业集群的形成和内在机理的认识提高到一个新的高度[14]。的确，除了一些特殊情况，生产同类产品的企业总是在经营成本较低（如靠近原材料产地、靠近产品市场等）的地点进行集聚进而形成同类产业集群，这是一种常态。不过，即使在常态下，产业区位论认为是最少化的成本导致了产业集群的形成，这种理由仍是不充分的，因为产业集群的形成过程也是同类产业的竞争过程，在竞争过程中同类企业的销售量随时有变化，因而成本最少化并不等同于利润最大化。

所谓产业集群的“常态”，我们定义为，参与竞争的同类企业在产量竞争方面是“平等”的，任何企业都无先动优势，市场中产品的价格依赖于所有企业生产的总量。那么，这种常态可用古诺模型来模拟。

三 两企业古诺竞争引致产业集聚的简单模拟

古诺模型有如下一些基本假定：（1）假定一个产业只有两个寡头，每个寡头生产同质量产品，并追求利润最大化；（2）两个寡头同时做出产量决策，即寡头间进行的是产量竞争而非价格竞争，产品价格取决于二者所生产的产品总量；（3）双方无勾结行为，每个生产者都把对方的产出水平视为既定，并依此确定自己的产量；（4）固定成本为零，平均成本为常数，这样边际成本等于平均成本也为常数[15]。

现在如果市场上有 A、B 两个厂商生产和销售相同的产品，两厂商在产量决策方面是“平等”的，既都无先动优势，两厂商在产业未发生集聚前分别在两地经营，但经营成本不同，它们的固定生产成本为零，而 A、B 两个厂商的平均成本分别是常数 C_A、C_B（这样 A、B 两个厂商生产的边际成本也是常数 C_A、C_B，而且 $C_A \neq C_B$，不妨设 $C_A<C_B$）。

在这样的假设条件下，设市场的线性反需求函数为：

$$P=a-bQ=a-b\ (Q_A+Q_B)$$

对 A 寡头垄断厂商而言，其最大利润由下面模型决定：

$$\max\pi A=PQ_A-C_AQ_A=[a-b\ (Q_A+Q_B)]\ Q_A-C_AQ_A$$

A 寡头垄断厂商利润最大化的一阶条件为：

$$\frac{\partial \pi_A}{\partial Q_A}=a-2bQ_A-bQ_B-C_A=0$$

即
$$Q_A=(a-C_A)\ /2b-Q_B/2 \qquad (3.1)$$

（3.1）式就是 A 寡头垄断厂商对 B 寡头垄断厂商的反应函数，它表示 A 厂商的最优产量是 B 厂商的产量的函数。

类似的，对于 B 寡头垄断厂商来说，其最大利润由下面模型决定：

$$\max \pi B = PQ_B - C_B Q_B = [a - b(Q_A + Q_B)]Q_B - C_B Q_B$$

B 寡头垄断厂商利润最大化的一阶条件为：

$$\frac{\partial \pi_B}{\partial Q_B} = a - 2bQ_B - bQ_A - C_B = 0$$

即 $$Q_B = (a - C_B)/2b - Q_A/2 \quad (3.2)$$

（3.2）式是 B 寡头垄断厂商对 A 寡头垄断厂商的反应函数，它表示 B 厂商的最优产量是 A 厂商的产量的函数。

联立 A、B 两寡头垄断厂商的反应函数（3.1）、（3.2），便得到如下方程组：

$$\begin{cases} Q_A = (a - c_A)/2b - Q_B/2 \\ Q_B = (a - c_B)/2b - Q_A/2 \end{cases}$$

解方程组得：

A 厂商的均衡产量 $Q_A = (a - 2C_A + C_B)/3b$

B 厂商的均衡产量 $Q_B = (a - 2C_B + C_A)/3b$

如果 A 厂商的边际成本（或平均成本）C_A 小于 B 厂商的边际成本（或平均成本）C_B，那么由 $C_A < C_B$，得

$$Q_A = (a - 2C_A + C_B)/3b > (a - 2C_B + C_B)/3b = (a - C_B)/3b$$
$$Q_B = (a - 2C_B + C_A)/3b < (a - 2C_B + C_B)/3b = (a - C_B)/3b$$

$Q_B < (a - C_B)/3b < Q_A$，也就是说 A 厂商的均衡产量大于 B 厂商的均衡产量。

从 A、B 两个厂商的均衡利润看，因为 $C_A < C_B$，故 $P - C_A > P - C_B$，从而可得：$(P - C_A)Q_A > (P - C_B)Q_B$，即

$\pi_A > \pi_B$，于是我们得出下列推论：

在双寡头古诺模型中，如果两厂商的边际成本常数（或平均成本常数）不同，具有比较成本优势（指边际成本或平均成本较低的一方）的厂商将占有市场更大的份额，获得更多的利润。

上述推论可以说明，现在我们假定有 A、B 两个厂商生产和销售相同的产品，但它们属于不同的地区，A 厂商所在地区比 B 所在地区有成本优势（如靠近市场节省产品运输成本，或靠近原材料产地节省原材料运输成本等)，根据推论，古诺均衡的结果是 A 厂商将占有市场更大的份额，获得更多的利润。但这种均衡是短期的，从长期来看，由于生产同样产品，A 厂商所在地区能够获得更高的利润，在市场机制的作用下，生产要素总是流向利润高的地区，B 厂商将向 A 所在地区迁移，从而形成了生产这种产品的产业集中向 A 所在地区集聚。

四　多企业古诺竞争引致产业集聚的模拟

多企业古诺模型的基本假定是：（1）假定一个产业有多个寡头，每个寡头生产同质量的产品，并追求利润最大化；（2）多个寡头同时做出产量决策，产品价格取决于所有企业生产的产品总量；（3）无勾结行为，每个生产者都把其他企业的产出水平视为既定，并依此确定自己的产量；（4）固定成本为零，平均成本为常数，这样边际成本等于平均成本也为常数。

如果一个产业有 n 个企业，分散在各地生产和销售相同的产品。所有企业都无先动优势，经营成本不同，它们的固定生产成本为零，而 n 个厂商的平均成本（也等于边际成本）分别是常数 C_1、C_2、$\cdots C_n$。（不妨设第一个编号的企业平均成本最低，即当 $i\neq 1$ 时，$C_i>C_1$）。

在上述的假设条件下，设市场的线性反需求函数为：

$$P=a-bQ=a-b\ (Q_1+Q_2+\cdots+Q_n)$$

对第 1 寡头垄断厂商而言，其最大利润由下面模型决定：

$$\max\pi 1=PQ_1-C_1Q_1=[a-b\ (Q_1+Q_2+\cdots+Q_n)]\ Q_1-C_1Q_1$$

第 1 寡头垄断厂商利润最大化的一阶条件为：

$$\frac{\partial \pi_1}{\partial Q_1}=a-2bQ_1-bQ_2-\cdots-bQ_n-C_1=0$$

化简为

$$2Q_1+Q_2+\cdots+Q_n=(a-C_1)/b \qquad (4.1)$$

（4.1）式就是第 1 寡头垄断厂商对其他寡头垄断厂商的反应函数，它表示第 1 厂商的最优产量是其他厂商的产量的函数。

类似的，对于第 2 寡头垄断厂商来说，其最大利润由下面模型决定：

$$\max\pi_2=PQ_2-C_2Q_2=[a-b(Q_1+Q_2+\cdots+Q_n)]Q_2-C_2Q_2$$

第 2 寡头垄断厂商利润最大化的一阶条件为：

$$\frac{\partial \pi_2}{\partial Q_2}=a-bQ_1-2bQ_2-\cdots-bQ_n-C_2=0$$

化简为

$$Q_1+2Q_2+\cdots+Q_n=(a-C_2)/b \qquad (4.2)$$

（4.2）式是第 2 寡头垄断厂商对其他寡头垄断厂商的反应函数。

这个过程依次进行下去，得到第 n 个垄断厂商对其他垄断厂商的反应函数是：

$$Q_1+Q_2+\cdots+2Q_n=(a-C_n)/b \qquad (4.n)$$

联立上述方程（4.1）、（4.2）…（4.n），便得到如下方程组：

$$\begin{cases}2Q_1+Q_2+\cdots+Q_n=(a-C_1)/b\\ Q_1+2Q_2+\cdots+Q_n=(a-C_2)/b\\ \cdots\cdots\\ Q_1+Q_2+\cdots+2Q_n=(a-C_n)/b\end{cases}$$

解方程组得厂商 1 的均衡产量：

$$Q_1 = \frac{a - C_1}{b} - \frac{na - \sum_{i=1}^{n} C_i}{(n+1)b} = \frac{a + \sum_{i=1}^{n} C_i - (n+1)C_1}{(n+1)b}$$

厂商 2 的均衡产量：

$$Q_2 = \frac{a - C_2}{b} - \frac{na - \sum_{i=1}^{n} C_i}{(n+1)b} = \frac{a + \sum_{i=1}^{n} C_i - (n+1)C_2}{(n+1)b}$$

……

厂商 n 的均衡产量：

$$Q_n = \frac{a - C_n}{b} - \frac{na - \sum_{i=1}^{n} C_i}{(n+1)b} = \frac{a + \sum_{i=1}^{n} C_i - (n+1)C_n}{(n+1)b}$$

由于厂商 1 的边际成本（或平均成本）小于其他厂商的边际成本（或平均成本），即当 $i \neq 1$ 时，$C_i > C_1$，显然由各厂商的均衡产量表达式可以看出：当 $i \neq 1$ 时，$Q_1 > Q_i$，即厂商 1 的均衡产量比其他任何厂商的均衡产量要大。

从各个厂商的均衡利润看，因为当 $i \neq 1$ 时，$C_i > C_1$，故 $P - C_i < P - C_1$，从而可得：

$$(P - C_i)\ Q_i < (P - C_1)\ Q_1$$

即：

$\pi_i < \pi_1$（$i \neq 1$），于是我们得出下列推论。

在多寡头古诺模型中，如果各个厂商的边际成本常数（或平均成本常数）不同，具有最低成本优势的厂商将占有市场更大的份额，获得更多的利润。

上述推论可以说明产业集群的情形，如果现在多个企业生产和销售相同的产品，但它们属于不同的地区，其中有一个地区的厂商比其他地方的厂商有最低成本优势，根据推论，古诺均衡的结果是这一地区的厂商将占有市场更大的份额，获得更多的利润。但这种均衡是短期的，从长期来看，由于生产同样产品，某一地区的厂商能够获得更高的利润，在市场机制的作用下，生产要素总是流向利润高的地区，其他厂商将向这一地区迁移，从而形成了生产这种产品的产业集中向这一地区的集群[16]。

五 结论及进一步需要研究的问题

产业集群作为企业活动在地理上趋向集中的理论描述，它既是一种企业之间相互关系作用的结果，又是一种企业相互竞争后所形成的生存状态。推动同一产业内多企业相互作用、相互竞争，最终形成产业集群的内在动因是每个企业都力求自身利润最大化[17]。在一般情况下，产业集群通常发生在该产业产品生产和销售成本最低的地方，这是企业间追求利润最大化的必然结果，绝非企业间追求成本最少化的结果。古诺模型的一些假定条件恰恰反映了一般情况下产业集群的初始状态，其竞争均衡的结果也很好地反映了产业集群的“常态”。

然而，目前许多产业集群的案例表明，产业集群的区位选择并不总是发生在经营成本最低的地方，很明显地“违背”了产业集群的常态规律。这是由于产业集群还会受到其他因素如技术水平、人文环境等的影响，有些产业集群尽管发生在成本较高的地方，但可能受到其他因素的积极影响，确立了生产产品的先动优势（如树立了品牌），其销售量占了市场很大份额，足以弥补成本劣势（如果向成本低的地方迁移，可能会失去先动优势，得不偿失），因而不符合常态产业集群条件中的“任何企业都无先动优势”。这种不符合常态产业集群的案例，能否用另外的竞争理论（如产量领导者竞争模型理论）来进行解释，这是我们需要进一步研究的问题。

参考文献

[1] [3] 吴强军：《中小企业集群成长的影响因素及其实证研究——以永康小五金产业为例》，《浙江社会科学》2004 年第 3 期。

[2] [7] 王向阳：《布局优化、集中度提高与产业竞争力提升》，《东岳论丛》

2009 年第 1 期。

[4] J. Tirole, *The Theory of Industrial Organization* (Cambridge, MA: MIT Press, 1999).

[5] A. Marshall, *Principle of Economics* (*8th Edition*) (London: Macmillan, Great Mind Series, 1920).

[6] A. Weber, *The Theory of the Location of Industries* (Chicago: Chicago University Press, 1929).

[8] 惠宁:《分工深化促使产业集群成长的机理研究》,《经济学家》2006 年第 1 期。

[9][11][13] 王向阳:《从古诺竞争均衡看产业集群》,《中国经济与管理科学》2008 年第 1 期。

[10] M. E. Poter, *English Translation* "*Competitive Strategy*" (Free Press, 2004).

[12] 徐强、陈甬军:《产业集聚形成机理的理论研究》,《产业经济评论》2004 年第 2 辑。

[14] E. Berman, S. Machin, "Implications of Skill-biased Technological Change: Internal Evidence," *Quarterly Journal of Economics* 113 (4) (1998): 1245-1279.

[15] R. J. Aumann, A. Brandenburger, "Epistemic Conditions for Nash Equilibrium," *Econometrics* 65 (5) (1995): 1161-1180.

[16] J. Aron, "Growth and Institutions: A Review of the Evidence," *World Bank Research Observer*, 2000.

[17] A. K. Dixit, *Optimization in Economic Theory* (Oxford University Press, 1990).

（责任编辑：程臻宇）

主要论文英文摘要和关键词

Report on Migrant Population Dynamic Monitoring Data Analysis of Shandong Province in 2016

Yang Suwen　Cui Shuyi

Abstract: In recent years, China has promoted the equalization of the basic public health and family planning services, more and more migrant population can get equal access to the services formerly restricted to the locals. In 2016, according to the requirement of the National Health and Family Planning Commission of the People's Republic of China, ShanDong Province conducted the migrant population dynamic monitoring survey. Based on the data of Shandong Province in 2016, this study described the migrant population current structure, characteristics, health status and public health services utilization, and explored some problems of the public health services for migrant population, such as security and medical security system was not perfect, there was a shortage in sanitation resource as well as insufficiency in utilization of public health service among migrant population and so on. Now, the migrant population public health services are facing new situation, new demands and new tasks, thus, our study put forward countermeasures and suggestions to enhance the level of public health services of migrant population and their families.

Keywords: Migrant Population; Dynamic Monitoring Data; Public Health Service

The New Economics of Religion

Sriya Iyer

Translated by Zhang Qingjin

Abstract: The economics of religion is a relatively new field of research in economics. This survey serves two purposes—it is backward-looking in that it traces the historical and sociological origins of this field, and it is forward-looking in that it examines the insights and research themes that are offered by economists to investigate religion globally in the modern world. Several factors have influenced the economics of religion: (1) new developments in theoretical models including spatial models of religious markets and evolutionary models of religious traits; (2) empirical work that addresses innovatively econometric identification in examining causal influences on religious behavior; (3) new research in the economic history of religion that considers religion as an independent, rather than a dependent, variable; and (4) more studies of religion outside the Western world. Based on these developments, this paper discusses four themes—first, secularization, pluralism, regulation, and economic growth; second, religious markets, club goods, differentiated products, and networks; third, identification including secular competition and charitable giving; and fourth, conflict and cooperation in developing societies. In reviewing this paradoxically ancient yet burgeoning field, this paper puts forward unanswered questions for scholars of the economics of religion to reflect upon in years to come.

Keywords: Secularization; Religion and Economic Growth; Religious Market and Competition; Network

Religious Competition and Roman Piety

Rodney Stark

Translated by Yuan Shujuan

Abstract: The market theory of religious economies predicts that when the state neither supports an official religion nor effectively limits religious options, there will exist a number of competing religious groups with the consequence that the overall level of public religious commitment will be high. In addition, the more effective and innovative religious organizations will prosper and the less effective will decline. Applied to ancient Rome, these predictions are strongly supported. An additional finding is that Roman religious persecution was prompted by governmental fear of and antagonism towards all faiths that sustained intense, local congregations, which accounts for the persecution not only of Christians and Jews, but of several pagan faiths as well.

Keywords: Religious Market; Monopoly and Competition; Religious Persecution

Performance Analysis of Poverty Alleviation Based on the Third-party Evaluation: Taking Gansu Province as a Case

Wang Jianbing　Hu Miao

Abstract: Thirteen-Five planning pointed out that the focus of poverty alleviation of state and local governments at all levels will turn to targeted poverty alleviation in the coming period, to evaluate scientifically for targeted poverty alleviation efficiency and propose strategies accordingly to adjust, which will play a positive role to accelerate poverty reduction in our country. This paper based on investigating a typical poor village to evaluate the policies implementing effect of targeted poverty alleviation with comprehensive evaluation index and propose countermeasures and suggestions finally.

Keywords: Performance Analysis; Poverty Alleviation; the Third-party Evaluation

Discussion on Agriculture Value Paradigm and Modernization

Wang Xiangcheng

Abstract: Agriculture modernization not only point reform and renews on traditional agriculture technology condition, but also should have modern producing efficient and value operation type. Agriculture value economic type is necessary middle route to become one body of marketlization and civilization. That should be gradually to set up autogenic and circulation system of agriculture value economic, cultivate entity and divide government and company. It introduce competition engine in agriculture resource distribution to increase land useful efficiency. In the basis to distinguish two land functions of insurance and produce, change type of insurance of agriculture population, provide chance and condition to combine agriculture and capital. Through reutilization and legislation to divide person and land to realize the essential condition of agriculture modernization that large-scale land operating.

Keywords: Agriculture Modernization; Land Fragmentation; Value Type; Insurance Way; Agriculture Entity

Analysis on the Evolution and Development Trend of the Food Safety Law in China

Zhang Xiufang

Abstract: The food safety law in China has gone through a long period of development, and each stage of the development plan meets the requirements of the times. This paper reviews the historical evolution of the food safety law in China, which is divided into preparation stage, development stage and mature stage. Then, the paper analyzes the change reasons of the food safety law in China from three aspects. Firstly, supervision object changes are the main reasons for the policy changes. Secondly, the dynamic game between different stakeholders is the fundamental reason of policy changes. Thirdly, realizing the goal is the direct cause of policy changes. Finally, the paper reveals the development trend of new "food safety law" in China through the establishment of risk assessment and early warning emergency system, strengthening the supervision system and the establishment of strict legal liability system.

Keywords: Food Safety Law; Historical Evolution; Change Motivation; Development Trend

The Progress and Development Ideas of Shandong Province Foreign Agricultural Investment and Cooperation

Project Team Shandong Agricultural Foreign
Economic Cooperation Center

Abstract: In recent years, Shandong Province has taken an active part in agricultural cooperation, and encourage enterprises to carry out investment and cooperation overseas. It has achieved remarkable results, deeply promoted the "Go Global" of agricultural equipment, technology, standards, brands, services, and so on. Based on the foreign investment data of Shandong Province enterprises in 2016, it makes a comprehensive presentation of the Shandong province "Go Global" enterprises from overall characteristics, global distribution, industry distribution and other aspects, analyzes the existing restrictive factors and puts forward some constructive policy suggestions.

Keywords: Foreign Agricultural Investment and Cooperation; Investment Stock; Investment Flows; Policy Suggestions

The Uncertainty of Shandong -South Korea Cooperation and Policy Adjustment Suggestions: An Analysis of Non-Political Factors

Gu Chuntai

Abstract: China and South Korea economic and trade cooperations facing problems to be solved in deep level at present. These problems include the following several aspects: the industry gap is narrowing, external competition area is obvious, the path of the trade cooperation need innovation. In order to promote stable and healthy development of Shandong-South Korea economic and trade cooperation, the following measures shall be adopted: develop the industrial chain economy, headquarters economy and logistics economy.

Keywords: Shandong-South Korea Cooperation; Uncertainty; Suggestions

Research on Export Potential from China to Africa: An Analysis Based on Gravity Model

Gao Yiming　Li Ronglin

Abstract: As two of the major emerging countries in the world, Africa and China have played important roles in South-South Cooperation. Based on data from 1995 to 2014, this paper describes the status quo of the trade development between Africa and China. And then analyze the export potential based on Gravity Model. After our research and analysis, we can get the following two main conclusions: First, the export volume from China to Africa is vast in scale but is growing slowly after financial crisis. China has long suffered deficit in such a relationship, but the trade deficit has edged lower recently. Secondly, the value of last 20 years' export potential from China to Africa was in the range of 0. 9-1. 3, while the recent 5 years' index is only 0. 89, indicating that the potential is yet to be fully released. Concretely speaking, recent 5 years' indexes of south part, east part and central part of Africa were all above 1. 1, meaning new growth point is needed to further develop export in these areas. At the end of this paper, several suggestions are proposed for promoting the development of China-Africa trade.

Keywords: China-Africa Trade; Gravity Model; Trade Potential

An Analysis for Industry Clusters Based on the Equilibrium of Cournot Competition

Wang Xiangyang

Abstract: In nowadays, traditional location theory cannot explain why modern industry locations and industry clusters initiate in more and more uncommon way. This article tries to use dual-firms Cournot model and multi-firms Cournot model to analyze internal driver during initiation of modern industry clusters in the aspect of competition equilibrium.

Keywords: Cournot Model; Competition Equilibrium; Industry Cluster

征稿启事

《经济动态与评论》是山东社会科学院2016年创办的学术集刊，本刊致力于打造一个严谨、规范的学术交流平台，主要刊载经济研究领域内的最新论文、译文、综述、书评等，于每年的4月、10月由社会科学文献出版社出版。

欢迎高校、科研机构的学者，政府部门、企事业单位的相关工作人员，以及对经济研究感兴趣的其他人员赐稿。来稿要求：

1. 文章应该思想健康、主题明确、立论新颖、论述清晰、体例规范、富有创新、字数为0.8万~1.5万字。中文摘要为240~260字，关键词为3~6个，正文标题序号按照以下四级标题写作，即："一""（一）""1.""（1）"，并在参考文献之后附英文的题目、作者姓名、摘要和关键词。

2. 提倡严谨治学，保证论文主要观点和内容的独创性。对他人研究成果的引用务必表明出处，并附参考文献。注释采用页下注，编号格式带有圆圈的序号（①、②……），每页重新编号；参考文献统一采用文后参考文献体例，即引文处用带有方括号的序号（［1］、［2］……）作为上标标出，放在标点前，且序号与文后文献序号对应。图、表注明数据来源，不存在侵犯他人著作权等知识产权的行为。论文查重比例不得超过10%。因抄袭等原因引发的知识产权纠纷作者将负全责，编辑部保留追究作者责任的权利。一经发现此类情况，本刊不再予以刊登该作者的文章。

3. 来稿应采用规范的学术语言，避免使用陈旧、过时、文件式和口语化的表述。

4. 来稿本着文责自负的原则，作者切勿一稿多投。

5. 本刊持有对稿件的删改权，不同意删改请附声明。本刊所发表的所有文章都将被中国知网收录，如有异议，请来稿时说明。因人力有限，恕不退稿。自收稿之日2个月内，未收到用稿通知，作者可自行处理。

6. 本刊采用匿名审稿制。所寄稿件的正文不要出现作者信息。作者于正文之后另起一页分别提供“基金项目”（可空缺）和“作者简介”，“作者简介”按姓名、出生年份、工作单位、行政和专业技术职务、主要研究领域顺序写作。并另附通信地址、联系电话、电子邮箱等。

7. 来稿请采用 WORD 文档格式发送至编辑部邮箱。

编辑部地址：山东省济南市舜耕路 56 号山东省社会科学院科研楼 1006 室

邮政编码：250002

编辑部邮箱：jjdtypl@ 163. com

联系电话：0531-82704752

传真：0531-82704713

《经济动态与评论》编辑部

图书在版编目(CIP)数据

经济动态与评论. 2017年. 第1期 : 总第3期 / 张清津主编. -- 北京 : 社会科学文献出版社, 2017.7
ISBN 978-7-5201-0940-6

Ⅰ. ①经… Ⅱ. ①张… Ⅲ. ①经济学-文集 Ⅳ. ①F0-53

中国版本图书馆CIP数据核字(2017)第136312号

经济动态与评论（2017年第1期 总第3期）

主　　编 / 张清津

出 版 人 / 谢寿光
项目统筹 / 宋月华　韩莹莹
责任编辑 / 刘　丹

出　　版 / 社会科学文献出版社 · 人文分社（010）59367215
地址：北京市北三环中路甲29号院华龙大厦　邮编：100029
网址：www. ssap. com. cn
发　　行 / 市场营销中心（010）59367081　59367018
印　　装 / 北京季蜂印刷有限公司

规　　格 / 开 本：787mm×1092mm　1/16
印 张：16.75　字 数：268千字
版　　次 / 2017年7月第1版　2017年7月第1次印刷
书　　号 / ISBN 978-7-5201-0940-6
定　　价 / 89.00元